영화 이론 입문

이 도서의 국립중앙도서관 출판예정도서목록(CIP)은 서지정보유통지원시스템 홈페이지(http://seoji.nl.go.kr)와 국가자료공동목록시스템(http://www.nl.go.kr/kolisnet)에서 이용하실 수 있습니다.
CIP제어번호: CIP2018023432(양장), CIP2018023430(반양장)

영화 이론 입문

포토제니론에서 디지털 이론까지

정영권 지음

한울
아카데미

C O N T E N T

3부 기호학, 이데올로기, 정신분석학

4부 재현의 정치학

5부 역사, 문화, 수용의 문제

6부 인지주의와 포스트모더니즘

7부 디지털 시대의 영화 이론

머리말

사람들은 나의 전공이 영화 이론이라고 말할 때 한번 쯤 고개를 갸웃거린다. 그러면서 그것이 영화 제작이나 연출을 위한 이론이냐고 묻는다. 아니면 영화 비평과 같은 것이냐고 묻기도 한다. 그럴 때마다 나는 영화 제작이나 연출을 위한 실무 이론도 아니고 영화 비평과도 약간 다르다고 대답하면서, 영화를 학문적이고 이론적인 틀로 사고하는 것이라고 덧붙인다. 언제나 이런 대답은 질문한 사람을 더 알쏭달쏭하게 만든다. 대답한 나의 마음 역시 시원스럽지 못하다. 그러면서 뭘 어떻게 설명해 주었어야 명쾌한 설명이 되었을까 한참을 곱씹어본다. 정작, 질문한 사람은 그 이상을 알고 싶어 하지도 않는데 말이다.

그렇다. 영화 이론은 영화 제작을 위한 실무 이론이 아니다. 예를 들어 영화 연출이나 영화 촬영을 위한 핸드북 같은 책이 있다면 그것은 영화 이론이 아니다. 그러한 책들은 영화를 만들고자 하는 사람들에게 직접적인 매뉴얼 역할을 해주는 영화 분야의 실용 서적들이다. 마찬가지로 영화 비평과 영화 이론은 비슷한 것 같지만 완전히 일치하지는 않는다. 영화 비평은 주로 개봉 영화에 대한 리뷰나 동시대의 영화적 흐름에 대한 시평을 가리키는 데 반해, 영화 이론은 영화라는 매체·예술 그 자체에 대한 질문들을 포괄한다. 예를 들어 보자. 최근 한국 영화에는 왜 남자들만 주인공이 되는가, 왜 멜로드라마는 사그라졌나 하는 관심사는 비평적 관심사지만, 영화란 무엇인가, 왜 관객들은 영화가 한낱 허구에 불과한 줄 알면서도 거기에 몰입하고 심취하는가 하는 질문은 이론적 관심사이다. 물론, 이러한 경계 설정이 완전한 것은 아니다. 때로 영화 비평 속에 심원한 이론적 관점이 스며들기도 하고, 영화 이론이 비평적 관심으로 세분화하기도 한다. 다만, 영화 비평은 개별 영화와 동시대의 영화에 더 관심을 두는 데 반해, 영화 이론은 영화 매체 자체와 영화사의 전 영역에 걸쳐 관심을 둔다. 대상으로 하는 주요 독자층도 다르다. 영화 비평, 특히 저널리즘 영화 비평은 영화를 선택하는 데 도움을 받고 싶거나 영화를 본 후 자신의 감상과 비교해보려고 하는 불특정 다수를 대상으로 한다. 그에 비해서, 영화 이론은 주로 대학 이상의 교육기관에서 영화를 전공으로 하는 영화 학도들을 대상으로 한다.

아마 여기까지 말해도 영화 이론이 무엇인지 확실히 이해한 사람은 그리 많지 않을 것이다. 솔직히, 전공자인 나 역시도 영화 이론이 무엇인지 정확히 알지 못한다. 그것을 명쾌하게 설명할 만한 능력도 자질도 한참이나 부족하다. 그럼에도 불구하고 이 책을 쓴 데에는 모든 예술은 이론적인 교양이 바탕이 되어야 한다는 소박한 믿음이 자리하고 있다. 이것은 영화를 창작하는 사람에게도 영화를 감상하는 사람에게도 모두 해당하는 말이다. 특히, 영화를 본다는 것은 감상자의 미적인 태도, 사회적인 경험, 세계에 대한 인식 등이 모두 녹아들어가 있는 행위이다. 다른 말로 해서 인문사회과학적인 사고의 틀이 필요한 것이다. 이 말이 영화를 진지한 학문의 대상으로만 여겨야 한다는 말로 오해되어서는 안 된다. 그보다는 영화를 더 잘 이해하기 위해서는 그만한 교양적 폭과 깊이가 필요하다는 것이다. 그래서 아는 만큼 보인다는 말은 여전히 진리이다.

그런데 그러한 교양을 높여줄 수 있는 '교양서'가 없다는 것이 문제다. 나는 '연구서'나 '학술서'가 아닌 '교양서'라는 단어를 썼다. 연구서나 학술서는 차고 넘친다. 인터넷 서점에 들어가 '영화 이론'이라는 글자를 치면 죽 나오는 책들이 모두 그런 책들이다. 그러나 이러한 책들은 모두 전공자조차 머리를 싸매고 읽어야 할 만큼 난해하고 어려운 개념들로 가득 차 있다. 어떤 책들은 영화 책인지 철학 책인지 분간하기 어려울 정도이다. 또 어떤 책들은 몇 백 쪽이 넘는 두툼한 분량 동안 언급되는 영화는 한 손가락으로 꼽을 정도이다. 추상적인 이론이 실제적인 영화를 압도하는 것이다. 그나마 대부분이 서구의 번역서들이라 현란한 서구 이론을 알지 못하면 접근조차 쉽지 않다. 영화를 공부하려고 들었던 책인데, 철학과 사회학부터 공부해야 할 판이다. 물론, 영화 이론을 깊이 있게 이해하려면 문학, 역사, 철학, 예술 등 인문학뿐만 아니라 정치학, 경제학, 사회학 등 사회과학에도 폭넓게 관심을 가져야 한다. 그러나 영화 이론에 입문하는 길이 이 모든 학문을 다 섭렵해야만 가능한 것이라면 누가 문을 두드리겠는가? 이렇게 대중화에 실패하고 나니 영화 이론은 점점 대중들로부터 거리가 멀어지고 전공자만의 폐쇄적인 학문이 되어가고 있다.

영화 개론서는 수없이 많고 영화 에세이는 넘쳐나지만 한국인이 쓴 영화 이론 입문서는 찾기 어렵다. 다른 분야의 전공자들이 자신의 전공을 좀 더 쉽게 전달하기 위해 영화를 활용하는 경우도 많다. 그것은 탓할 바가 아니다. 영화가 모두의 것이듯이 영화를 논하는, 혹은 활용하는 사람들이 늘어나면 늘어날수록 논의는 풍부해질 것이다. 이미 몇 년 전부터 한국 영화사 연구는 영화학을 전공한 연구자보다 국문학, 국사학 등 한국학 연구자들이 주도한다고 해도 과언이 아니다. 영화학 전공자로서 할 일을 안 한 것 같아 부끄러운 일일 수도 있지만 영화학, 문학, 역사학 등을 구분하는 것 자체가 폐쇄적인 인식이다. 서구에서 영화 이론의 초석을 다지고 발전을 가져온 이들도 상당 부분, 다른 학문의 전통에서 온 심리학자(후고 뮌스터베르크, 루돌프 아른하임), 사회학자(지그프리트 크라카우어), 철학·미학자(질 들뢰즈, 노엘 캐럴) 들이었다. 분과 학문의 틀을 넘고, 그 경계를 허무는 것은 영화 이론의 발전에도 득이 되면 되었지 해가 되지 않을 것이다.

그럼에도 불구하고 영화 이론 전공자로서 나는 영화 이론이 독립적인 학문으로서의 의미와 가치를 갖고 있다고 믿는다. 이것이 골방에 틀어박힌 영화광이나 편협한 '영화주의'를 뜻하는 것은 아니다. 영화 이론이 다른 학문과 교류할 필요 없이 그 자체로 완결성을 갖고 있다고 오만한 주장을 하는 것도 아니다. 그러나 영화 이론가가 문학 이론가, 역사가, 철학자, 사회학자와 다른 언어로 영화를 설명할 수 없다면 그것은 이론으로서, 학문으로서 자기 존재를 부정하는 것이다. 나는 그것이 가능하다고 여기기에 이 책을 썼고, 영화 이론에는 고유한 역사와 철학이 있다고 믿기에 이 책을 썼다. 그리고 그 고유한 역사와 철학은 영화만이 아닌 수많은 사상과 학문의 교류를 통해 형성되었다는 것을 알기에 이 책을 썼다. 더 나아가 그것을 미력하나마 아카데미의 언어가 아니라 대중의 언어로 풀어보고 싶었기에 이 책을 썼다.

그것은 책을 집필한 배경과도 관련이 있다. 이 책은 2012년 8월부터 2013년 7월까지 EBS TV 〈시네마천국〉의 한 코너였던 '시네마 아카데미'를 위해 집필했던 방송 초고를 바탕으로 하고 있다. 이 코너의 목적 자체가 대학 학부 수준의 영화학도뿐 아니라 일반인들도 쉽게 이해할 수 있도록 영화 이론을 소개하는 것이었다. 그러한 목적이 책을 통해 얼마나 달성되었는지는 독자들이 판단할 일이지만 나는 최대한 학술적인 연구서가 아니라 대중적인 교양서의 성격에 맞추려고 노력했다. 그러면서도 대중적 취향에만 부합하는, 지나치게 가벼운 책이 되지 않도록 주의를 기울였다.

40개의 강좌로 구성되어 있는 이 책은 크게 세 가지의 특징을 갖고 있다. 첫째는 영화 이론을 영화사의 흐름에 따라 서술하는 것이다. 그래서 당연히 고전 영화 이론이 책의 서두를 장식하고 있고 디지털 시대의 영화 이론이 말미를 채우고 있다. 그러나 꼭 책을 순서대로 읽을 필요는 없다. 관심이 있는 분야부터 읽어나가도 큰 무리가 없도록 구성했다. 둘째는 한 강좌 한 강좌가 매우 짧고 간명하게 서술되어 있다는 것이다. 이는 영화 이론에 대한 심오한 통찰보다는 비전공자들에게 이론의 핵심이 될 만한 것들을 중심으로 간결하게 전달하려는 목적에 기인한다. 본격적인 영화 이론서가 아닌 영화 이론 입문을 위한 가이드 역할을 자임한 것이다. 그러나 같은 주제라도 더 많은 설명이 필요한 경우에는 단강이 아닌 2~3강으로 구성했다. 아울러 좀 더 심화된 이해를 원하는 독자들을 위해 매 강좌마다 '더 읽을거리'를 덧붙였다. 셋째는 적지 않은 사진과 영화의 장면들을 첨부했다는 것이다. 영화 이론 서적임에도 불구하고 사진 한 장 없는 서적들이 즐비하다. 물론, 영화 이론 서적의 질이 사진의 많고 적음으로 판단할 수 있는 것은 아니다. 하지만 그러한 책들을 보며 늘 아쉬웠던 것은 왜 하나의 이론적 개념을 다른 이론적 개념으로 설명해야 하는가 하는 것이었다. 왜 그것을 구체적인 사진이나 영화의 장면으로 설명할 수는 없는가? 이러한 문제의식은 이 책의 모태인 텔레비전 방송 초고의 성격과도 맞닿아 있다. 텔레비전 방송은 많은 부분을 영상으로 전달해야 하기 때문이다. 책이라는 매체의 특성상 방송에 나왔던 동영상을 그대로 보여줄 수는 없으나 그에 해당하는 영화 장면의 사진들을 곳곳에 삽입해 독자들의 이해를 돕고자 했다.

몇 가지 아쉬움도 남는다. 우선, 한국 영화에 대한 이론적·역사적 관점이 부족하다는 점이다. 이는 물론 영화 이론이 서구를 중심으로 발전했다는 점 때문이기도 하지만, 한국 영화에 대한 이론적·역사적 방법론 개발을 게을리한 영화 연구자들의 책임이기도 하다. 아울러, 40개 강좌에 포함시키지 못한 주제에 대한 아쉬움도 있다. 예를 들어, 영화사 서술 방법론film historiography이나 질 들뢰즈Gilles Deleuze의 영화 이론을 넣지 못한 것이 그렇다. 궁색한 변명을 하자면 영화사 서술 방법론이나 영화사 연구는 영화 이론과는 또 다른 계보와 영역을 갖고 있다. 영화 연구cinema studies가 크게 이론theory, 역사history, 분석analysis이라고 한다면, 영화사 연구는 다른 한 권의 책을 필요로 할 만큼 방대한 영역이다. 그것을 도저히 한 두 강좌 안에 다룰 자신이 없었음을 밝혀둔다. 들뢰즈의 영화 이론을 못 넣은 것은 그에 대한 나의 학문적 소양이 일천하기 때문이다. 심원하면서도 난해한 그의 영화 철학을 나 자신의 언어로, 그것도 알기 쉬운 언어로 풀어낼 내공이 쌓이지 않았다고 솔직히 고백하자. 이는 영화 이론의 역사에서 들뢰즈의 중요성이 덜해서가 아니라 온전히 나의 무지 탓이다. 부끄럽지만 그렇게밖에 할 말이 없다.

영화 공부를 하면서 늘 힘이 되는 동료 연구자들에게 우선적으로 고마움을 전하고 싶다. 매주 공부 모임을 이끌어가는 홍진혁, 강나영, 안영임, 백태현, 성진수 선생님은 이제 선후배 관계를 넘어 삶의 친구가 되었다고 여긴다. 이분들이 외롭고 험난한 영화 연구자의 길에서 서로에게 위안과 안식이 되기를 바란다. 정민아, 박우성 선생님은 큰 그림을 함께 그릴 수 있는 학문적 동지로서 하루 빨리 우리가 세운 그 원대한(?) 계획이 이루어지길 빈다. 나의 가장 소중한 친구이자 학문적 동반자이고 연인인 아내에게도, 사랑하는 부모님과 장인·장모님께도 감사의 말씀 올린다. 책을 쓰는 시발점이 되어준 당시 EBS TV 〈시네마천국〉 제작진에게도 고마움을 전한다. 영화 이론 서적이 잘 팔리지 않는 시대에 출간을 결정해 주시고 부족한 원고를 더 좋은 글로 다듬어 주신 한울에도 감사드린다.

영화가 탄생한 지 120년이 넘었다. 영화는 더 이상 신생 예술이 아니다. 세월의 더께가 쌓인 만큼의 깊이와 폭이 있는 예술인 것이다. 영화를 더 깊고 넓게 사고하기 위해서는 충실한 이론적 가이드가 필요하다. 아무쪼록 이 책이 그러한 역할을 할 수 있기를 고대해본다.

2018년 여름

정영권

1부

고전 영화 이론

초창기의 영화 이론은 왜 영화가 예술인지를 밝히는 것에 초점이 맞추어졌다. 1910년대에 이탈리아의 예술비평가 리치오토 카누도Ricciotto Canudo는 시, 음악, 무용이라는 시간예술과 건축, 조각, 회화라는 공간예술에 더해 영화를 일곱 번째 예술, 즉 제7의 예술로 명명했다. 1920년대에 루이 델뤼크Louis Delluc, 장 엡스탱Jean Epstein 등 프랑스 인상주의자들은 영화가 빛의 예술임을 감지했다. 그들은 사진의 특성을 이어받은 영화에서 사진의 영혼, 즉 포토제니를 발견했다(1강). 그들은 말로 형언할 수는 없지만 빛이 인물과 사물에 부여하는 미묘한 느낌이나 분위기에서 영화의 예술성을 찾았다. 1930년대에 독일의 형식주의 미학과 형태 심리학의 전통에서 있었던 루돌프 아른하임Rodolf Arnheim은 영화가 현실을 그대로 재현한다면 그것은 예술일 수 없다고 주장했다(2강). 그는 흑백이나 무성 같은 영화 기술의 한계야말로 영화를 예술로 만들어준다고 말하면서 영화에 컬러가 입혀지고 소리가 도입되는 것을 경계했다. 영화가 현실을 닮아간다는 것은 단지 기록 이상의 것이 될 수 없기 때문이라는 것이 그 이유였다.

한편 러시아 혁명 직후 1920년대 소련에서는 지가 베르토프Dziga Vertov와 세르게

이 예이젠시테인Sergei Eisenstein 등이 몽타주를 실험하고 있었다. 베르토프는 카메라의 눈(키노아이)이 인간의 눈보다 우월하다고 주장하며 영화의 현실 포착 능력을 예찬했다(3강). 예이젠시테인은 그런 베르토프의 생각을 비판하며, 영화는 현실을 포착하는 것이 아니라 현실을 깨부수는 망치가 되어야 한다고 주장했다(4강). 헝가리의 영화 이론가 벨러 벌라주Béla Balázs는 무성영화 시대를 풍미한 형식주의 이론과 전후의 리얼리즘 이론의 가교 역할을 했다. 벌라주는 형식주의 전통에 서 있었지만 극단적인 형식 실험과 조형성만을 중시하는 아방가르드 미학에는 반감을 갖고 있었다. 그는 포토제니 이론가들처럼 영화를 정신적인 산물로 여겼는데, 특히 클로즈업으로 보이는 인간의 얼굴에서 영화의 영혼을 보았다(5강). 전후 영화 이론을 주도한 앙드레 바쟁André Bazin의 리얼리즘 미학(6강)은 아마도 영화 이론사에서 가장 많은 영향을 끼친 이론일 것이다. 그는 현실을 복제하는 영화의 능력이야말로 영화예술의 본령이라고 여겼다. 이러한 전제하에 그는 시공간의 물리적 현실을 유지하는 롱 테이크와 관객의 능동성을 북돋우는 디프 포커스의 미학을 찬양했다. 그는 그것이 시각의 민주주의를 가져올 것이라 희망했다.

01 빛의 예술, 포토제니론

영화가 발생부터 예술인 것은 아니었다. 초기의 관객들과 비평가들은 영화를 그저 하나의 대중적인 오락거리, 시각적인 볼거리라고 생각했다. 그도 그럴 것이 영화는 예술가들이 창조한 것이 아니라 괴팍한 발명가들의 창조물이었다. 거기에 마술사, 흥행업자 등 영화를 통해 돈을 벌고자 하는 사람들이 볼거리로서의 오락으로 만들었다. 영화 〈휴고Hugo〉(2011)에 잘 나타나 있듯이, 초창기 영화감독인 조르주 멜리에스Georges Méliès는 마술사 출신이었으며 영화를 마술의 연장이라고 생각했다. 마술이 관객들에게 신기한 볼거리였듯이 영화 역시 그 이상도 그 이하도 아니었다. 그래서 기존의 고매한 예술비평가들은 영화를 천시했다. 영화란 교육받지 못한 하층민들의 여흥거리일 뿐이었다. 특히 한창 유럽의 이민자들을 대거 받아들이고 있었던 세기 전환기 미국에서 그것은 하층 이민자들의 오락으로 치부되었다.

최초의 영화 이론가 중 한 사람인 독일계 미국 심리학자 후고 뮌스터베르크Hugo Münsterberg는 영화를 하나의 심리 작용으로 파악했다. 그는 "음악이 듣는 예술이며 회화가 보는 예술인 것처럼 영화란 정신의 예술"이라고 보았다(안드류, 1988: 34). 그는 영화를 당시의 용어로 사진극photoplay이라 불렀는데, 사진극의 가장 중요한 목표는 화면을 통해 정서감을 느끼도록 하는 것이다. 그에 따르면 영화란 현실 세계를 표현하는 매체가 아니라 정신을 표현하는 매체이다(안드류, 1988: 35). 영화를 현실로 느끼는 것, 스토리를 인지하는 것 등 관객의 심리 작용은 모두 정신에 의한 것이다.

초기의 영화인들이 영화를 기술적 볼거리로 바라본 데 반하여, 뮌스터베르크는 영화를 '주관성의 예술'로 정의했다(스탬, 2012: 45).

그러나 엄밀한 의미에서 뮌스터베르크도 영화를 예술로 생각했다고 보기는 어렵다. 일단 심리학자로서 그의 작업은 영화를 예술로 위치시키는 것이 아니라 영화가 우리에게 현실처럼 다가오는 현상을 심리학적으로 설명하는 것이었다. 그가 자신의 저서 『사진극: 심리학적 연구The Photoplay: A Psychological Study』(1916)를 썼을 때만 해도, 영화는 아직 자신만의 예술 체계를 갖추지 못했다. 장편영화는 매우 드문 현상이었고, 클로즈업을 비롯한 영화의 고유한 기법들이 아직 실험 단계에 있었다. 따라서 뮌스터베르크에게 예술로서의 영화의 가치를 규명하도록 기대하는 것은 무척이나 어려운 일이었다.

물론, 1910년대에 영화를 예술로 선언한 사람이 없는 것은 아니었다. 이탈리아의 예술비평가 리치오토 카누도Ricciotto Canudo는 영화를 예술이라고 생각했다. 그에 따르면 예술에는 건축, 조각, 회화라는 세 개의 공간예술과 시, 음악, 무용이라는 세 개의 시간예술이 있다. 그리고 영화를 이 모든 것을 종합한 제7의 예술이라고 명명했다. 하지만 카누도가 제7예술로서 영화를 명명했다고 해서 영화가 곧바로 예술이 되는 것은 아니었다. 뮌스터베르크와 마찬가지로 카누도 역시 영화의 본질은 무엇보다 정신적인 것을 드러내는 데 있다고 말했다(김호영, 2014: 153). 그는 영화를 정신적 작용이라고 설명한 뮌스터베르크보다 한발 더 나아갔다. 학자였던 뮌스터베르크에게는 다소 부족했던 관심사, 즉 영화의 예술성을 사고한 것이다. 어쩌면 시인이자 비평가였던 카누도에겐 그것이 더 절박했을 것이다. 영화가 예술이려면 영화를 예술로 만드는 특정한 성질이 필요했다. 카누도는 영화를 시詩라고 생각했으며, 영화 이미지는 무엇보다도 서정성이 있어야 한다고 주장했다. 여기에서 포토제니photogénie의 맹아가 탄생했다.

루이 델뤼크Louis Delluc는 카누도의 주장을 이어받아 '영화예술'의 조건으로 포토제니의 개념을 내놓는다. 포토제니란 한마디로 정의할 수 있는 것이 아니다. 우선, 어원을 살펴보자. 포토photo란 사진을 가리키고 제니génie란 프랑스어로 정령, 영혼을 가리킨다. 쉽게 말해서 사진적 영혼이다. 그러나 사진적 영혼이란 무엇인가? 어떻게 무생물인 사진이 영혼을 가질 수 있단 말인가?

#1 '소(Sceaux) 공원'. 외젠 아제

여기 한 장의 사진이 있다. 프랑스의 사진가 외젠 아제Eugene Atget가 찍은 공원의 풍경사진이다(#1). 아제가 이 사진을 찍은 1925년은 프랑스에서 포토제니 이론이 한창 힘을 발휘하던 때이기도 하다. 이 사진에서 제일 먼저 우리의 눈길을 끄는 것은 왼쪽에 위치한 조각상이다. 또한, 울창하게 우거진 나무들과 작디작은 연못이 있다. 우리가 흔히 볼 수 있는 숲의 풍경이다. 그러나 여기에서 무엇보다 우리를 매혹시키는 것은 저기 저 앞에서 찬란하게 비추는 빛의 향연이다. 아마도 우리가 직접 이 장소를 보았다면 이것은 흔한 숲에 그저 덩그러니 서 있는 하나의 조각상에 지나지 않았을지도 모른다. 그러나 아제의 카메라는 빛과 만나 사진적 영혼의 어떤 경지를 보여준다.

포토제니는 원래 그리스어로 "빛이 만들어내는 것"이라는 뜻을 갖고 있다. 이것은 사진적 특성을 나타내는 용어이다. 이 사진적 특성을 나타내는 용어가 영화적 특성을 나타내는 용어로 이어진 것이다(이상면, 2010: 183~184). 포토제니를 찬양했던 프랑스 이론가들은 카메라가 모든 평범한 사물과 인물 들을 빛나고 매혹적인 모습으로 바꾸어놓았다고 말했다. 심지어 카누도와 델뤼크를 이어 포토제니 이론을 확립한 장 엡스탱Jean Epstein은 "회화에 색이 있고, 건축에 볼륨이 있다면, 영화에는 포토제니가 있다"고 말하기도 했다(김호영, 2014: 150).

물론, 포토제니 이론에는 규명하기 힘든 일종의 신비성이 도사리고 있다. 아제의 사진에서 왜 빛이 그토록 매혹적인 것으로 우리에게 다가오는지 설명할 길은 없다. 그것은 인물이나 사물의 미묘한 느낌이나 분위기 같은 것을 말한다. 그러나 그 느낌을 도대체 어떤 말로 설명하고 어떤 언어로 표현할 수 있단 말인가? 바로 그러한 측면은 포토제니가 결코 언어로 의미화할 수 없다는 것을 뜻한다. "느껴지지만 설명되지 않고", "무언가를 구성하지만 분석할 수 없는"(김호영, 2014: 155) 것이야말로 포토제니의 정수라고 해도 과언이 아니다. 이미지를 연구하는 학자들은 그것을 '비결정성'이라 부르기도 한다. 하나의 의미로 환원될 수 없고, 고정된 가치로 결정될 수 없다는 뜻이다.

이제 한 편의 영화를 보자. 할리우드의 초기 유성영화 〈그랜드 호텔Grand Hotel〉(1932)이다. 심신이 피로한 그레타 가르보Greta Garbo를 사이에 두고 두 사람이 언쟁을 벌이고 있다. 계약이 끝났다는 통보를 받은 후 사람들이 황급하게 그녀를 떠난다. 혼자 남겨진 그녀는 창문을 닫고 혼자가 된다. 가르보가 바닥에 처연히 앉아 있다. 모

#2 〈그랜드 호텔〉의 그레타 가르보

든 배경을 검게 처리하고 오직 한 줄기 빛을 받은 그녀의 모습은 마치 꽃처럼 피어난다(#2). 이는 전체의 줄거리와는 아무 상관없이 오직 관객에게 보여주기 위한 장면이다. 영화의 내용과는 무관하게 가르보라는 세기의 여배우를 온전히 포토제니의 대상으로 만들고 있는 것이다.

이 영화를 프로듀싱한 어빙 탤버그Irving Thalberg는 MGM 영화사의 전속 프로듀서로서 고전 할리우드 황금기의 한 시대를 이끌었다. 그는 각본에서 촬영, 조명까지 영화의 모든 부분을 총괄하고 책임졌다. 사진을 잘 받는, 소위 포토제닉한 배우를 발굴하는 것은 그의 중요한 임무이기도 했다. 오늘날 우리는 포토제닉photogenic하다는 말을 쓴다. 미인대회에도 포토제닉상이 있다. 비록 포토제니 이론가들이 말한 포토제니는 이런 의미가 아니었지만, 대체로 이러한 과정을 거쳐 상업화되고 대중화된 것이다.

우리는 1930년대를 배경으로 한 피터 잭슨Peter Jackson의 〈킹 콩King Kong〉(2005)의 한 장면에서 대중화된 개념으로서 포토제닉의 결정체를 본다. 잭 블랙Jack Black이 연기하는 영화감독은 극 중에서도 여배우인 나오미 와츠Naomi Watts의 감정을 끌어내기 위해 애를 쓴다.

#3 〈킹 콩〉의 나오미 와츠

노을 지는 석양을 배경으로 서 있는 나오미 와츠의 아름다움은 마치 천상에서 내려온 여신과도 같다(#3). 고전 할리우드 시대의 여신 같은 여배우가 환생한 듯한 모습이다. 아마도 피터 잭슨 감독은 어빙 탤버그의 전성기, 즉 고전 할리우드 시기, 포토제닉한 스타들의 이미지에 오마주를 바치고 싶었던 것인지도 모른다. 오늘날 통속화된 포토제니는 여전히 우리 곁에서 빛을 발하고 있다.

더 읽을거리

김호영. 2014. 「4장 포토제니, 그리고 사유하는 기계로서의 영화: 엡슈타인」. 『영화이미지학』. 문학동네.

스탬, 로버트. 2012. 「영화의 본질」. 『영화이론』. 김병철 옮김. K-books.

이상면. 2010. 「III-1 영상의 철학적 이해: 프랑스 시각주의자들과 발라즈의 영상해석」. 『영화와 영상문화: 영화와 영상이론·예술·교육』. 북코리아.

02 루돌프 아른하임과 형식주의 미학

어떤 이들은 영화가 현실의 모사 혹은 반영이라고 말한다. 회화보다는 사진이, 사진보다는 영화가 현실에 더 근접하고 있으니 말이다. 그러나 또 어떤 이들은 영화는 현실 이상의 그 무엇이라고 말하며 영화가 갖고 있는 형식적 미학을 더 중요시한다. 루돌프 아른하임Rodolf Arnheim은 명백하게 후자에 속하는 사람이다. 그는 영화가 있는 그대로의 현실을 재현하기만 한다면 그것이 어떻게 예술일 수 있는가를 물었다. 그는 예술적 기능이 매체 자체에 관심을 집중시키는 것이라 믿었다. 시는 그것이 담고 있는 메시지가 아니라 시어詩語가 중요한 것이다. 회화는 묘사하는 대상이 아니라 선, 색, 구성 등 형식적 특성들이 우리의 눈길을 잡아끄는 것이다(안드류, 1988: 46).

#1 루빈의 술잔

아른하임의 이론을 이해하기 위해서는 형태 심리학게슈탈트 심리학: Gestalt psychology을 먼저 살펴보는 것이 중요하다. 살면서 이런 그림 한 번 쯤 보았을 것이다. 바로 '루빈의 술잔'이다(#1). 여기에서 흰 색을 주로 본다면 술잔이 보일 테고 검은 색을 주로 본다면 마주 보고 있는 두 사람이 보일 것이다. 동일한 시각적 정보이지만 우리가 어떻게 인식하느냐에 따라 달라지는 것이다.

형태 심리학은 현실의 재현이나 모방이 아닌 변형과 구성을 중요시했다. 우리는 시각적 정보를 통해 우리 나름대로 현실을 구성하고 있는 것이다. 만약 한 사람을 눕혀놓고 발 쪽에서 머리 쪽으로 사진을 찍는다면 발은 그 사람의 머리보다 크게 사진에 나타날 것이다. 우리는 발이 몸통보다 작다는 것을 알고 있지만, 사진에선 발이 더 크게 나타난다. 아른하임에 따르면 사진은 근본적으로 2차원적인 대상이기 때문이다. "크기와 형태가 영사막 위에 그 본래의 비율 그대로 나타나지 않고 원근법적으로 왜곡되어"(아른하임, 1990: 23) 나타나는 것은 사진의 기술적 한계이고 더 나아가 사진을 이어받은 영화의 기술적 한계이다. 그러나 아른하임은 역설적으로 이러한 기술적 한계야말로 영화가 예술임을 증명하는 것이며 더 나아가 영화의 본질이라고 주장했다. 아른하임이 왜 이러한 주장을 하게 되었는지는 형태 심리학만 갖고는 설명할 수 없다. 1920년대 유럽 아방가르드 영화의 물결을 살펴봐야 한다.

1920년대에 유럽에서 영화를 연출한 사람들이 직업적 영화감독만 있었던 것은 아니다. 페르낭 레제Fernand Léger, 살바도르 달리Salvador Dalí 같은 화가, 장 콕토Jean Cocteau 같은 시인, 맨 레이Man Ray 같은 사진가 등 전방위적 예술가들이 영화를 만들었다. 그들은 영화가 시, 회화, 사진의 확장이라고 생각했다.

아방가르드 영화인 페르낭 레제의 〈기계적 발레Ballet mécanique〉(1924)는 어떠한 내용도 없이 끊임없이 움직이는 사물들의 모습을 보여준다. 간간이 사람이 등장하기도 하지만 어떠한 이야기를 전달하기 위함이 아니라 움직이는 형상으로서만 존재한다. 사람의 얼굴이 다중 노출multiple exposure* 기법을 통해 여러 형상으로 우리에게 제시

#2 〈기계적 발레〉

된다(#2). 아른하임이 말한 기술적 한계를 오해해서는 안 된다. 그는 다중 노출,* 디졸브,** 패스트 모션, 슬로 모션, 그리고 우리가 다음 강의에서 살펴보게 될 몽타주 등 영화의 거의 모든 기법들을 옹호했다. 그가 기술적 한계라고 불렀던 것은 영화란 현실을 재현하기에는 적합하지 않다는 뜻이다. 즉, 영화는 현실을 변형시키고 새로이 구성해야 한다는 것이다.

아른하임이 기술적 한계로 지적했던 것을 몇 가지만 예를 들어보자. 무엇보다도 그 당시는 무성영화, 흑백영화의 시대였다는 것을 염두에 두어야 한다. 우선, 앞서도 이야기했듯이 영화는 평면적인 스크린에 영사되기 때문에 완전한 입체감을 표현하기 어렵다. 둘째, 색채를 결여하고 있다. 모든 색채는 흑색과 백색, 다양한 회색으로 환원되어 나타난다. 셋째, 관객이 스크린에 가까이 혹은 멀리 위치한 정도에 따라 물체가 다르게 보이고 움직임도 다르게 느껴진다. 스크린의 좌우편에 치우쳐 앉을 때에 물체는 더 왜곡되어 보이기도 한다. 이 밖에도 편집이 됨으로써 시공간적인 연속성이 보장되지 않으며, 시각을 제외한 청각, 후각과 촉각도 표현할 수 없다(이상면, 2010: 123~124). 그러나 아른하임은 이것을 “자연으로부터의 고마운 이탈”이라고 말했다(이상면, 2010: 126). 조명의 각도, 명암대비, 그림자 효과 등 조명 기법은 현실을 변형시킬 수 있고, 현실과 동떨어져 보이는 주관적 현실을 구성할 수 있다.

아마도 이러한 주관적 현실을 가장 잘 보여주는 영화들은 독일 표현주

---

* 여러 가지 영상을 겹쳐 인화하여 새 영상을 만들어내는 특수 효과.

** 영상의 이중 인화로 인해 앞의 숏(shot)이 서서히 사라지고 뒤의 숏이 서서히 나타나는 것. 잠시 동안 두 숏이 겹쳐져 있게 되며, 흔히 오버랩(overlap)이라 부르기도 한다. 숏이란 카메라가 찍기 시작한 순간부터 멈출 때까지 연속적으로 기록된 영상으로서 편집되지 않은 필름 조각을 가리킨다.

의 영화들일 것이다. 〈칼리가리 박사의 밀실Das Cabinet des Dr. Caligari〉(1920)을 보자(#3). 도무지 현실을 모방하거나 재현하려는 의지가 없어 보인다. 인공적인 세트에서 촬영했으며, 의도적으로 입체감을 축소했다. 무성 흑백영화이기에 당연히 색채가 결여되어 있으며, 대사도 자막으로만 전달된다. 명암 대비가 강한 조명은 흰 색과 검은 색의 공간을 더욱 명징하게 보여준다. 배우들의 과장된 분장이나 몸짓도 그들이 말하려는 것보다 행동하는 것에 주목을 끌게 한다.

#3 〈칼리가리 박사의 밀실〉

거의 기하학적으로 보이는 이 영화에서 현실감을 느낄 관객은 많지 않을 것이다. 물론, 이 시기의 유럽 무성영화가 모두 이런 식으로 연출되지는 않았다. 이 영화는 극단적인 예에 지나지 않을 것이다. 하지만 아른하임은 현실감을 결여한 이런 속성이야말로 영화를 '현실의 단순한 복제'에서 구원해주는 길이라 믿었다.

아른하임이 아방가르드 예술의 세례를 받은 유럽 무성영화만을 옹호했던 것은 아니었다. 그는 같은 시기 할리우드의 무성영화, 특히 가장 대중적인 찰리 채플린Charles Chaplin의 영화도 찬양했다. 〈황금광시대The Gold Rush〉(1925)의 저 유명한 '구두 먹는 장면'이다(#4).

#4 〈황금광시대〉

여기에서 구두를 게걸스럽게 먹

고 있는 굶주린 사람을 보여주었을 뿐이라면 그것은 그저 기이하고 우스꽝스러운 장면에 지나지 않았을 것이다. 채플린은 가난을 묘사하면서 부자들이 먹는 생선과 닭고기를 관념적으로 끌어들인다. 생선과 닭고기는 물론 이 장면에 없다. 그러나 낡아빠진 구두는 생선의 가시로, 구두에 박힌 못은 닭의 뼈로, 구두끈은 스파게티를 연상시킨다. 아른하임은 채플린이 이처럼 형태적인 유사성을 관념적으로 시각화하면서 '배고픔 대 안락한 삶'이라는 인간적 주제를 진정으로 영화적인 방법으로 제시했다고 하며, 이것이야말로 이 장면의 위대한 예술성이라고 극찬했다(아른하임, 1990: 146).

아른하임은 1920년대의 무성영화야말로 영화예술의 정점이라고 생각했다(안드류, 1988: 54). 무성영화에 근거한 그의 영화 미학은 유성영화/발성영화*에는 적합하지 않았다. 그는 유성영화를 적의에 찬 시선으로 바라보았다.

> 무성영화에서 소리의 결여가 현저하게 느껴지게 된 것은 오직 발성영화talkies의 발명 이후의 일이다. 그러나 이것이 입증하는 바는 아무 것도 없으며, 또 소리의 도입 이후의 무성영화의 가능성을 반대하는 아무런 논거도 되지 않는다(아른하임, 1990: 40).

아른하임은 배우들이 말을 하게 됨으로써 주제와 대사에 모든 것이 맞

* 유성영화(sound film)는 소리가 있는 영화를 말하며, 그 하위개념인 발성영화(talkies)는 인물의 대사가 있는 영화를 말한다. 대부분의 유성영화가 발성영화이기에 엄밀한 구분 없이 쓰이기도 한다.

춰지는 것을 비난했다. 그러면서 새로운 예술인 영화가 더 오래된 예술인 연극을 따라가게 될 것이라 개탄했다.

> 모든 장면들은 정지된 카메라에 의해서 전체 길이가 한꺼번에 찍혀져야 할 것이며 또 찍혀진 그대로 보여져야 할 것이다. 이런 형식의 영화가 갖는 예술적 잠재 능력이란 연극 무대가 갖는 그것과 다를 것이 없다. 그렇게 되면 영화는 어떤 의미에서든 독립된 예술일 수 없게 된다(아른하임, 1990: 158).

또한, 그는 영화의 고유한 형식보다 다루려는 내용을 더 중요시함으로써 영화의 모든 표현성과 조형성이 파괴된다고 주장했다. 영화가 점점 현실을 닮아간다는 것은 '현실의 단순한 복사'라는 점을 스스로 인정하는 꼴이라고 비판했다. 카메라가 점점 더 현실을 기록하는 기계로 전락하는 것을 한탄했다.

아른하임은 영화 이론 입문서에 나오는 박제된 이론가로 치부되거나, 영화의 기술적 진보를 부정했던 괴팍한 미학자쯤으로 여겨지기도 한다. 그러나 그는 시대에 뒤떨어진 영화 미학자가 결코 아니었다. 영화를 단지 현실의 반영이나 기록이 아니라 현실의 창조적 변형이라고 생각했던 많은 영화 예술가들에게 그는 적지 않은 영향을 주었다. 왕자웨이왕가위 王家卫의 〈타락천사墮落天使〉(1995)는 그 수많은 예들 중 하나일 뿐이다. 왕자웨이는 컬러가 보편화한 시대에 이 영화의 몇몇 장면을 일

#5 〈타락천사〉

부러 흑백으로 촬영했다. 형상의 왜곡을 주기 위해 초광각렌즈를 사용했으며(#5), 현실에서는 불가능한 슬로 모션과 패스트 모션을 교차시켰다. 물 흐르듯 유영하는 왕자웨이의 몽환적인 분위기를 아른하임이라면 옹호하지 않았을까? 컬러영화와 유성영화의 시대에도 아른하임의 미학적 유산은 무시할 수 없는 한 축으로 남아 있다.

더 읽을거리

아른하임, 루돌프. 1990.『예술로서의 영화』. 김방옥 옮김. 기린원.

안드류, 더들리. 1988.「제2장 루돌프 아른하임」.『현대영화이론』. 조희문 옮김. 한길사.

이상면. 2010.「II-2. 아른하임의 영화미학」.『영화와 영상문화: 영화와 영상이론·예술·교육』. 북코리아.

03 지가 베르토프와 키노아이

영화를 통해 상업적인 이득을 챙기고자 하는 사람이 있는가 하면 영화가 예술임을 입증하고자 부단한 노력을 기울이는 사람도 있다. 영화는 산업이면서 또한 예술이기도 하다. 그러나 영화를 정치적인 선전의 도구로 보았던 사람들도 있었다. 아마도 영화 역사상 그 최전선에 섰던 사람은 소비에트 몽타주 영화인들일 것이다. 그러나 그들이 영화를 정치 선전의 목적으로만 생각했던 것은 아니었다. 그들은 관객들을 사로잡는 것은 내용만이 아니라고 주장했다. 뛰어난 형식만이 올바른 내용을 보장한다고 강조했다. 지가 베르토프Dziga Vertov도 그중 한 사람이었다.

러시아 혁명 직후 그는 새로이 건설된 사회주의 국가 소련의 혁명 이념을 전파하기 위해 소련 곳곳의 작은 마을을 돌아다니며 주민들에게 영화를 보여주었다. 이때 그가 영화 장비를 실어 나르던 열차를 '선동 열차'라고 한다.

베르토프는 민중들의 삶을 그대로 드러내는 것이 영화인의 임무라고 생각했다. 그리고 그것을 영화적 진실이라고 믿었다. 그는 그 당시의 극영화가 민중들의 삶과는 무관한 귀족들과 부르주아들의 삶만을 그리고 있다고 비판했다. 그래서 베르토프는 1922년 "우리는 극영화의 즉각적인 죽음을 요구한다"고 선언한다(베르토프, 2006: 64). 시나리오와 연기에 의해 구성된 모든 영화는 곧 연극적 재현일 뿐이라고 말했다(베르토프, 2006: 143). 사람들이 연기하지 않는 순간을 포착하는 것, 있는 그대로의 삶을 드러내는 것, 그것이 베르토프가 생각하는 영화였다.

그렇다면 어떻게 영화가 있는 그대로의 삶을 보여줄 수 있을까? 베르토프는 그것을 카메라라는 기계에서 찾았다. 언뜻 생각하면 어떠한 기계적 조작도 없는 인간의 눈이 카메라보다 더 정확하다고 생각할 수도 있을 것이다. 2강에서 살펴보았던 루돌프 아른하임이 그렇게 생각했듯이 말이다. 아른하임은 카메라의 기술적 한계가 오히려 영화를 예술로 만들어준다고 말했다. 현실을 있는 그대로 재현만 한다면 그것은 예술일 수 없다는 것이었다. 이에 비해 베르토프는 카메라의 눈이 인간의 눈보다 더 완전하다고 믿었다. 아른하임과 베르토프는 여러 면에서 달랐다. 아른하임은 영화의 재현성이 아니라 표현성과 조형성에 더 큰 관심을 기울였다. 반면, 베르토프는 카메라의 기술적 능력과 현실 포착 능력을 예찬했다.

영화에 대한 베르토프의 사유는 20세기 초 산업화와 대도시의 등장으로 새롭게 형성된 세계의 시각적 복잡성에 기인한다. "무수히 많은 개체들이 엄청난 속도로 움직이고 있는 새로운 세계 앞에서 인간의 눈이 갖는 지각 능력의 불완전성과 기계-눈이 갖는 지각 능력의 우수성"(김호영, 2014: 112)은 베르토프가 취한 영화적 사유의 핵심이다. 여기서 기계-눈이란 곧 '키노아이Kino-Eye: 영화의 눈', 카메라의 눈을 가리킨다. 이 카메라의 눈이 인간의 불완전한 눈을 완전하게 만들 수 있는 눈으로 바꿔줄 것이며, 인간은 카메라를 통해 '세상의 감각'을 잡아낼 것이라 선언했다. 카메라라는 기계를 신봉했다는 점에서 그는 기계 예찬론자였다. 왜 그는 인간의 눈보다 카메라의 눈을 더 신뢰하게 되었을까?

이것을 이해하기 위해서는 베르토프의 사상에 많은 영향을 끼친 두 가지 예술 사조를 살펴볼 필요가 있다. 바로 이탈리아 미래주의Futurism와 러시아 구성주의Constructivism가 그것이다. 미래주의와 구성주의는 모두 20세기 초 유럽의 아방가르드 예술 운동이었다. 미래주의는 과거와 전통을 거부하고 젊음, 기계, 운동성, 힘, 속도를 찬양했다. 기계와 운동성, 힘과 속도를 중요시했다는 점에 구성주의도 다르지 않았다. 철근이나 유리 등 공업 생산물의 사용을 즐겨 했던 구성주의 조형물은 기계주의적이고 기능적인 표현이 강조되었다. 베르토프는 미래주의자들에게서 영향을 받았지만 그들이 파시즘으로 기우는 것을 경계했고, 구성주의자들의 영향하에 있었지만 기능적인 것만을 추구하지는 않았다.

영화의 정신적 속성을 더 중요시했던 후고 뮌스터베르크, 루이 델뤼크, 장 엡스탱, 루돌프 아른하임에 비해 지가 베르토프는 영화의 물질성과 운동성을 최우선의 가치로 여겼다. 급진적 유물론자였던 그는 점점 더 역동적으로 산업화되어 가는 러시아에서 기계가 인간 노동과 행복하게 결합하는 방식을 꿈꾸었다.

> 기계의 영혼을 드러내면서, 노동자가 자신의 작업대를 사랑하게 하고, 농부가 자신의 트랙터를, 기술자가 자신의 엔진을 사랑하게 하면서. 우리는 모든 기계에 의한 노동에 창조의 기쁨을 전해주고, 우리는 사람과 기계를 보다 가까운 관계로 만들며, 우리는 새로운 인간을 양성한다. 멋있고 솜씨 좋은 새로운 인간은 가볍고 정확한 기계의 움직임을 갖게 될 것이며, 우리 영화의 만족스러운 주제가 될 것이다(베르토프, 2006: 65).

여기에서 새로운 인간이란 물론 제정 러시아라는 낡은 체제가 아닌 소비에트 연방이라는 새로운 체제에 걸맞은 인간이었다.

그래서 베르토프는 제정 러시아 시기의 낡은 극영화들을 모두 반동적인 것으로 여겼다. '사회의 진실'을 드러내는 데 인위적으로 연출된 극영화는 적합하지 않다는 것이었다. 신생 사회주의 공화국 소련을 진실하게 기록하는 것이 그의 임무였다. 그가 1922년부터 1925년까지 관영방송 뉴스 영화인 〈키노 프라우다Kino-Pravda〉를 제작한 것은 그러한 목적에서였다. 키노 프라우다란 러시아어로 '진실한 영화'를 가리킨다(이상면, 2010: 80).* 그에게 진실한 영화란 민중의 삶을 왜곡시키지 않는 영화, 인간의 노동이 소외되지 않는 영화였다. 그리고 그것은 빠르게 산업화하는 소련의 활기, 역동성과 결합되었다. 아마도 이러한 기계와 속도의 역동성이 가장 잘 구현된 영화는 〈카메라를 든 사나이Man with a Movie Camera〉(1929)일 것이다. 베르토프는 이 영화에서 빠르게 교차되는 몽타주**를 통해 도시에서 살아가는 민중들의 모습을 보여준다.

도시의 아침이 찾아온다. 한 여자가 세수하는 모습(#1)은 길거리에 물 뿌리며 청소하는 모습과 교차된다(#2). 여자가 수건으로 눈을 부빌 때(#3), 블라인드도 열린다(#4). 이어서 카메라의 렌즈도 작동하기 시작한다. 카메라가 조리개를 조절하면, 흐릿한 초점의 꽃들은 이내 뚜렷해진다(#5). 여자가 눈을 깜박일 때, 블라인드도 열렸다 닫혔다 한다. 그리고 카메라 조리개가 닫혔다가 활짝 열린다. 말 그대로 키노아이가 자신의 눈을 뜬 것이다(#6). 빠르게 편집된 이 일련의 숏들은 그 자체로는 아무런 의미가 없다. 세수하는 여자와 길거리 물청소가 어떠한 인과관계가 있는 것은 아니다. 그러나 세수와 물청소, 눈을 깜빡이는 행위와 블라인드가 열렸다 닫혔다 하는 동작은 조형적으로 매우 유사하다.

베르토프는 완전한 기계로서의 카메라가 인간의 전략적 두뇌와 조화

---

* 1960년대 초반 프랑스의 다큐멘터리 감독들은 베르토프의 이 용어를 차용한 프랑스어 '시네마 베리테(Cinéma Vérité)로 자신들의 다큐멘터리 영화운동을 명명했다.

** 프랑스어로 편집을 가리키는 일반적인 용어이지만, 소비에트 몽타주는 숏들을 연결시키거나 충돌시켜 새로운 의미를 만들어내는 편집방식을 가리킨다.

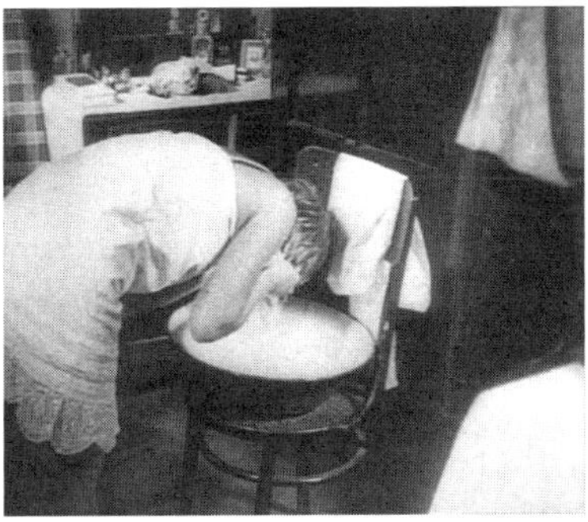

#1

#2

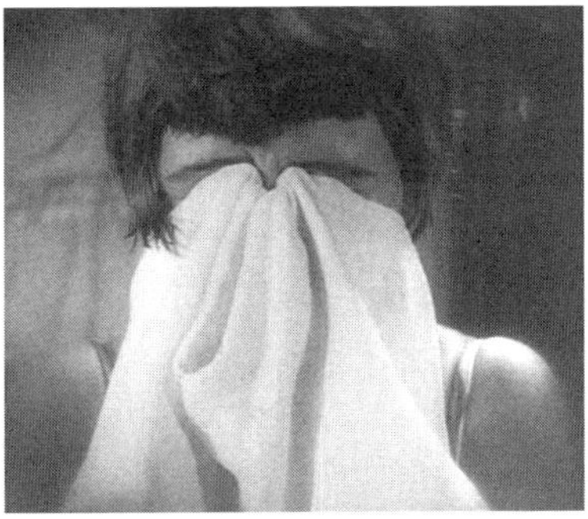

#3

#4

#5

#6

를 이룰 때, 가장 평범한 사물이라도 가장 신선하고 흥미로운 양상으로 표현될 것이라 믿었다(베르토프, 2006: 79). 카메라가 '부지불식간에 포착한 삶'*을 드러내는 순간, 영화는 진실이 될 것이라고 생각했다.

그러나 기계로서의 카메라가 그 스스로 삶의 진실, 영화의 진실을 드러낼 수는 없다. 인간의 노동과 정신이 없다면 그것은 무용지물일 뿐이다. 마르크스주의자로서 베르토프는 영화를 만드는 작업이 부단한 노동이자 생산이라고 여겼다. 그가 극영화를 그토록 배격했던 것도 거기엔 노동의 흔적이 지워진 채, 허구로서의 세계만이 있다고 믿었기 때문이다.

〈카메라를 든 사나이〉에는 끝없이 되풀이되는 인간의 노동이 있다. 구두를 닦고, 머리를 깎고, 손톱을 손질한다. 손톱을 손질하는 손(#7)은 필름을 손질하는 손과 교차된다(#8). 재봉틀로 옷을 짓는 것(#9)은 마치 영화에서 편집기사가 필름을 잇는 작업과 유사하다(#10). 전화기 교환수들이 전선을 끊임없이 이을 때(#11), 담배를 포장하는 손이 속도를 더해 갈 때(#12) 베르토프의 몽타주도 빨라지기 시작한다. 빠르게 움직이는 이 모든 손들이 신생 사회주의국가 소련의 하루를 만든다. 간간이 보이는 카메라의 작동 모습과 영화 편집의 과정은 영화 역시 이 모든 노동처럼 인간의 노동을 통해 생산된다는 베르토프의 신념을 보여주는 것이다.

베르토프의 키노아이론은 정교한 이론체계를 갖춘 영화 이론은 아니었다. 오히려 정치적 선언문에 가까웠다. 그것은 영화가 무엇을 어떻게 다루어야 하는지를 끝없이 고민했던 실천적 사고의 산물이었다. 베르토프는 이론가이기 이전에 실천가였다. 그는 스탈린주의로 소련이 관료화

---

* '부지불식간에 포착한 삶'이란 인간이 미처 알지 못하고 인식하지 못한 순간을 카메라가 포착할 수 있다는 베르토프의 신념이다.

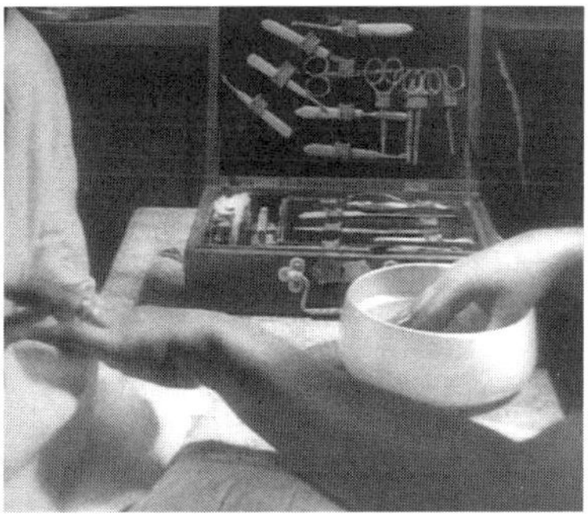
#7

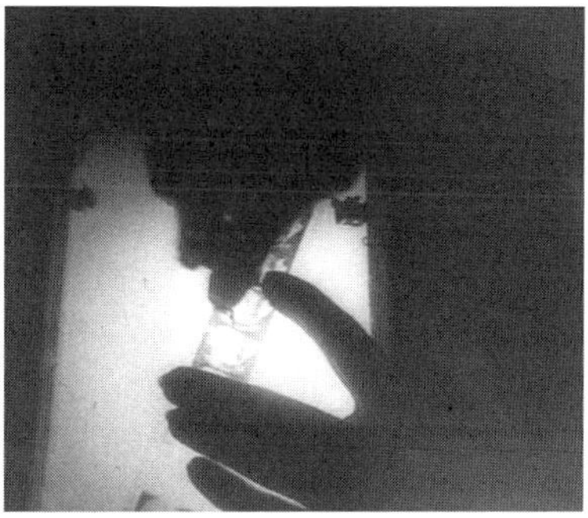
#8

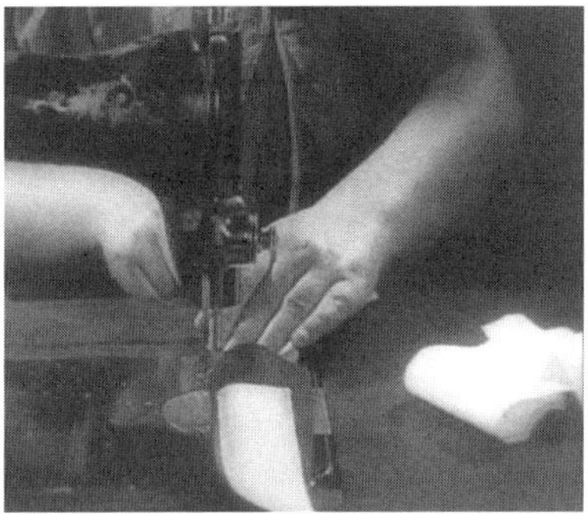
#9

#10

#11

#12

되기 이전, 소련 영화의 급진적 실험의 가능성을 보여주었던 정치적·예술적 전위주의자였다.

더 읽을거리

김호영. 2014. 「3장 물질적 지각과 물질적 우주: 베르토프」. 『영화이미지학』. 문학동네.

베르토프, 지가. 2006. 『키노아이: 영화의 혁명가 지가 베르토프』. 김영란 옮김. 이매진.

이상면. 2010. 「II-1 러시아 몽타주 이론과 영화」. 『영화와 영상문화: 영화와 영상이론·예술·교육』. 북코리아.

04 세르게이 예이젠시테인과 혁명의 몽타주

소비에트 몽타주하면 금방 떠오르는 사람은 세르게이 예이젠시테인 Sergei Eisenstein 일 것이다. 예이젠시테인은 영화감독이자 영화 이론가였다. 대단히 박학다식하고 학구적이었던 그는 영화를 찍는 것에 만족하지 않고 그것을 이론적으로 입증하는 데에도 온 힘을 경주했다. 그는 레오나르도 다빈치 Leonardo da Vinci 에서 찰스 디킨스 Charles Dickens, 리하르트 바그너 Richard Wagner 까지 다양한 예술가들을 즐겨 인용했다. 또한 아프리카 조각에서 일본의 가부키까지, 중국의 가면극에서 폴리네시아의 전통 풍습까지 모든 것을 다 가져왔다. 아마도 예이젠시테인은 영화 창작과 영화 이론의 역사에서 예술의 이론이 창작의 원리와 완벽하게 공존했던 행복한 예가 될 것이다.

예이젠시테인은 영화에 입문하기 전에 연극 연출가이자 세트 디자이너였다. 이 당시 그는 자신이 평생의 스승이라고 생각했던 연극 연출가 브세볼로트 메이예르홀트 Vsevolod Meyerhold 를 만나게 된다.

메이예르홀트는 러시아 구성주의 연극의 대가였다. 구성주의 연극은 당시 러시아 연극을 지배하고 있던 사실주의 연극을 거부하고 자연스러운 감정보다는 기하학적 세트를 활용한 조형적 움직임을 중요시했다. 오늘날의 연극에서 세트 하나가 침실, 발코니, 방앗간 등 원하는 공간으로 변형되는 방식은 구성주의 세트에서 가져온 것이다.

구성주의 연극은 배우의 연기에서도 심리적인 것보다는 신체적인 것을 강조했다. 한 인물의 슬픔을 표현할 때도 내면 연기보다는 부자연스럽고 기계적인 동작을 중요시했다. 구성주의 연극은 무엇보다도 신체적 움직임을 통해 관객을 자극하고 이질적인 것들을 충돌시켜 새로운 의미를 만들어내는 것에 초점을 두었다. 바로 이것이 훗날 예이젠시테인 몽타주 미학의 핵심인 갈등과 충돌의 원리이다.

예이젠시테인은 갈등과 충돌의 원리를 규명하기 위해 표의문자인 중국어를 끌어들인다. 한자漢子 식으로 읽으면, '개'를 뜻하는 '견犬'과 '입'을 뜻하는 '구口'를 합하면 짖을 '폐吠'자가 된다. 마찬가지로 '입'을 뜻하는 '구口'와 '새'를 뜻하는 '조鳥'를 합하면 '운다'는 의미의 '명鳴'자가 된다. 이것이 서로 이질적인 것들을 충돌시켜 새로운 의미를 만들어내는 몽타주의 원리이다. 예이젠시테인은 예술의 기본 원리란 갈등이며 존재의 모순을 밝혀내는 것이 예술의 임무라고 생각했다. 그것은 관객의 의식에 모순을 환기시켜 올바른 견해를 형성시키고, 서로 대립하는 것을 충돌시켜 정확한 지적 개념을 만들어내는 것이다(에이젠슈테인, 1990: 175).

여러 면에서 예이젠시테인의 몽타주는 브세볼로트 푸돕킨Vsevolod I, Pudovkin의 몽타주와 비교된다. 푸돕킨은 예이젠시테인과 함께 러시아 혁명 직후 모스크바 국립 영화예술학교에서 소비에트 몽타주의 스승 격인 레프 쿨레쇼프Lev Kuleshov에게서 몽타주 이론을 배웠다.

쿨레쇼프의 몽타주 이론을 계승한 적자는 예이젠시테인이 아니라 푸돕킨이었다. 그는 "영화예술의 토대"는 몽타주라고 말하며 그 중요성을 강조했다. 그가 말하는 몽타주는 영상 조각의 연결 방법으로, 편집editing에 가까운 의미로 사용된다(이상면, 2010: 91). 그는 개별적이고 연관성 없는 필름 조각들을 활용하여 본래와는 다른 창조적 상황, 현실이 만들어질 수 있는 것에 주목했다(이상면, 2010: 91).

예를 들어, 대통령의 입회하에 미사일 발사를 하는 장면을 찍는다고 가정해보자. 첫 번째 장면은 A 장소에서 군 장성들과 대화를 나누는 대통령의 모습을 보여준다. 그 다음 장면은 B 장소에서 찍은 미사일 발사 장면이다(제작비가 적은 경우 CG나 기존 다큐멘터리 필름을 사용할 수도 있다). 이어서 망원경으로 보는 대통령의 모습과 그의 시점point-of-view shot: POV shot으로 하늘 높이 치솟는 미사일을 보여준다.

여기에서 A와 B는 전혀 다른 장소에서 찍은 장면을 연결한 것이지만 마치 같은 장소에서 벌어진 일 같은 영화적 효과를 낳는다. 오늘날 이런 기법은 매우 일반적으로 쓰여 따로 거론할 필요도 없지만 푸돕킨이 몽타주 실험을 했던 1920년대 초반에는 획기적인 것이었다. 푸돕킨은 이렇게 논리적 비약이나 갑작스럽게 새로운 개념을 창출하지 않고 물 흐르듯이 연결되는 몽타주를 선호했으며, 그래서 그의 몽타주를 '연결의 몽타주montage of linkage'라고 부른다.

에이젠시테인은 이러한 푸돕킨의 몽타주를 지극히 보수적인 것으로 여겼다. 갈등과 모순이야말로 변화의 기본 원리라고 생각했던 유물론자답게 그는 "이미지를 사유한다는 것은 숏들의 충돌을 이용하여 관객들의 마음속에 관념 작용을 촉발시키고, 변증법적 지각과 관념 그리고 이념과 감정의 산물을 촉발시키는 것"(스탬, 2012: 59)이라 생각했다. 그래서 에이젠시테인의 몽타주를 푸돕킨의 '연결의 몽타주'와 대비시켜 '충돌의 몽타주montage of collision'라 칭하기도 한다.

이런 논리에 기초해서 그의 영화 〈파업Strike〉(1925)의 한 장면을 보자. 무엇인가를 내리치는 칼이 보인다(#1). 육중한 소가 맥없이 쓰러지는 모습이 보인다(#2). 클로즈업으로 잡은 손들은 멈추라고 외치는 것 같다(#3). 그러나 이 손의 주인공들은 도살당하는 소의 모습을 보고 그렇게 행동한 것이 아니다. 그들은 도살 장소와는 무관한 장소에 있다. 이어서 다

#1

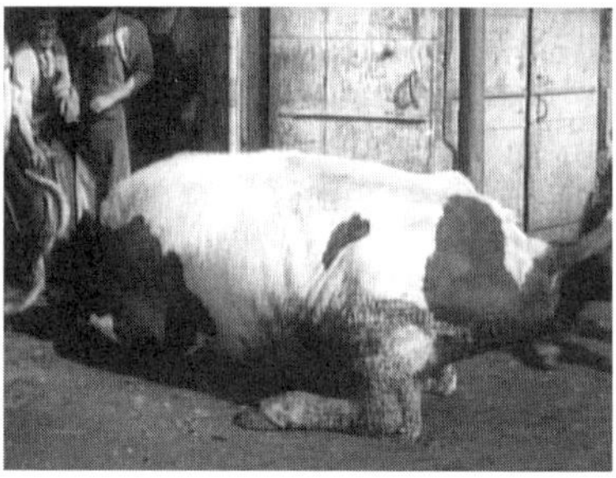

#2

#3

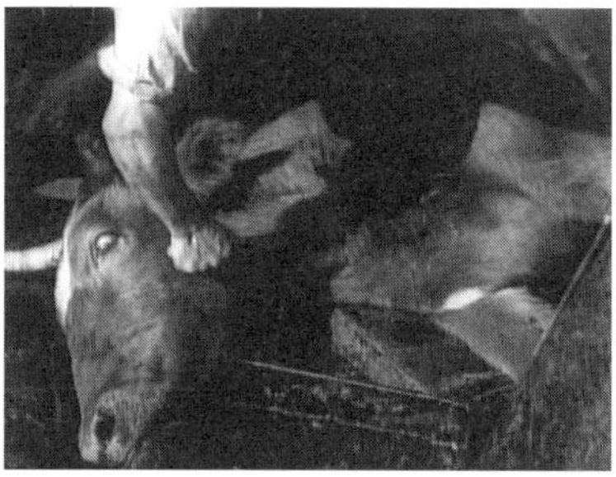

#4

#5

#6

시 한 번 소를 무자비하게 도살하는 모습이 나온다(#4). 이어지는 장면은 총을 쏘는 군인들(#5)과 혼비백산하여 도망가는 군중들(#6)을 잡은 것이다. 군중들을 학살하는 군인들과 소를 무자비하게 도축하는 도살자의 병치. 이 두 개의 이미지는 영화의 내용상 전혀 이질적인 것이다. 그러나 관객은 연상 작용을 통해 군중들이 학살당하는 것과 소가 도살당하는 것을 통합시킬 수 있다. 곧, '군중들은 소처럼 학살당한다'는 새로운 의미가 만들어진 것이다.

이렇듯 예이젠시테인은 숏들을 충돌시키고 병치시켜 관객을 자극하고 충격에 빠뜨린다. 우리는 3강에서 지가 베르토프를 살펴본 바 있다. 그가 주창한 키노아이론의 핵심은 인간의 눈보다 뛰어난 카메라의 눈을 통해 현실을 진실하게 포착하고 관찰하는 것이었다. 예이젠시테인은 베르토프가 민중들의 삶을 관찰만 한다고 비판했다(에이젠슈테인, 1990: 163). 중요한 것은 관찰이 아니라 관객의 심리를 자극하여 일깨우는 것이다. 예이젠시테인은 베르토프처럼 키노아이를 통해 부지불식간에 삶을 포착하는 것만으로는 성이 차지 않았다. 그래서 그는 베르토프의 키노아이와 대비되는 '키노피스트Kino-Fist: 영화-주먹'라는 충격 효과를 강조했다(스탬, 2012: 58). 그에게 예술작품이란 "관객의 심리를 경작하는 트랙터"와 같은 것이었다(에이젠슈테인, 1990: 161). 어찌 보면 관객을 수동적인 대상으로 보는 것 같다. 그러나 그는 관객이 연상 작용을 통해 얼마든지 능동적일 수 있다고 생각했다. 〈파업〉에서 민중의 학살과 소의 도살을 결부시키는 것은 관객의 지적 능력에 있다. 그는 영화 〈10월October〉(1928)에서 이것을 극한까지 밀어붙였다.

영화 〈10월〉은 1917년 러시아 10월 혁명을 배경으로 한다. 그러나 러시아 제정을 타도했던 것은 10월 혁명이 아니라 2월 혁명*이었다. 예이젠시테인은 2월 혁명으로 임시정부의 수반이 된 케렌스키를 탐탁지 않게 여겼다. 영화 속에서 케렌스키는 모든 낡은 것들을 복원하려는 권력욕의 화신이다. 유물론자로서 예이젠시테인은 신을 숭배하는 우상들을 낡은 것의 상징으로 제시한다(#7). 이어서 국가를 상징하는 훈장과 견장들이 제시된다(#8). 이어지는 장면은 2월 혁명으로 타도된 모든 것들이 다시 복원되는 것이다. 영화는 촬영된 필름을 거꾸로 돌림으로써 이것을 보여준다. 부서졌던 황제 동상의 팔다리가 다시 붙여지는 식이다. 황제의 동상이 완성되고 코르닐로프 장군이 나온다(#9). 그는 2월 혁명의 성과를 분쇄하고자 쿠데타를 일으킨 반동적 인물이다. 그가 말을 타고 있는 모습은 말을 탄 나폴레옹의 모습과 병치된다(#10). 이어서 케렌스키가 팔짱을 낀다(#11). 그리고 팔짱을 낀 나폴레옹의 동상이 이어진다(#12). 예이젠시테인은 코르닐로프나 케렌스키 모두가 프랑스 혁명의 정신을 배반하고 황제가 되고자 했던 나폴레옹이라고 생각하는 것 같다. 이렇게 연상 작용을 통해 관객의 지적 능력에 호소하는 몽타주를 예이젠시테인은 지적 몽타주라고 불렀다.

예이젠시테인은 관객을 자극하고 충격에 빠뜨리는 감각에 호소하면서도 관객의 지적 능력을 신뢰했다. 그는 관객이 뜨거운 감성과 차가운 이성을 모두 동원해주기를 바랐다. 그러나 1930년대 이후 스탈린 체제가 공고화하면서 그의 급진적 실험들은 부르주아 형식주의로 매도당했다. 민중들이 이해할 수 없는 실험만 하고 있다는 것이 그 이유였다. 스탈린

---

* 1917년 2월 제정 러시아를 타도한 혁명으로서, 케렌스키를 수반으로 입헌민주주의를 표방한 임시정부를 세웠으나 볼셰비키가 주도하는 10월 혁명에 의해 타도되고 사회주의 국가 소련이 성립된다.

#7

#8

#9

#10

#11

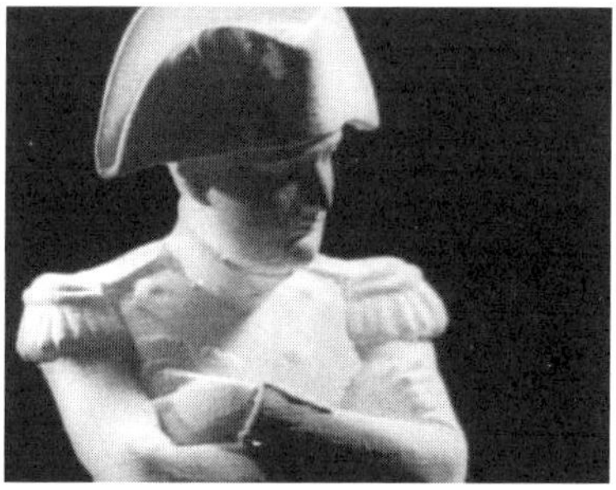

#12

주의 관제 예술 이데올로기인 사회주의 리얼리즘이 도래한 이후 그는 더 이상 뛰어난 몽타주 영화들을 만들 수 없었다.

더 읽을거리

김용수. 1996.「3부 에이젠슈테인의 몽타주 이론」.『영화에서의 몽타주 이론』. 열화당.

안드류, 더들리. 1988.「3장 세르게이 아이젠슈타인」.『현대영화이론』. 조희문 옮김. 한길사.

에이젠슈테인, 세르게이. 1990.『몽타쥬이론』. 이정하 편역. 영화언어.

_____. 2007.『몽타주』. 홍상우 옮김. 경상대학교출판부.

이상면. 2010.「II-1 러시아 몽타주 이론과 영화」.『영화와 영상문화: 영화와 영상이론·예술·교육』. 북코리아.

05 벨러 벌라주와 영혼의 클로즈업

영화 이론에서 형식주의냐 리얼리즘이냐 하는 문제는 결코 쉽지 않다. 벨러 벌라주Béla Balázs는 영화 이론사에서 대체로 형식주의 전통으로 분류된다. 그러나 그는 루돌프 아른하임처럼 영화의 조형성을 예찬하지도 않았고, 소비에트 몽타주론자들처럼 몽타주만이 영화의 핵심이라고 주장하지도 않았다. 기본적으로 그는 영화가 단순히 현실을 재현하는 것이라고는 생각하지 않았다. 영화감독은 현실을 변형한다 하더라도 그것이 본질을 훼손하는 것은 아니라고 그는 주장했다. 그런 점에서 그는 리얼리즘보다는 형식주의에 가깝다. 그러나 현실을 변형해도 관객이 그 의미를 이해할 수 있으며 무엇을 전달하려 했는지를 알 수 있어야 한다는 것이 그의 주장이었다(안드류, 1988: 118).

벌라주는 아무런 의미도 부여되지 않은 현실이란 별다른 가치를 지니지 않는다고 생각했다(안드류, 1988: 123). 그래서 그는 개별 장면에 최종적인 의미를 부여해주는 몽타주를 옹호했다. 그런 점에서 그는 루돌프 아른하임이나 소비에트 몽타주론자들처럼 형식주의자였다. 그러나 그는 에이젠시테인이 영화 〈10월〉에서 행한 지적 몽타주를 실패한 실험이라고 여겼다. 예를 들어, 황제의 동상이 떨어지면서 부서지는 장면과 필름을 거꾸로 돌려 그것을 복원하는 장면이 그러하다. 이 장면에서 동상이 받침대에서 떨어질 때, 그것은 황제의 권력이 전복되었음을 의미하고, 조각이 다시 합쳐진다면 그 힘의 회복을 의미할 것이다. 하지만 벌라주는 이런 것은 예술의 효과가 아니라 한낱 관념적 유희라고 비판했다(발라즈,

2003: 165). 에이젠시테인이 영화의 이미지를 일종의 표의문자나 상형문자처럼 활용했던 것을 그림 맞추기 게임에 지나지 않는다고 일침을 가했다. 그림은 무언가를 의미하고 그것이 무엇인지 추측해낼 수 있지만, 그림 그 자체로는 아무런 흥미를 유발하지 않는다는 것이다. 황제의 동상이 상징하는 것(권력)과 그것의 추락이 의미하는 바는 관객의 마음에 어떤 사고(제정 러시아의 몰락)를 전달해주지만 이는 스크린 위에 기존의 상징들, 즉 십자가나 독일군 마크와 같이 이미 잘 알려진 전통적 의미를 손쉽게 활용한 것이며 예술이 아니라 원시적인 이미지 글쓰기에 불과하다는 것이다(발라즈, 2003: 165).

지가 베르토프의 키노아이에 대한 벌라주의 생각 역시 경청할 만하다. 베르토프는 카메라의 눈이 인간의 눈보다 월등해서 우리가 보지 못하는 삶의 진실을 카메라가 포착해준다고 주장했다. 그는 인간의 주관이 개입되지 않은 카메라의 객관성을 믿었던 것이다. 벌라주는 이에 대해 다음과 같이 말한다.

> 그러나 그(베르토프－인용자)의 숏에 비친 현실이 아무리 자연스러워 보여도 그가 보는 모든 것은 그의 개성을 표현한다. 그가 삶의 다른 파편들보다 우선해서 찍은 숏들은 그의 성격을 드러내고 만다. 바로 그의 주관적 감정이 그가 우리에게 보여주는 것의 선택, 조합, 편집 리듬을 결정한 것이다. …… 그가 아무리 충실하게 사진을 찍었더라도 그것은 고의적인 선택, 선택된 세계이며, 이 세계는 그의 것이다. 그러한 '사실에 기초한' 영화는 모든 영화 중에 가장 주관적이다(발라즈, 2003: 206).

이 말은 오늘날 리얼리즘 영화, 혹은 다큐멘터리 영화의 객관성과 현실성을 사고할 때에도 중요한 시사점을 준다. 이러한 영화들에서 카메라는 현실을 생생하게 관찰하고 기록하는 관찰자적 태도를 취하지만 어떤 거리에서 어떤 앵글로 포착할지에 따라, 또한 누구의 목소리를 포함하고 누구의 목소리를 배제할지에 따라 의미가 얼마든지 바뀔 수 있는 것이다.

"언덕에 놓인 돌이나 미켈란젤로의 조각에 있는 돌이나 모두 돌이다. 돌이라는 점에서 그 재료는 거의 같다고 할 수 있다. 둘 사이의 차이를 만드는 것은 재료가 아니라 형식이다"(발라즈, 2003: 202). 벌라주의 이 말은 그의 영화 사상을 집약한다. 영화는 형식이 만들어내는 예술이다. 그러나 대상이 없는 형식은 관념적 유희일 뿐이다. 벌라주에 따르면, 자연과 사물, 인간을 포함한 세계의 모든 존재는 각각의 '상相. physiognomy'이 있다. 그가 말하는 상은 '정신이나 영혼 등 내적 특질을 나타내는 만물의 외적 형상'을 가리킨다(김호영, 2014: 180~181). 상은 외면적 모습이지만 내면성을 드러내기 때문에 단순하지 않고 심층적인 차원을 내포한다(이상면, 2010: 188). 이것은 상을 카메라로 찍은 영화에도 해당하는 것이다. 영화 역시 외면적인 상을 카메라로 찍은 것이지만, 단지 그것이 죽어 있는 사물을 찍은 것은 아니다. 영화에 담긴 상은 자신만의 고유한 정신과 영혼을 드러낸다. 그런 점에서 상에 대한 벌라주의 이론은 1강에서 우리가 다루었던 포토제니론과 일맥상통하는 지점이 있다. 포토제니론 역시 카메라로 포착한 이미지의 정신성을 언급하기 때문이다. 한마디로 표현하기 어렵고 오히려 말로 표현하는 순간 그 신비함이 사라질 것만 같은, 의미화되지 않고 결정화되지 않은 이미지의 속성은 포토제니론과 벌라주의 이론이 공유하고 있는 바라고 할 수 있다. 이미지의 비결정성이라는 차원에서 말이다. 그래서 몇몇 학자들은 포토제니론과 클로즈업에 대한 벌라주의 이론은 사실상 유사한 개념을 달리 풀어쓴 것이라고 해석하기도 한다. 그러나 포토제니론이 그 용어에서처럼 대상 그 자체보다 그것을 찍는 카메라(사진)의 미학적 효과에 더 방점을 찍었다면, 상에 대한 벌라주의 이론은 그보다는 사물/사람이 갖고 있는 내면적·정신적 측면을 강조했다고 할 수 있다.

영화는 인상과 몸짓 등 외적인 신체 표현을 통해 내면 심리와 감정·영혼을 드러낼 수 있다. 벌라주는 "영화처럼 '사물의 얼굴'을 묘사하기 위해 그렇게 소명 받은 예술은 없다"라고 하면서 영상적 표현의 의미를 그 어떤 것에서보다 상에서 찾았다(이상면, 2010: 188). 그렇다면 그가 가장 중요하게 생각했던 상은 무엇인가? 그는 그것을 인간의 얼굴에서 찾았다. 그리고 클로즈업이 인간의 얼굴을 비추는 영혼이라고 생각했다. 영화학자 로버트 스탬Robert Stam의 멋진 표현을 빌려 오자면 벌라주는 클로즈업의 계관시인이었다(스탬, 2012: 82).

모든 예술은 언제나 인간을 다룬다. 사물에 표현력이 생기는 것은 거기에 인간의 표현이 투영되었기 때문이다(발라즈, 2003: 68). 그리고 인간의 얼굴은 표현의 정수이며 클로즈업은 이것을 영혼의 경지로 끌어 올린다. 〈잔 다르크의 수난La Passion de Jeanne d'Arc〉(1928)은 영화 전편이 클로즈업으로 이루어져 있다. 그래서 인물 뒤의 배경은 그다지 중요하지 않다. 기수들이 말을 타는 장면도, 그 흔한 칼싸움 장면도 하나 없다. 그러나 벌라주는 이곳이 격렬한 열정, 생각, 감정이 싸움을 벌이는 전쟁터라고 말했다. 배우들의 얼굴 표정이 모든 전략과 공격을 나타내준다고 이야기했다(발라즈, 2003: 85). 그리고 마침내 잔 다르

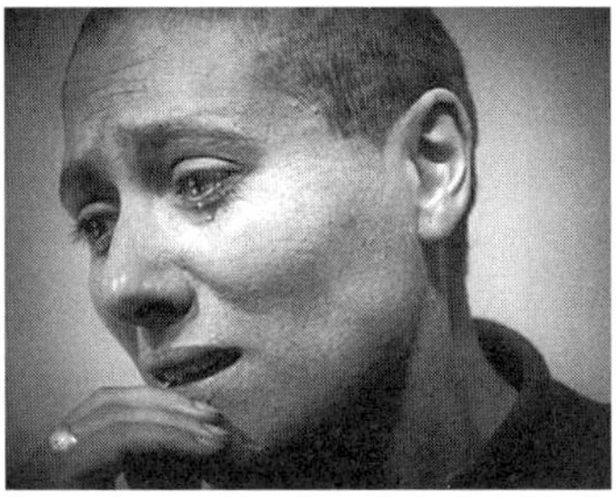

#1

크가 눈물을 흘릴 때(#1), 그의 뺨을 타고 흐르는 눈물은 가짜일 수 없다. 이것이 감동적인 것은 가짜가 아니기 때문이다(발라즈, 2003: 63). 벌라주는 "훌륭한 클로즈업은 서정적이다. 그것을 바라보는 것은 눈이 아니라 마음"이라고 말했다(발라즈, 2003: 63). 그리고 "심오한 정서적 경험은 말로 결코 표현될 수 없는 것"이라고도 했다(발라즈, 2003: 75). 벌라주가 인간의 얼굴을 클로즈업하는 것에서 정신과 영혼을 본 것은 인간 얼굴이 갖고 있는 다성적 측면을 파악한 것이다. 그는 얼굴이 단순하고 미세한 외적 형태의 변화를 통해 감정의 변화나 정신의 변화 등 다양한 내적 변화의 가능성을 보여준다고 주장한다. 얼굴은 분노, 슬픔, 기쁨, 비열함 등 다양한 감정을 표현하는 장소로서, 영화는 이것을 카메라에 담음으로써 "얼굴 표정의 다성적 유희"를 드러낸다(김호영, 2014: 195~196).

벨러 벌라주는 형식주의 전통에 있었지만 극단적인 형식주의를 경계했다. 그가 영혼을 비추는 클로즈업의 형식을 강조했던 것도 인간의 얼굴, 즉 표현할 대상이 있었기 때문이다. 그런 점에서 그는 형식을 우선시하는 형식주의와 대상을 더 중시하는 리얼리즘의 아슬아슬한 경계에 있었다. 어쩌면 그는 형식주의에서 리얼리즘으로 넘어가는 가교 역할을 했는지도 모른다. 제2차 세계대전 직후 영화 이론의 역사는 형식주의에서 리얼리즘의 시대로 넘어간다. 그 중심에는 프랑스의 비평가 앙드레 바쟁 André Bazin 이 있었다. 우리가 6강에서 만나게 될 사람이다.

더 읽을거리

김호영. 2014. 「5장 상相, 얼굴, 신체: 발라즈」. 『영화이미지학』. 문학동네.
발라즈, 벨라. 2003. 『영화의 이론』. 이형식 옮김. 동문선.

스템, 로버트. 2012.「사운드 이후의 논의들」.『영화이론』. 김병철 옮김. K-books.
안드류, 더들리. 1988.「4장 벨라 발라즈와 형식주의 전통」.『현대영화이론』. 조희문 옮김. 한길사.
이상면. 2010.「III-1. 영상의 철학적 이해: 프랑스 시각주의자들과 발라즈의 영상해석」.『영화와 영상문화: 영화와 영상이론·예술·교육』. 북코리아.

06 앙드레 바쟁과 리얼리즘 미학

루돌프 아른하임에서 소비에트 몽타주론자들, 그리고 벨러 벌라주에 이르는 영화 이론가들은 넓은 의미에서 형식주의 전통에 서 있다. 앙드레 바쟁André Bazin은 그 대척점에 서 있는 사람이다. 그는 영화의 소명이 실제 현실에 최대한 가까이 다가가는 것이라고 믿었다. 감독의 주관적인 견해는 배제될수록 좋은 것이고, 소재를 작위적으로 변형시키는 것은 최소한으로 제약되어야 한다고 주장했다(안드류, 1988: 204). 근본적으로 카메라가 현실의 모습을 담는 한, 영화는 태생적으로 리얼리즘적일 수밖에 없다는 신념이었다.

앙드레 바쟁은 1918년에 태어나 1958년, 마흔이라는 아까운 나이에 세상을 떠났다. 그는 1940년대 초반에서 1950년대 후반까지 20년이 채 안 되는 기간 동안 영화에 대한 수많은 글을 썼던 비평가였다. 그가 쓴 글들은 『영화란 무엇인가?Qu'est-ce que le cinéma?』라는 네 권의 책으로 묶여 나왔다. 그는 이 책의 완간을 보지 못하고 죽었지만, 영화의 리얼리즘을 공부하는 이들에게 이 책은 영원한 고전으로 자리 잡고 있다.

바쟁이 말하는 리얼리즘은 일반적인 예술의 리얼리즘과는 좀 다르다. 우리는 문학이나 여타 예술에서 형식을 중요시하면 형식주의, 주제나 내용을 중요시하면 사실주의, 즉 리얼리즘이라고 한다. 그러나 바쟁은 주제와 내용을 떠나서 영화는 근본적으로 리얼리즘적 예술이라고 생각했다. 그 이유는 영화가 사진의 특성을 그대로 이어받았기 때문이다. 화가는 현실의 인물이나 사물, 자연을 유사하게 그릴 수는 있다. 그러나 캔버스

앞에 있는 사물이 현실 그대로의 것은 아니다. 바쟁에 따르면 사진의 능력은 현실 세계의 상像이 인간의 창조적 개입 없이 자동적으로 형성된다는 것에 있다(바쟁, 2013: 35~36). 사진의 강력한 지표성은 카메라 앞에 '사물이 거기 있었음'을 증명한다(스탬, 2012: 97). 그래서 사진의 객관성은 모든 회화에는 결여되어 있는 신뢰성을 부여한다. 영화는 여기에 움직임을 더함으로써 사진의 객관성을 시간 속에서 완성한다. 시간이 없다면 움직임도 없을 것이기 때문이다.

리얼리즘에 대한 바쟁의 사상은 이보다 더 심원하다. 그는 회화, 조각 등 조형예술의 역사를 리얼리즘을 실현하기 위한 역사로 파악하였다. 그는 시체의 방부 보존 관습이 조형예술 발생의 기본 요인이라고 말한다. 회화와 조각의 기원에는 미라 콤플렉스가 놓여 있다(바쟁, 2013: 29). 미라 콤플렉스란 죽음을 거슬러 영원히 살고자 하는 인간의 욕구를 말한다. 미라가 죽음에 직면하여 살과 뼈를 보존하려는 욕망에서 비롯하듯, 동굴 벽화 속 동물 역시 수렵의 효과를 바라는 마음에서 그려진 산 짐승의 미술적 대용품이었다(바쟁, 2013: 30). 더 나아가 바쟁은 보다 근대적인 초상화와 궁극적으로는 조형예술 전반에 대해 이렇게 말한다.

> 어느 누구도 모델과 초상화와의 존재론적 동일성을 더 이상 믿지는 않지만 모델을 회상하는 것을 초상화가 돕는다는 것, 따라서 그 모델은 제2의 정신적인 죽음으로부터 구해내도록 한다는 것은 누구나 받아들인다.……만일 우리가 회화작품에 대한 인간의 더할 수 없는 찬탄 밑에서, 외형의 영속성을 통해 시간을 이겨낸다고 하는 이 원초적 욕구가 가려져 있음을 간파하지 못한다면 '회화란 얼마나 덧없는 것인가!' 만일 조형예술의 역사가 단지 그 미학의 역사인 것에 불과한 것이 아니라 무엇보다도 그 심리학의 역

사라고 한다면 그것은 본질적으로 유사성의 역사, (혹 이렇게 불리기를 원한다면) 리얼리즘의 역사라고 해도 좋다(바쟁, 2013: 30~31).

쉽게 설명해보자. 조형예술은 태생적으로 미라 콤플렉스를 갖고 있으며, 이 미라 콤플렉스는 죽음을 극복하기 위한 것이다. 이는 자신과 닮은 분신(유사성)을 그리거나 만드는 것을 말하는데, 자신과 똑같이 정밀하게 재현하려는 유사성에의 욕망이란 다름 아닌 리얼리즘이라는 것이다. 이렇게 놓고 본다면 바쟁이 인간의 창조적 개입 없이 자동적으로 형성되는 사진의 복제 능력을 얼마나 예찬했는지 깨닫는 것은 어려운 일이 아니다. 사진은 회화나 조각이 아무리 노력해도 가질 수 없는 유사성의 능력, 즉 리얼리즘을 태생적으로 갖고 있다는 것이다. 그리고 영화가 사진의 복제 능력에 더하여 시간을 통해 움직임마저 생성하는 것은 마침내 미라 콤플렉스를 완전히 극복하는 것이다. 왜냐하면 살아 움직이는 인간을 이미지로 생성하는 것이야말로 유한한 시간 속의 죽음을 극복하는 것이기 때문이다.

이것이 바쟁이 갖고 있는 리얼리즘에 대한 기본 사상이라면, 그의 이러한 생각은 영화에는 고유한 리얼리즘적 미학이 있다는 사고로까지 발전한다. 대표적인 것 두 가지만 들어보자면 롱 테이크long take와 디프 포커스deep focus이다. 롱 테이크란 숏을 나누지 않고 일정 시간 동안 길게 지속시키는 것이다. 디프 포커스란 포커스를 한 곳에만 맞추지 않고, 화면의 앞에서 뒤까지 모두 뚜렷하게 맞추는 것이다.

시공간적 리얼리티를 보존하려 하는 바쟁의 미학은 롱 테이크와 디프 포커스가 결합할 때 최고의 조합을 만들어낸다. 영화사상 가장 위대한 걸작으로 손꼽히는 〈시민 케인Citizen Kane〉(1940)의 한 장면을 보자. 케인의 양부모가 케인의 재정적 지원을 맡을 대처 씨와 계약하는 장면이다. 이 장면에서 화면 전경에 앉아 있는 케인의 어머니와 대처 씨, 중경에 서 있는 케인의 양아버지, 그리고 저 멀리 후경에서 천진난만하게 놀고 있는 어린 케인의 모습이 다 뚜렷한 포커스로 맞추어져 있다(#1). 디프 포커스가 쓰인

#1 〈시민 케인〉

것이다. 이 장면 역시 숏을 나누지 않고 롱 테이크를 활용한다. 바쟁은 숏을 잘게 나누는 몽타주는 감독이 관객에게 마땅히 보아야 할 것을 선택해주는 것에 불과하다고 주장했다. 마찬가지로 어느 한 인물에게만 카메라의 포커스를 맞춘다면 그것은 그쪽만 보라고 감독이 미리 관객의 시선을 정해주는 것이다. 우리는 이 장면에서 감독이 선택해준 대로가 아니라 전경과 중경, 후경에서 일어나는 행위를 우리 스스로 선택해서 보게 된다.

바쟁은 영화가 현실을 들여다볼 수 있는 창문이라고 여겼다. 그 창문을 들여다보는 것은 물론 관객이다. 여기에서 창문 너머에 무엇이 있는지 모두 감독이 정해준다면 관객의 역할은 축소되고 말 것이다. 예이젠시테인이 그토록 찬미했던 몽타주는 바쟁에게는 감독의 횡포였다. 몽타주는 감독이 미리 제시해주는 의미만을 따라갈 뿐이라고 그는 생각했다. 바쟁이 디프 포커스와 롱 테이크를 중요한 리얼리즘 미학으로 생각한 것은 관객이 그것을 통해 영화에서 찾고자 하는 의미를 스스로 만들어나갈 수 있기 때문이다. 바쟁은 이러한 리얼리즘 미학이 관객의 민주적 사고를 확장할 것이라고 주장했다.

바쟁이 활발하게 활동했던 제2차 세계대전 직후 10여 년은 영화기술사에서 일대 도약이 일어났던 시기였다. 텔레비전의 급속한 보급이 낳은

경쟁 때문에 영화 화면은 빠르게 컬러로 바뀌었다. 스크린의 크기도 더 넓어져서 4 : 3의 표준화면은 16 : 9 이상의 와이드 스크린으로 대체되었다. 이미 1920년대 후반에 도입된 사운드는 이제 원숙한 경지에 접어들고 있었다. 바쟁은 이 모든 기술적 혁신을 진심으로 환영했다. 우리가 보는 현실 세계가 컬러이듯이 영화가 컬러로 바뀌는 것, 우리가 말을 하고 소리를 듣듯이 영화도 그렇게 하는 것은 바쟁이 그토록 원했던 리얼리즘의 가능성을 배가시키는 것이었다. 루돌프 아른하임은 영화의 기술적 한계야말로 영화의 예술성을 보장한다고 말했지만, 바쟁은 반대로 영화의 기술적 확장은 그가 꿈꾸는 리얼리즘을 실현시킬 것이라고 보았다.

바쟁이 세상을 떠난 지 반세기가 훨씬 넘었다. 그는 영화가 재현한 대상은 실제와 같은 것이라는 믿음을 준다고 생각했다. 어느 누구도 카메라 앞에 '사물이 있었음'을 부정할 수는 없다고 말했다. 그러나 이러한 바쟁의 신념이 지금 우리가 살고 있는 이 시대에도 통용될 수 있을지는 생각해 봐야 할 것 같다. 컴퓨터 그래픽과 디지털 기술의 놀라운 발전은 가상의 이미지와 현실을 분간하지 못하게 할 정도이다. 지금 우리에게는 바쟁의 사고를 넘어서는 또 다른 리얼리즘론이 필요할 것 같다(→ 38강 디지털 시대의 리얼리즘).

더 읽을거리

바쟁, 앙드레. 2013.『영화란 무엇인가?』. 박상규 옮김. 사문난적.
스탬, 로버트. 2012.「리얼리즘의 현상학」.『영화이론』. 김병철 옮김. K-books.
안드류, 더들리. 1988.「6장 앙드레 바쟁」.『현대영화이론』. 조희문 옮김. 한길사.
이상면. 2010.「II-3. 리얼리즘 영화와 이론」.『영화와 영상문화: 영화와 영상이론·예술·교육』. 북코리아.
정헌. 2015.「앙드레 바쟁의 리얼리즘 이론에 대한 재론: 디지털 가상성 미학의 관점에서」. ≪씨네포럼≫, 22호. 동국대학교 영상미디어센터.

2부
작가주의와 장르 이론

아마도 작가주의는 가장 오랫동안 선호되어온 비평 방법론일 것이다. 작가주의 역시 영화를 예술로 격상시키고자 하는 노력에서 시작되었다. 영화가 예술이라면 그것을 창조하는 예술가가 필요할 텐데 작가주의자들은 감독을 예술가로 보았다. 그러면서 작가auteur라는 명예로운 호칭을 부여했다. 이러한 역할을 했던 비평가들은 앙드레 바쟁의 제자들이었다. 프랑수아 트뤼포François Truffaut, 장뤼크 고다르Jean-Luc Godard, 에릭 로메르Éric Rohmer 등 바쟁의 제자이자 ≪카이에 뒤 시네마≫의 비평가들은 영화를 책임지는 예술가, 즉 감독을 작가로 추앙했다(7강). 그들은 문학이나 회화처럼 영화를 개인의 예술로 여겼다. 그렇다고 그들이 예술적 자율성을 추구하는 유럽 예술영화만 옹호했던 것은 아니었다. 작가주의 비평가들은 천편일률적인 스튜디오 시스템에서도 자신만의 고유한 개성과 창조성을 유지한 할리우드의 몇몇 감독들도 작가의 반열에 올렸다. 그러나 모든 감독이 작가일 수는 없다. 일관된 주제의식과 스타일이 작가의 위상을 보장해준다.

한편, 미국의 비평가 앤드루 새리스Andrew Sarris는 프랑스 발 작가주의를 미국 영화에 적용하면서 작가주의를 속류화시키는 우를 범하게 된다. 그러나 그는 작가주의를 대중화시키는 데에 공헌을 하기도 했다(8강). 작가주의는 많은 비판에 직면하기도 했다. 산업적·이데올로기적인 조건들을 무시하고 개인의 창조성에 영광을 돌리는 순진하고 낭만적인 사고도 문제였지만 작가가 꼭 감독이어야만 하는가 하는 문제도 있었다. 그러자 스타, 제작자, 안무가, 특수 효과 기술자 등 모두가 작가주의적 관점에서 재평가되었다.

작가가 천재적 개인이라는 낭만적인 개념에 근거한다면 장르는 산업 시스템의 산물이다(9강). 장르 시스템은 할리우드 스튜디오 시스템, 스타 시스템과 함께 영화 산업의 3두 마차를 형성해왔다. 초기의 장르 연구는 장르란 무엇이며 어떻게 정의될 수 있는지에 초점이 맞춰졌다. 이를 위해 구조주의 인류학자 클로드 레비스트로스Claude Lévi-Strauss의 이항 대립 체계가 도입되었다. 이를 테면 웨스턴(서부극)은 개인 대 공동체, 자연 대 문화, 야만성 대 문명성의 대립 구조를 갖고 있는 것이다. 그러나 이러한 도식은 모든 장르에 해당하는 것이 아니었다. 여러 논의를 거치며 장르는 대략 공식, 관습, 도상이라는 세 가지 특징으로 설명 가능한 개념이 되었다. 또한 장르 영화는 한 사회를 반영하고 대중의 정서를 대변하는 거울 역할도 한다(10강). 장르의 보수적 속성을 강조하는 이들은 장르 영화가 대중의 근원적 욕망과 열정, 희망을 반영한다고 주장했고, 진보적으로 장르 읽기를 시도하는 이들은 장르 영화가 지배 이데올로기를 주입하여 관객들을 수동적인 객체로 만든다고 주장하면서 결을 거스르는 비판적 독해를 통해 지배 이데올로기의 균열을 포착해야 한다고 말했다.

07 작가, 영화의 창조자

시인, 소설가, 화가, 음악가……. 우리는 이들을 예술가라 부른다. 그렇다면 영화에서 예술가는 누구인가? 시나리오 작가? 감독? 배우? 대답하기 어려운 문제이다. 영화가 예술이라면 예술가가 필요하다. 1950년대에 프랑스에서는 영화감독을 예술가로 보는 시각이 대두했다. 그리고 작가auteur라는 명예로운 이름을 선사했다. 그러나 모든 감독이 작가로 명명된 것은 아니었다. 작가는 자신만의 고유한 주제 의식과 스타일이 있는 감독에게만 주어지는 한정된 개념이었다.

1948년 영화감독이자 비평가였던 알렉상드르 아스트뤼크Alexandre Astruc는 '카메라 만년필camera-stylo'론을 주창한다. 이것이 작가주의의 서막이다. 그는 영화가 회화나 소설과 대등하게 취급될 수 있으며, 감독은 시인이나 소설가가 펜으로 글을 쓰듯이 카메라로 영화를 쓰는 것이라고 말했다. 이제 감독은 그 스스로가 창조적인 예술가가 되는 것이다. 그러나 작가주의가 본격화하는 것은 1954년 ≪카이에 뒤 시네마Cahier du Cinéma≫에 실린 한 논쟁적인 글에서 비롯된 것이다. 훗날 프랑스 누벨바그 영화의 기수가 되는 프랑수아 트뤼포François Truffaut는 「프랑스 영화의 어떤 경향Une Certaine Tendance du Cinéma Français」이라는 글에서 프랑스의 주류 영화들을 전면 부정한다. 주류 영화들이란 〈전원교향곡La Symphonie Pastorale〉(1946), 〈육체의 악마Le Diable au Corps〉(1947), 〈적과 흑Le Rouge et le Noir〉(1954) 등의 작품들을 말한다. 그는 이러한 영화들을 '아버지의 영화le cinéma de papa'라 불렀는데, '아버지의 영화'란 주로 프랑스의 고전문학에 기대어 영상 미학을 등

한시한 채 시나리오에 의존하는 영화들을 말한다. 트뤼포는 이런 영화들이 지루하고 고답적이며, 감독의 개성을 찾을 길 없는 대사 중심의 영화라고 폄하했다. 그는 "앞으로 영화는 일기나 고백 같은 사적이고 자서전적인 소설보다 더 개인적 성향을 띨 것이다. 영화는 카메라 기능공이 아니라 영화 촬영을 놀랍고 자극적 모험이라 여기는 예술가가 실현할 것이다. 미래의 영화는 작가의 영화가 될 것이다(카세티, 2012: 113)"라고 말함으로써 개인화된 예술을 추구하는 새로운 세대의 감독들에게 길을 열어주었다.

트뤼포를 비롯한 작가주의의 옹호자들은 영화감독을 두 부류로 나누었다. 첫째, 시나리오에 있는 소재를 독창적인 방식으로 구현하지 못하며, 단지 시나리오를 장면화mise-en-scène하는 데 바쁜 장면 연출가metteur-en-scène들이다. 위에서 말한 '아버지의 영화'를 연출한 감독들, 장 들라누아Jean Delannoy, 클로드 오탕라라Claude Autant-Lara 등의 감독들이다. 둘째, 시나리오에만 의존하지 않고 이를 독창적인 개성과 영상미학으로 표현하는 감독들이다. 이들은 대개 시나리오를 자신이 직접 쓰는 경우가 많고, 시나리오대로 찍기보다는 현장성과 즉흥성을 살려 영화가 '과정 중에 창조되는 예술'임을 증명하려고 한다. 이들을 작가auteur라고 부른다.

트뤼포를 비롯한 ≪카이에 뒤 시네마≫의 비평가들이 모든 아버지 세대의 프랑스 영화를 부정했던 것은 아니다. 그들은 장 르누아르Jean Renoir, 장 콕토Jean Cocteau, 장 비고Jean Vigo 등의 프랑스 감독들을 추앙했다. 그런 한편으로 오슨 웰스Orson Welles, 존 포드John Ford, 앨프리드 히치콕Alfred Hitchcock, 하워드 호크스Howard Hawks 등 할리우드 감독들을 찬양했다. 그 이유는 이들이 천편일률적인 할리우드 스튜디오 시스템하에서 작업을 하면서도 자신만의 주제 의식과 스타일을 보여준다는 이유였다. 물론, 하워드 호크스나 앨프리드 히치콕 같은 감독들은 직접 시나리오를 쓰는 경우도 별로 없었다(공동 작가로 참여한 경우는 많지만 대개 전문 시나리오 작가를 두고 있었으며, 이 경우에도 자막에 이름을 올린 경우는 많지 않다). 더더구나 프랑스 누벨바그의 기수들인 프랑수아 트뤼포, 장뤼크 고다르Jean-Luc Godard, 자크 리베트Jacques Rivette처럼 현장성과 즉흥성을 살리기보다는, 오히려 잘 짜인 시나리오와 스토리보드에 따라 한 치의 오차도 없는 정확한 영화 만들기에 주력했다. 그러나 그들은 철저한 분업 체계의 대량생산으로 이루어진 할리우드에서 자신만의 고유한 주제와 스타일을 보여줄 수 있었다는 것이 작가주의자들의 주장이다. 간단히 말해서 진정한 재능은 어떤 환경 속에서도 드러난다는 것이다.

히치콕을 예로 들어 보자. 그의 영화를 관통하는 주제는 죄를 지은 사람이 죄의식에서 벗어나고자 하는 것, 또는 누명 쓴 사람이 누명에서 벗어나고자 하는 것이다. 〈현기증Vertigo〉(1958)의 초반부에서 스카티는 자신 때문에 동료가 추락사했다는 죄의식에 시달린다. 이것은 이후의 이야기에서 자신이 사랑하는 여자의 자살을 막지 못한 죄의식으로 이어진다. 〈싸이코Psycho〉(1960)에서 마리온은 의뢰인의 돈을 횡령하고 달아난다. 그러나 달아나는 도중 만난 경찰은 마치 그녀의 그런 죄를 알고 있는 것처럼 위협적인 시선을 보낸다. 그리고 그녀가 마침내 외진 모텔의 샤워실에서 갑작스럽게 살해당할 때, 그녀의 죄는 마치 피로 씻은 것처럼 정화된다. 작가주의의 옹호자이자 누벨바그의 감독들인 에릭 로메르Éric Rohmer와 클로드 샤브롤Claude Chabrol은 히치콕의 작품들이 암묵적으로 그리스도적인 '죄의 전이'라는 가톨릭적인 주제를 다루고 있으며 그가 테크닉적인 천재이면서 심오한 형이상학자라고 주장했다(스탬, 2012: 109). 〈나는 고백한다I Confess〉(1953)는 직접적으로 가톨릭적 주제를 다룬 영화인데, 이 작품에서 로건 신부는 살인자의 고해성사의 비밀을 지켜야 하는 사제의 의무 때문에 오히려 살인범으로 몰린다. 이 영화처럼 누명에서 벗어나고자 하는 인물은 〈북북서로 진로를 돌려라North by Northwest〉(1959)에서도 나타나는데, 주인공 로저 손힐은 정부 요원 조지 캐플란으로 오인받으면서 끊임없이 쫓겨 다닌다.

#1

#2

히치콕의 영화적 스타일도 흥미롭다. 그는 무슨 일이 벌어질 것 같은 불길한 순간에 카메라가 위에서 아래로 굽어보는 하이앵글을 즐겨 사용한다. 〈싸이코〉에서 마리온의 피살 사건을 쫓는 아보가스트 형사가 살해당할 위기에 처해 있을 때 히치콕은 거의 수직에 가까운 하이앵글을 사용하고(#1), 〈다이얼 M을 돌려라Murder for Dial M〉(1954)에서 본격적인 살인 모의가 시작될 때에도, 어김없이 하이앵글이 나타난다(#2). 그래서 그의 작가적 스타일의 서명과도 같은 이 하이앵글을 '히치콕적인 하이앵글Hitchcockian high-angle'이라고 부르기까지 한다.

작가주의자들은 이렇듯 산업적 시스템을 초월한 독특한 작가의 서명을 중요시했다. 작가의 서명은 작품의 가치와 질을 보장한다. 물론, 작가는 히치콕처럼 고전 시기 할리우드에서 대중영화를 만들었던 감독에 국한하지 않는다. 신과 원죄, 인간 구원의 문제를 평생의 화두로 삼았던 잉 마르 베리만Ingmar Bergman이나 로베르 브레송Robert Bresson 등 우리가 흔히 예술영화 감독이라고 부르는 이들 역시 작가이다. 대표적인 한국의 작가 감독으로 손꼽히는 홍상수, 이창동 감독도 대중성보다는 예술성을 더 중요시하는 감독들이다.

작가주의 비평가들은 이전에는 등한히 여겼던 감독들의 전기적 요소나 심층적인 인터뷰를 무엇보다 중요시했다. 예를 들어, 트뤼포의 연출 데뷔작인 〈400번의 구타Les Quatres Cent Coups〉(1959)는 그 자신의 유년 시절에 기초한 자전적 영화로서 그의 성장 과정을 알게 된다면 더 깊은 감동을 느낄 수 있다. 이는 영화가 분업화한 시스템의 산물이기보다는 개인적 예술임을 천명하는 것이다. 또한 트뤼포는 자신이 유명 감독이 된 이후에도 존경해 마지않았던 히치콕과 장시간의 인터뷰를 거친 후 그 결과물로 한 권의 책을 내기도 했다. 이는 『히치콕과의 대화Hitchcock』라는 책으로 잘 알려져 있다. DVD, 동영상 파일은커녕 비디오도 없던 1960년대에 트뤼포는 당시까지 나왔던 히치콕의 모든 영화를 필름으로 다시 보며 장면 하나하나에 대한 깊이 있고 통찰력 있는 질문들로 이 책을 채웠다. 오늘날 이 책은 영화감독에 대한 심층 인터뷰의 고전이 되었다.

1950년대 ≪카이에 뒤 시네마≫의 비평가들은 작가주의나 작가 이론이라는 용어 대신 작가 정책la politique des Auteurs이라는 말을 사용했다. 정책이라는 말이 가리키듯, 이는 일관된 체계를 갖춘 이론이라기보다는 '아버지의 영화'를 부정하고 자신들이 옹호하는 영화들을 재평가하고자 하는 전략적 의지의 산물이었다. 그러나 1960년대에 미국의 영화 평론가 앤드루 새리스는 작가 정책을 작가 이론으로 번역함으로써, 단지 논쟁에 지나지 않았던 것을 이론적 지위로 격상시킨다. 그리고 더 나아가 미국 영화가 언제나 다른 지역의 영화들보다 우월했다는 다소 오만해 보이는 주장까지 하게 된다. 8강에서는 작가주의가 미국화되는 과정, 그리고 작가주의가 남긴 유산과 한계를 살펴본다.

더 읽을거리

스탬, 로버트. 2012. 「작가의 숭배」. 『영화이론』. 김병철 옮김. K-books.

스토더트, 헬렌. 1999. 「2장 작가주의와 영화작가이론」. 조안 홀로우즈·마크 얀코비치 엮음. 『왜 대중영화인가』. 문재철 옮김. 한울.

크로포츠, 스티븐. 2004. 「2부 7장 작가성과 헐리우드」. 존 힐·파멜라 처치 깁슨 엮음. 『세계영화연구』. 안정효 외 옮김. 현암사.

트뤼포, 프랑수아. 1994. 『히치콕과의 대화』. 곽한주 외 옮김. 한나래.

_____. 2013. 「부록: 프랑스 영화의 어떤 경향」. 송태효. 『영화는 예술인가』. 새로운사람들.

08 작가주의의 유산과 한계

1950년대에 프랑스인들이 이름 붙인 작가 정책은 1960년대에 미국의 영화 평론가 앤드루 새리스Andrew Sarris에 의해 작가 이론auteur theory으로 불리게 된다. 아마도 그는 일부러 정책을 이론이라고 오역함으로써 자신의 비평 작업에 권위를 부여하려 했던 것 같다. 한 발짝 더 나아가, 프랑스인들이 할리우드 영화를 옹호했던 것에 힘입어, 그는 미국 영화가 다른 나라의 영화보다 언제나 우월했다는 주장까지 하게 된다. 그리고 무성영화 시대에서 1960년대까지 미국의 영화감독들에게 순위와 등급을 매기는 작업을 수행한다.

새리스는 '개인의 통찰력으로 기술적 문제를 초월'했다고 평가하는 14명의 감독들을 뽑아 '만신전Pantheon'이라는 영광스러운 자리에 앉혀 놓는다. 여기에는 미국 무성 코미디를 개척한 찰리 채플린과 버스터 키튼Buster Keaton, 웨스턴 장르의 길을 닦아온 존 포드, 스릴러 영화의 거장 앨프리드 히치콕, 그리고 영화사의 걸작 〈시민 케인Citizen Kane〉의 흥행 실패 이후 할리우드에서 배척당한 오슨 웰스 등이 포진하고 있다(엘리스, 1988: 430~431). 이 감독들은 대체로 자신만의 서명이라 할 수 있는 스타일을 중요시했고, 점점 유명 감독이 되면서 제작사의 간섭을 벗어나 어느 정도 자유로운 환경에서 영화를 만들 수 있었다.

새리스가 분류한 두 번째 등급은 '낙원의 저편the Far Side of Paradise'이다. 그의 표현을 빌리자면, 여기에는 '개인적인 상상력의 분열 혹은 일관되지 못한 경력의 문제'로 인해 만신전에 오르지 못한 20명의 감독이 포함된다

(엘리스, 1988: 432). 뮤지컬 장르에서 남다른 재능을 발휘한 빈센트 미넬리Vincente Minnelli, 제임스 딘James Dean의 〈이유없는 반항Rebel without a Cause〉(1955)의 감독으로 잘 알려진 니콜라스 레이Nicholas Ray, 1950년대 당시에는 여성 취향의 멜로드라마 감독으로만 평가되었지만 1970년대에 대대적인 재평가를 받은 더글러스 서크Douglas Sirk 등의 감독이 있다. 거친 폭력으로 점철된 남성적 세계로 일관했던 새뮤얼 풀러Samuel Fuller나 로버트 올드리치Robert Aldrich 같은 감독들은 새리스가 재평가를 하기까지 평단으로부터 거의 주목조차 받지 못한 이들이다.

새리스는 모두 9개의 등급으로 영화감독들을 나누었는데, 그는 '9등급'에 해당하는 감독들을 단테의 지옥을 연상시키는 원circles으로 추방시켰다(스탬, 2012: 115). 새리스의 이러한 등급화는 작가주의가 극단적인 방향으로 나아간 사례였고, 당대에도 무수한 비판에 휩싸였다. 우선, 그가 미국 영화감독들만을 거론한 점, 즉 철저하게 미국 중심적인 시각이었다는 점이 도마에 올랐다. 그는 영화사에서 미국 영화가 '언제나 우월'했다는 주장에 자신의 비평적 명성을 기꺼이 걸 준비가 되어 있다고 선언했다(스탬, 2012: 114). 그러나 이러한 시각은 편협할 뿐더러 사실에도 부합하지 않았다. 물론 미국 영화는 제1차 세계대전 이후로 세계 영화시장을 지배해왔다. 그것은 할리우드로 대변되는 미국 영화가 관객들에게 가장 이해하기 쉽고 친숙하게 다가갈 수 있었다는 점, 즉 대중성 때문이었다. 그러나 작가주의는 대중성과 상업성보다는 예술가 개인의 예술성을 중요시했다는 점에서 미국 영화와 거리가 있었다. 프랑스의 작가주의 비평가들이 히치콕, 포드, 미넬리 같은 미국 영화감독을 작가로 추앙했던 것은 그들이 규격화한 시스템 속에서도 자신만의 개성을 발휘했기 때문이었지 할리우드 시스템 자체를 옹호한 것은 아니었다. 그런 점에서 새리스가 작가주의를 미국화한 것은 어쩌면 예술적으로 저평가되었던 미국 대중 영화 감독을 프랑스 작가주의 비평가들이 지지하고 반향을 일으키자, 그것을 극한으로 밀어붙인 것에 가까웠다.

새리스 작가 이론의 미국 중심주의를 차치하더라도 작가주의는 많은 허점과 한계를 갖고 있다. 특히, 감독으로 대변되는 작가를 영화의 유일한 창조자로 보는 편협한 시각이 그러하다. 이제, 작가주의의 한계를 짚어보자.

작가주의의 한계는 영화 창조의 근원을 어떤 천재적인 개인의 창조물로 보는 다소 낭만적인 관념에 기인한다. 유럽을 중심으로 한 예술영화들이 제도나 산업보다는 개인의 예술적 자질이 많이 개입되어 있는 것은 부정하기 어렵다. 예를 들어, 현대 도시의 삭막함과 현대인의 고독, 의사소통의 부재를 쓸쓸한 풍경으로 담아내는 이탈리아의 거장 미켈란젤로 안토니오니Michelangelo Antonioni의 영화 세계에는 어떤 일관된 주제와 스타일이 있다. 그러나 예술영화 자체도 하나의 제도적 산물이라는 것은 많은 학자들이 거론한 바이다. 그것은 국제 영화제를 중심으로 한 또 다른 영화 시장의 형성, 감독을 발굴하여 영화제의 명성을 드높이고자 하는 영화제의 의지, 작가 숭배의 문화를 만들어냄으로써 보다 지적인 관객을 유치하기 위한 상업적 전략과 관련된다. 국제 영화제는 소위 '작가'를 발굴한다. 칸, 베니스 국제 영화제 등은 각기 자신들이 선호하는 작가가 있다. 왕자웨이나 미하엘 하네케Michael Haneke는 칸 영화제가 발굴한 작가들이고, 기타노 다케시北野武는 베니스 영화제가 발굴하고 선호한 작가이다. 이들이 황금종려상칸, 황금사자상베니스, 감독상 등을 받은 것은 해당 영화가 그들의 최고 걸작이어서가 아니라 이전부터 발굴해온 감독들을 독창적인 작가로 서서히 인정해온 영화제의 제도적 권위가 해당 영화에 이

흐러 최종 목적지에 다다른 것이라 볼 수 있다.

예술영화가 이러한데, 할리우드를 비롯한 대중영화는 굳이 말할 필요도 없다. 작가주의자들은 영화 만들기가 협업적 과정이라는 사실을 애써 무시해왔다. 엄격한 스튜디오 시스템하에서 제작되었지만 진정한 재능은 그런 한계를 뛰어넘을 수 있다는 것이다. 그러나 그 진정한 재능이 곧 감독만의 것이었는지는 의심스럽다. 작가주의를 보다 발전적으로 사고하는 이들은, 오늘날의 작가는 재능 있는 감독에게만 국한된 개념이 아니며 뛰어난 배우들과 제작진으로 확장시켜야 한다는 것에 동의한다.

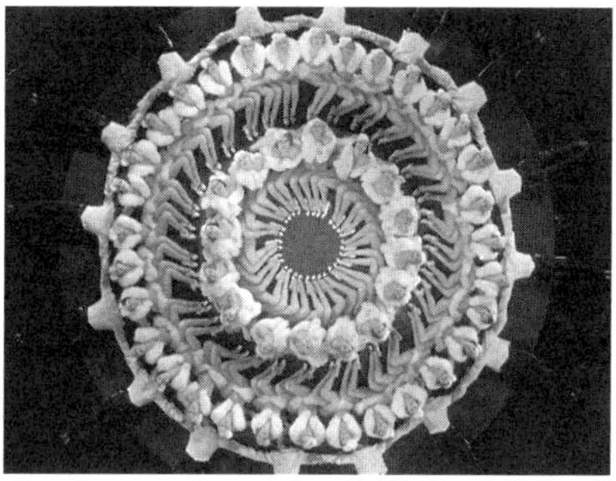
#1 〈42번가〉

고전적 할리우드 시대에 각광받은 뮤지컬 장르를 예로 들어보자. 뮤지컬 장르는 감독뿐 아니라 배우, 작곡가, 안무가, 세트 디자이너 등 많은 이들의 참여를 필요로 한다. 대공황 시기에 탁월한 안무가였던 버스비 버클리Busby Berkeley는 〈42번가42nd Street〉(1933) 등의 영화에서 무용수들을 기하학적인 무늬로 배치하고 수직 하이앵글로 촬영한 장면들로 유명했다(#1). 그가 안무한 뮤지컬 영화에는 거의 어김없이 이런 장면들이 나온다. 그래서 누가 감독했든지 간에 이 뮤지컬 영화들을 '버스비 버클리 뮤지컬'이라 불러도 손색이 없다. 그렇다면 여기에서 작가는 감독이 아니라 안무가가 아닐까?

마찬가지로 같은 시기에 배우 프레드 애스테어Fred Astaire와 진저 로저스Ginger Rogers는 여러 편의 뮤지컬 영화에서 짝을 이루어 나왔다. 특히, 애스테어의 경우 자신이 춤을 추는 장면에서는 편집을 하지 않고 롱 테이크로 찍으라는 엄격한 조건을 내세웠다. 자신의 춤이 여러 숏으로 나뉘지 않고 온전히 감상되기를 바란 것이다. 이러한 경우에 이 롱 테이크를 감독의 스타일이라고 볼 수 있을까? 또한, MGM의 아서 프리드Arthur Freed는 뮤지컬을 전문으로 하는 프로듀서였다. 작가주의자들에 의해 작가로 추앙받는 빈센트 미넬리 감독의 대표적인 뮤지컬 〈세인트 루이스에서 만나요Meet Me in St. Louis〉(1944), 〈파리의 미국인An American in Paris〉(1951), 〈밴드 웨건The Band Wagon〉(1953) 등은 모두 아서 프리드가 프로듀싱한 영화들이다. 이 밖에도 프리드는 수많은 뮤지컬 영화들을 전문적으로 프로듀싱했다. '아서 프리드 사단Arthur Freed Unit'이라는 말이 있을 정도로 뮤지컬 제작에 그가 끼친 영향은 지대했다. 그렇다면 프로듀서인 그도 작가로 인정받을 수 있지 않을까?

이 밖에도 작가주의에 대하여 문제 제기할 수 있는 부분들은 많다. 영화학자 스티븐 크로프츠Stephen Crofts는 다음과 같은 질문들을 예시한다.

> 이와 동일한 특징들은 여러 다른 감독의 영화에서도 나타나지 않는가? 어떤 기준에서 독해자는 특정한 양상을 특성으로 손꼽는가? 왜 독해자는 작품마다 나타나는 불연속성이 아니라 연속성을 토대로 삼아 타성적으로 작가를 구성하는가? 어째서 주제의 일관성이 좋은 영화임을 보증하는가? 다른 작가들을 제쳐두고 특정 작가를 치켜세우는 비평 뒤에는 어떤 이념적 가치관이 숨어 있는가?(크로프츠, 2004: 361)

이런 한계에도 불구하고 작가주의는 오늘날까지 영화 이론뿐 아니라, 보다 대중적인 저널리즘에서도 무시할 수 없는 영향력을 갖고 있다. 우리가 이창동 감독의 영화들을 뭉뚱그려 리얼리즘으로 설명하고자 할 때,

박찬욱 감독의 '복수 3부작'이라는 용어를 쓸 때, 거기에는 이미 작가주의적 관점이 배어 있는 것이다. 무엇보다도 작가주의는 스토리와 주제뿐 아니라 스타일과 테크닉이라는 좀 더 영화적인 부분으로 우리의 관심을 돌리는 데 지대한 공헌을 했다. 작가주의자들의 또 하나의 공헌은 그 당시까지 거의 비평의 대상조차 되지 않았던 장르 영화들을 다시금 돌아보게 한 것이었다. 프랑스의 작가 정책도 새리스의 작가 이론도 상당 부분 장르 영화를 만들었던 감독들에 맞추어졌다. 다음 9~10강에서 우리는 영화의 장르에 대해 생각해볼 것이다.

더 읽을거리

스탬, 로버트. 2012.「작가이론의 미국화」.『영화이론』. 김병철 옮김. K-books.

스토더트, 헬렌. 1999.「2장 작가주의와 영화작가이론」. 조안 홀로우즈·마크 얀코비치 엮음.『왜 대중영화인가』. 문재철 옮김. 한울.

엘리스, 잭 C. 1988.「21장 미국 영화의 재평가와 재등장 1963~1977」.『세계 영화사』. 변재란 옮김. 이론과실천.

크로포츠, 스티븐. 2004.「2부 7장 작가성과 헐리우드」. 존 힐·파멜라 처치 깁슨 엮음.『세계영화연구』. 안정효 외 옮김. 현암사.

09 장르, 시스템의 천재성

1950년대 후반 프랑스에서 작가주의가 기세를 떨칠 때, 비평가 앙드레 바쟁André Bazin은 자신이 편집장으로 있었던 ≪카이에 뒤 시네마Cahier du Cinéma≫의 비평가들에게 이런 말을 한다.

> 나는 나아가 장르의 전통은 창조의 자유를 위한 작업의 토대라고까지 말하려 한다. 미국 영화는 고전적 예술이다. 그렇다면 왜 가장 찬미할 만한 것, 즉 이런저런 감독들의 재능뿐만 아니라 그 시스템의 천재성을 찬미하지 않는가?(샤츠, 2014: 18)

우리가 이미 살펴봤듯이, 작가주의자들은 장르 영화의 감독들을 작가로 추앙했다. 바쟁의 말은 작가를 찬양하기 이전에 그 작가를 만든 장르 시스템을 먼저 탐구해야 한다는 것이었다. 바쟁은 자신의 제자 격인 ≪카이에 뒤 시네마≫의 비평가들이 지나치게 작가 숭배로 향하는 것을 경계했던 것이다.

작가의 개념이 산업을 등한시했던 데 반해, 장르는 늘 산업적 속성으로 존재해왔다. 물론, 장르는 영화 이전에도 있었다. 우리가 흔히 쓰는 웨스턴, SF, 뮤지컬, 멜로드라마 등의 장르 용어는 소설, 연극, 보드빌vaudeville* 등에서 차용한 것이다. 영화사들은 관객의 흥미를 끌기 위해

* 16세기 프랑스에서 발생한 풍자적인 노래가 그 기원으로, 현재는 주로 19세기 말 미국에

영화 이전에 존재했던 장르들을 도입했고, 이러한 영화들이 흥행에 성공하면서 유사한 형태의 영화들이 쏟아져 나온 것이다. 그러나 문학이나 연극의 장르들과 달리 할리우드의 영화 장르는 스튜디오 시스템의 산물이기도 하다. 스튜디오 시스템이란 거대 영화사들이 대량 생산을 가능하게 하고 시장에 대한 절대적 통제권을 장악하는 체계를 말한다. 단순하게 말하면 공장의 노동자들이 같은 통조림을 수없이 찍어내듯이 비슷한 유형의 영화들이 수없이 제작되는 것이다. 그래서 할리우드 스튜디오 시스템 시기에는 특정 영화사들이 특화된 장르를 양산하기도 했다. 예를 들어, 갱스터 영화는 워너브라더스가 주력하는 장르였고, 공포 영화는 유니버설의 트레이드 마크였다. 뮤지컬을 만든 영화사가 MGM만 있었던 것은 아니지만, MGM의 뮤지컬은 컬러 화면과 화려한 세팅으로 유명했다. 당연히 여기에는 스타가 따를 수밖에 없었다. 존 웨인John Wayne은 웨스턴의 상징이었다. 우리는 그가 뮤지컬에 나와 노래하고 춤추는 것을 생각조차 할 수 없다. 험프리 보가트Humphrey Bogart는 갱스터와 필름 누아르 같은 범죄 영화의 스타이고, 진 켈리Gene Kelly는 뮤지컬의 영원한 초상이다. 말하자면, 고전 할리우드 시대에 스튜디오 시스템과 장르 시스템, 스타 시스템은 우리가 상상할 수 있는 최상의 조합이었던 것이다.

장르는 너무도 친숙한 유형, 늘 반복되는 패턴을 갖고 있기 때문에 영화 이론가들과 비평가들로부터 홀대를 받아왔다. 언제나 틀에 박힌 구성, 진부한 설정, 뻔한 결말을 갖고 있다는 이유였다. 작가주의자들이 장르 영화를 주목했지만 그들은 장르 시스템을 주목한 것이 아니라 그 시스템을 초월하는 예술가, 즉 작가를 주목했던 것이다. 그래서 장르에 대한 비

서 크게 유행했던 노래, 춤, 촌극을 곁들인 쇼를 가리키는 말이다.

평적 관심은 작가주의 이후에야 나올 수 있었다. 예를 들어, 존 포드를 작가로 보기 위해서는 그가 주력했던 장르, 즉 웨스턴을 꼼꼼히 따져봐야 하고, 앨프리드 히치콕의 경우에는 당연히 스릴러를 탐구해야 한다. 이렇게 작가주의를 둘러싼 논의가 장르에 대한 논의로 이어지는 것은 1960년대 후반에 이르러서였다.

1960년대 후반에서 1970년대까지, 장르 이론은 주로 장르를 어떻게 정의할 것인가에 집중했다. 장르란 무엇인가? 그 경계는 어디까지인가? 그 장르만의 특징이 있는가? 이런 질문 속에서 가장 먼저 떠오른 장르는 웨스턴이었다. 이 당시의 장르 이론가들은 웨스턴을 정의내리기 위해 구조주의 인류학자 클로드 레비스트로스Claude Levi-Strauss의 논의를 빌려왔다. 레비스트로스는 하나의 문화를 다른 문화와 비교하면서 해당 문화를 특징짓는 규범 체계를 끄집어낸다. 아주 단순한 예로 어떤 문화에서는 날음식을 선호한다면, 또 다른 문화에서는 익힌 음식을 선호한다. 이는 이항 대립을 구성한다. 웨스턴의 이야기 구조도 무수히 많은 이항 대립으로 이루어져 있다. 이를테면, 웨스턴 영화는 야만성 대 문명성이라는 기본적인 대립으로 구성된다. 이는 다시 개인 대 공동체, 자연 대 문화, 서부 대 동부라는 대립 관계를 형성한다. 웨스턴에서 서부 사나이는 문명화되지 않은 개인이며, 문화가 아닌 자연을 상징하고, 당연히 문명화된 동부와는 거리가 멀다. 이러한 이항 대립은 무수히 많다. 실용주의 대 이상주의, 전통 대 변화, 기병대 대 인디언, 보안관 대 무법자, 심지어 말 대 낙타…….

장르 이론가들이 장르를 정의하기 위해 또 한 가지 주안점을 둔 것은 공식formula과 관습convention과 도상icon이다. 공식이란 영화 전편에 걸쳐 관객이 예측할 수 있는 친숙한 행위와 결말을 가리킨다. 우리는 로맨틱 코미디에서 남녀 주인공이 티격태격 싸우거나 때로 헤어지기도 하지만 둘의 사랑이 비극적으로 끝나리라고 생각하지 않는다. 고전적인 로맨틱 코미디라면 결혼으로 공인할 것이고, 보다 현대적인 로맨틱 코미디도 결혼까진 아니라도 행복한 결말로 끝날 것이다. 웨스턴에서 정처 없이 떠돌다가 한 마을에서 선량한 마을 사람들을 괴롭히는 악당들을 처치한 정의의 사나이가 순박한 마을 처녀와 결혼해서 정착하는 모습을 상상할 수 있을까? 우리가 기대하는 웨스턴의 결말은 마을 사람들의 전송을 받으며 해지는 언덕을 향해 표표히 떠나가는 서부 사나이의 모습일 것이다.

관습이란 해당 장르에서 반복되는 에피소드적 사건들을 말한다. 웨스턴 영화에서는 중간 중간에 결투 장면이 반복되어 나타난다. 물론, 영화의 끝 부분에는 최후의 결투가 기다리고 있다. 마찬가지로 뮤지컬 영화에서는 마치 오페라에 사랑의 아리아가 있듯이 남녀 주인공의 사랑의 이중창이 있다. 액션 스펙터클 영화에서 흔히 나오는 자동차 추격 장면 역시 하나의 관습과도 같다. 이에 비해, 도상은 보다 낮은 단위이다. 도상이란, 쉽게 말해서 그 장르를 특징짓는 세팅, 의상, 소품, 조명 등의 시각적 관습을 말한다(랭포드, 2010: 33). 즉, 한 번 보기만 해도 그 장르를 식별할 수 있는 것들이다. 웨스턴의 카우보이 복장, 권총, 말, 선술집, 거친 황야와 계곡, SF의 우주 공간, 우주복, 광선 검, 전쟁 영화의 군복, 철모, 소총, 탱크 등이 도상의 예들이다. 한국 영화 장르 중 할리우드 갱스터 장르와 유사한 이른바 '조폭 영화'는 할리우드와는 다른 도상을 갖고 있다. 할리우드의 고전적인 갱스터 영화는 대공황 시기, 그 시대의 자동차, 중절모, 트렌치코트, 톰슨 기관단총 등이 하나의 도상이 될 것이다. 그러나 2000년대 이후 한국의 조폭 영화는 화려하지만 어딘지 조야해 보이는 셔츠, 굵은 금목걸이, 조직의 구성원임을 표시하는 문신 등이 도상으로 작용할 것이다(특히 문신은 조폭 영화에서 빠짐없이 나오는 사우나 장면을 통해 확인할 수 있는데, 시각적 배경을 이루는 사우나 역시 이 장르의 도상이라 할 수 있다).

장르를 이항 대립이나 공식, 관습, 도상 등으로 정의하는 초기의 장르 이론은 그러나 한계에 봉착하게 된다. 예를 들어 코미디에도 웨스턴과 같은 이항 대립이 있는가? 이것을 설명하기에 코미디라는 장르 용어는 너무나 포괄적이다. 멜로드라마의 도상은 어떤가? 그것을 로맨틱 코미디의 도상과 정확하게 구분할 수 있는가? 장르의 도상은 시대의 변화에 따라 달라지기도 한다. 1960년대 한국의 공포 영화는 주로 전통적인 민가에서 일어나는 이야기였지만, 2000년대 이후 한국 공포 영화는 주로 교복을 입은 학생들 사이에서 발생하는 이야기가 되었다.

여기에 더해 더 근원적인 문제가 있다. 공포 영화를 예로 들어 보자. 수많은 영화들 가운데 공포 영화를 정의하려면 분류의 기준이 있어야 한다. 그러나 그 기준은 공포 영화 장르에 속한다고 여겨지는 영화들을 분리해내는 방식으로만 설정할 수 있다. 그렇다면 공포 영화 장르에 속한다고 여겨지는 영화들을 분리할 수 있는 기준은 또 무엇인가? 이는 닭이 먼저인가 달걀이 먼저인가 하는 끝없는 순환 논리를 만들어낼 뿐이다. 이것은 어쩌면 분류학의 함정일지도 모른다. 공포 영화 장르를 몇 개의 기준으로 재단하고 정의하려는 순간, 한 편의 영화가 그 몇 개의 기준을 만족시킬 수는 있지만 다른 몇 개의 기준을 벗어날 수도 있다. 그렇다고 그 영화가 공포 영화 장르에 속한 것이 아니게 될까? 이러한 논의들은 매우 소모적이다. 그래서 이러한 문제를 처음 제기했던 앤드루 튜더Andrew Tudor는 "장르는 그러하리라고 우리가 집단적으로 믿는 그 무엇Genre is what we collectively believe it to be"이라고 말하기도 했다(Tudor, 1995: 7). 즉, 장르를 정의하는 것은 너무나 난해해 정확하고 엄격한 정의는 있을 수 없으며,

관객들이 그 장르를 경험적으로 떠올릴 때 연상되는 공통 요소쯤으로 생각할 수 있다는 것이다.

장르를 정의하고 분류하고자 했던 초기의 장르 이론이 한계에 부딪힌 후, 장르 이론은 새로운 돌파구를 찾게 된다. 그것은 장르 내적인 측면에서 장르 외적인 측면으로 시선을 돌리는 것이었다. 그것은 이를 테면 이런 질문들이다. 왜 어떤 시기에는 어떤 장르가 유행하는가, 그 장르는 어떤 이데올로기를 갖고 있는가, 장르는 왜 쇠퇴하고 소멸하며, 다시 부활하는가?

장르는 정체되어 있지 않고 끊임없이 변화하는 속성을 갖고 있다. 동일한 유형은 계속해서 반복되지만, 점진적으로 차이와 혁신을 이루어나간다.

더 읽을거리

랭포드, 배리. 2010. 『영화 장르: 할리우드와 그 너머』. 방혜진 옮김. 한나래.

샤츠, 토머스. 2014. 『할리우드 장르: 내러티브 구조와 스튜디오 시스템』. 한창호·허문영 옮김. 컬처룩.

정영권. 2017. 『영화 장르의 이해』. 아모르문디.

허칭스, 피터. 1999. 「3장 장르 이론과 비평」. 조안 홀로우즈·마크 얀코비치 엮음. 『왜 대중영화인가』. 문재철 옮김. 한울.

10 장르의 다변화와 장르 사회학

우리는 영화 장르가 유행을 타고 부침을 거듭한다는 것을 잘 알고 있다. 예를 들어, 2000년대 초반에는 한국 영화에서 '조폭 코미디'라 부르는 장르가 유행했다. 그러나 지금은 거의 제작되지 않는다. 2000년대 중반 이후에 한국의 스릴러 장르는 급부상했지만 1990년대에는 거의 없었다. 여기에 대한 대답은 어쩌면 간단할 수도 있다. 그 장르에 해당하는 한 편의 영화가 말하자면 '대박'을 치니까 그 모방작들이 대거 양산되는 것이다. 어쩌면 그것이 장르가 갖고 있는 산업적 본질이다. 그러나 좀 더 깊이 들여다보면, 장르는 대중의 욕망을 반영하기도 하고, 한 사회의 징후를 드러내기도 한다.

장르는 하나의 신화와도 같다. 예를 들어, 웨스턴은 미국의 건국 신화다. 황야와 문명, 동부와 서부, 개인과 공동체 등의 이항 대립은 웨스턴의 대립되는 가치 체계이다. 그러나 개별 웨스턴 영화가 무엇을 더 중요시하든, 웨스턴 장르는 미국이라는 국가의 정체성을 구축하는 데 기여한다(무안, 2009: 110). 미국의 역사는 곧 서부 개척의 역사라는 신화인 것이다. 장르를 신화로 보는 접근은 장르가 집단의 문화적 표현이며, 공동체의 원형이라는 점을 강조한다. 신화가 한 공동체의 집단적 가치를 표현하듯이, 장르 역시 관객의 근원적 욕망과 열정, 판타지를 표현한다는 것이다(랭포드, 2010: 40). 웨스턴이 고독한 개척자의 신화이듯이, 로맨틱 코미디는 남녀 간의 사랑을 낭만적인 신화로 포장한다. 두 남녀는 티격태격 싸우고 갈등과 이별을 반복하지만 우리는 그들이 결국 사랑이나 결혼에 골인하리라는 것을 알고 있다. 뮤지컬 역시 영화의 끝 부분에 다 함께 나와 노래하고 춤을 춤으로써 이전의 모든 갈등을 봉합하고 통합된 공동체를 지향한다. 이렇게 장르가 공동체의 가치를 표현하고, 통합에 대한 관객의 열망을 드러낸다고 보는 접근을 신화적 접근 혹은 제의祭儀적 접근이라고 부른다.

신화나 제의라는 말 자체가 어떤 모순과 갈등을 봉합하는 의례, 의식을 떠올리게 한다면 같은 현상을 달리 보는 접근도 있다. 바로 이데올로기적 접근이다. 이데올로기적 접근은 신화적 접근이 배제하는 것을 부각시킨다. 예를 들어, 미국의 건국 신화로서의 웨스턴은 백인 중심적이다. 웨스턴을 서부 개척의 신화로 보는 것은 오랫동안 미국에서 살았던 토착민, 우리가 흔히 인디언이라고 잘못 부르는 사람들을 배제시키는 것이다. 로맨틱 코미디는 오직 사랑은 남녀 간에만 이루어질 수 있다는 이성애 중심주의를 은연중에 깔고 있다. 그래서 이데올로기적 접근은 장르가 통합을 지향하는 관객의 열망이 아니라, 반대로 현실 사회의 모순을 은폐하는 이데올로기적 기능을 한다고 주장한다.

이데올로기적 접근은 한 시대의 징후를 읽어내는 데 매우 유용하다. 1950년대 미국에서는 외계에서 온 미지의 생명체나 괴물이 등장하는 SF 영화들이 유달리 많이 제작되었다. 무엇 때문에 이러한 생명체가 생겨났는지, 어떻게 퇴치할 수 있는지는 영화의 중반부까지 밝혀지지 않는다. 공포란 언제나 우리가 알지 못하는 것에서 발생한다. 또한, 가장 익숙한 것이 가장 낯선 것이 될 때, 공포는 극대화된다. 〈에이리언Alien〉 시리즈의 선조 격인 〈신체 강탈자의 침입Invasion of the Body Snatchers〉(1956)은 이런 성격을 잘 보여준다. 외계에서 날아온 이상한 꽃씨가 발아하면서, 사람들이 잠자는 사이 신체를 복사해낸다. 어제까지만 해도 내 가족이었던 사람이 오늘 내가 알지 못하는 존재가 되어 있는 것이다. 이데올로기적 접근은 1950년대 할리우드 SF 장르를 미소 냉전 시기, 미국인들이 공산주의에 대하여 가졌던 공포로 설명한다. 이 시기는 매카시즘McCarthyism으로 상징되는 반공주의 열풍이 휩쓸고 간 시기였으며, 미국과 소련의 핵 개발 경쟁이 극에 달한 시기이기도 했다. 이상한 꽃씨가 사람들의 신체를 복사해내는 것은 공산주의에 물들어 미국적 가치인 자유주의를 버리는 것으로 읽힌다. 실제로 이 당시의 미국인들은 소련의 핵 공격에 미국이 산산조각 나지 않을까를 두려워했다고 한다. 그러나 이데올로기적 접근이 비판하는 것이 단순히 공산주의라고 봐서는 곤란하다. 그보다는 오히려, 냉전이 야기한 극단적인 반공주의 열풍, 그 집단적 광기인 것이다. 신화적 접근이나 이데올로기적 접근은 모두 장르를 사회학적으로 분석하는 데 의미가 있다. 2000년대 중반 이후 한국의 스릴러 장르가 부상한 것과 언론 매체에서 숱하게 보도되었던 각종 강력 범죄가 결코 무관한 것이 아니다. 그러나 이러한 접근법들은 자칫 잘못하면 사회학적 환원론이 될 수도 있다. 장르의 의미를 사회적인 요인으로만 돌리는 것이다. 1950년대 할리우드 SF 장르를 미소 냉전 시기의 사회적 징후로 읽어낼 수는 있지만, 그렇게 해석해야 할 필연적인 이유 같은 것은 없다. 다만, 하나의 의미 있는 사회학적 통찰인 것이다.

배리 랭포드Barry Langford는 영미권의 영화 장르 연구가 세 가지 단계를 거쳤다고 말했다. 첫 번째 단계는 우리가 9강에서 다루었던 장르의 정의와 범위 문제이다. 두 번째 단계는 개별 장르의 의미와 장르 일반의 사회적 기능을 논하는 것으로서 위에서 언급한 제의적 접근과 이데올로기적 접근 같은 것들이다. 마지막으로 장르 제작의 역사적 맥락을 살펴보는 것이다. 즉, 특정 장르가 소설이나 연극 같은 다른 매체로부터 계승된 형식들, 관객이 장르를 어떤 의미로든 이용할 수 있게 만들어주는 제도적 실천들(스튜디오 정책, 마케팅과 홍보, 소비 양상 등등)을 연구하는 것이다(랭포드, 2010: 30~31). 예를 들어 예술영화는 영화 내적인 차원에서도 대중영화와 구별되는 지점이 있지만, 그보다는 관객들이나 비평가들에게 통용되는 제도적 맥락이 더 중요하다. 예술영화는 멀티플렉스보다는 예술영화 전용관art house 에서 볼 수 있으며, 대규모 미디어 기업의 투자·배급을 통해서보다는 독립적인 영화사나 공영방송국(특히 유럽) 등을 통해 자본을 조달한다. 무엇보다도 예술영화를 예술영화라는 레이블label 로 명명하는 것은 칸, 베니스, 베를린 등 세계 유수의 국제 영화제를 통해서이다. 이들 영화제는 예술영화를 공식적으로 인준하는 장이자, 소수의 수준 높은 관객들에게 이 영화들이 다가갈 수 있도록 만들어주는 곳이기도 하다.

예술영화가 이러한 장으로 자리매김한 것은 국제 영화제가 그 위상을 높이기 시작한 1950년대부터였으며 이때부터 예술영화는 대중적인 장르영화와는 구별되는 독특한 장르로 발전해왔다. 예술영화를 보러 가는 관객들 역시 장르 영화를 보러 가는 관객들과는 다른 장르적 기대감generic expectation 을 가질 것이다. 이런 영화에 익숙한 이들은 영화가 느리게 진행되거나 주인공의 동기와 목적이 모호하고, 기승전결의 패턴이 아니라 열린 결말로 끝난다고 해도 놀라거나 당황하지 않는다. 영화제나 예술영화 전용관 등을 통해 이미 그러한 영화 보기를 오랫동안 관습화했으며, 이에 익숙한 관객들을 교육하고 길러왔기 때문이다. 즉, 예술영화를 하나의 장르로 만들어주는 것은 장르 영화와 구별되는 스토리나 플롯 등 영화 내적인 부분도 있지만 이와 같은 제도적 실천들이 더 결정적인 것이다. 장르에 대한 역사적 맥락을 살피는 작업은 그래서 영화 내적인 부분만을 파고드는 텍스트 분석보다 더 넓고 역동적인 시각을 부여해준다.

오늘날 영화 장르는 전형적인 틀에서 벗어나 다변화하고 있다. 유행하는 장르의 부침도 다양하게 나타난다. 고전적인 웨스턴과 뮤지컬은 이제 쇠퇴기를 지났다. 반면, 1970년대 이전까지만 해도 '싸구려' 장르로 취급받았던 SF가 〈스타 워즈Star Wars〉, 〈에이리언Alien〉 시리즈 등을 거치면서 블록버스터 장르로 부상했다. SF와 판타지는 21세기 디지털 기술로 인해 천덕꾸러기에서 시대의 총아가 되었다. 〈맨 인 블랙Men in Black〉처럼 SF 액션과 코미디가 만나기도 하고, 〈트와일라이트Twilight〉처럼 한 영화 안에 로맨스, 판타지, 틴에이저, 액션 장르가 공존하기도 한다. 〈카우보이 & 에이리언Cowboys & Aliens〉(2011)처럼 이미 영화 제목 안에 두 개의 장르가 언급되는 경우도 있다. '카우보이'가 웨스턴이라면 '에이리언'은 SF 괴수creature 영화이다. 한국 영화 〈오싹한 연애〉(2011)도 그런 경우이다. 오싹한 공포 영화 장르와 달콤한 연애, 즉 로맨틱 코미디가 결합한 것이다. 오늘날의 장르는 이렇게 자기 스스로를 지시하거나 패러디하기도 하는 것이다. 〈좋은 놈, 나쁜 놈, 이상한 놈〉(2008)이 1960년대 스파게티 웨스턴Spaghetti Western*이나 그 영향을 받은 한국의 '만주 활극'을 영화사적으로 패러디하는 것처럼, 〈다찌마와 리: 악인이여 지옥행 급행열차를 타라!〉(2008)는 1970년대 한국의 '맨주먹' 액션 영화를 패러디한다.

장르가 다변화함에 따라 장르 이론도 다각화하고 있다. 이제 장르의 정의를 내리거나 분류하려는 목적으로 장르를 연구하는 이들은 많지 않다. 그럼에도 장르는 여전히 유용한 개념이다. 장르가 어떻게 변해왔는

---

* 1960~1970년대 이탈리아 자본으로 제작한 웨스턴 영화로 할리우드 정통 웨스턴의 미국 중심주의 신화를 해체하는 역할을 했다. 현상금 사냥꾼과 무법자들이 주요 인물로 등장하며 잔혹한 폭력이 특징이다.

지를 알기 위해서는 고정된 틀이 무엇이었는지를 먼저 알아야 한다. 〈오싹한 연애〉가 공포와 로맨틱 코미디를 결합시켰다는 것을 아는 것은 우리가 각각 공포와 로맨틱 코미디를 독립적인 장르로 인식할 때만 가능한 것이다.

우리는 흔히 장르의 '코드code'라는 말을 쓴다. 그 장르만의 기호나 규칙을 말하는 것이다. 영화 이론사에는 영화 매체 자체를 하나의 코드, 즉 기호로 보고자 하는 이론이 있었다. 바로 영화 기호학이다. 11~13강까지 우리는 현대 영화 이론의 출발점, 영화 기호학을 살펴본다.

더 읽을거리

랭포드, 배리. 2010. 『영화 장르: 할리우드와 그 너머』. 방혜진 옮김. 한나래.

무안, 라파엘. 2009. 『영화 장르』. 유민희 옮김. 동문선.

문재철 외. 2005. 『대중영화와 현대사회』. 소도.

샤츠, 토머스. 2014. 『할리우드 장르: 내러티브 구조와 스튜디오 시스템』. 한창호·허문영 옮김. 컬처룩.

정영권. 2017. 『영화 장르의 이해』. 아모르문디.

3부

기호학, 이데올로기, 정신분석학

1960~1970년대는 영화 이론의 역사에서 일대 전환점이었다. 대학에서 영화학이 하나의 독립적인 학문으로 성립했으며, 각종 영화 관련 학술지와 비평지가 대거 등장했다. 여기에서 기호학은 영화를 학문으로 정립시키는 데 가장 중요한 기여를 했다.

영화 기호학은 고전 영화 이론과 구별되는 현대 영화 이론의 출발점이다. 영화 기호학은 소쉬르의 기호학적 개념들(11강)에 근거하여 영화를 설명하려 했다. 예를 들어 영화 기호학자 크리스티앙 메츠Christian Metz는 소쉬르가 음성언어의 단위를 형태소와 음소로 분리한 것처럼 영화에도 이에 해당하는 것이 있는지 질문했다. 즉, 그는 영화가 언어인지를 물었다(12강). 영화를 언어로 사고하고자 하는 그의 원대한 기획은 대체로 실패에 가까웠지만, 영화의 단위를 몇 가지 코드code로 분류하고 이를 체계적으로 설명하고자 했던 그의 시도는 이전까지 인상 비평에 불과했던 영화 이론을 학문의 수준으로 끌어올렸다(13강).

1960년대 후반은 68혁명의 시기였으며 이는 영화 이론에도 지대한 영향을 끼쳤다. 이론가들은 이제 영화를 예술이냐 아니냐를 놓고 따지는 행위를 한가한 부르주아적 여흥이라고 비난했다. 그들은 루이 알튀세르Louis Althusser의 '이데올로기적 국가장치' 개념을 가져와 영화를 부르주아 이데올로기의 장치라고 규정했다(14강). 장뤼크 고다르는 브레히트의 소외 효과를 통해 영화의 환영성에 균열을 내고자 했으며 영화 이론·비평 역시 영화들이 갖고 있는 이러한 정치적 급진성을 측면 지원했다. 그러나 관객들에게 쉽게 다가가기 힘들다는 약점은 급진적 열정을 소진시켰고 할리우드를 비롯한 대중영화들의 정치성과 이데올로기에도 눈을 돌리는 계기가 되었다(15강). 한편, 당대 라틴아메리카에서는 반식민지 민족해방투쟁의 열기에 힘입어 제3세계를 대변하는 제3 영화론이 등장했다(16강). 제3 영화론자들은 민중을 기만하는 할리우드 영화를 제1 영화로, 민중을 소외시키는 유럽 예술영화를 제2 영화로 규정하고, 오직 민중을 대변하면서 민족·민중 해방을 위해 투쟁하거나 기존 체제의 모순을 비판하는 영화들을 제3 영화로 명명했다. 제3 영화론은 영화(이론)의 서구 중심주의에 도전장을 낸 일종의 정치 선언문이었다.

1970년대 들어 영화 이론은 정신분석학의 전성시대로 진입한다. 정신분석학적 영화 이론가들은 영화를 꿈에 비유하며 영화가 가진 환영성을 파고들었다(17강). 정신분석학은 위에서 언급한 기호학, 이데올로기와도 유기적인 관계를 형성했다. 영화가 단지 현실의 반영이 아니라 의미 작용을 통해 구성되는 의미화 체계라는 기호학의 논리는 바로 그럼으로써 영화란 부르주아 이데올로기의 의미화 체계라는 마르크스주의 이데올로기론자들의 주장과 만났다. 문제는 왜 관객들이 한낱 환영에 불과한 영화에 그토록 빠져드는가 하는 것이었으며 정신분석학이 이를 설명할 수 있는 열쇠로 생각되었다. 아울러 영화라는 매체 자체가 아니라 개별 영화에 대한 비평 수준에서는 각각의 내러티브와 캐릭터를 분석하며 그것을 오이디푸스 궤적으로 설명하고자 했다(18강).

11 기호학의 개념들

영화 기호학이 영화 이론의 역사에서 차지하는 위치는 지대하다. 이전의 영화 이론이 개인의 주관이나 인상에 근거한 다분히 비학술적인 것이었다면 영화 기호학은 보다 과학적이고 실증적인 이론을 지향했던 학술 체계였다. 그래서 어떤 이들은 영화 기호학이야말로 고전 영화 이론과 구별되는 현대 영화 이론의 출발점이라고 말한다. 그러나 우리가 영화 기호학을 본격적으로 논하기 전에 반드시 짚고 넘어가야 할 것이 있다. 바로 기호학이란 무엇인가이다.

1950년대 말에서 1960년대 말까지 프랑스를 지배했던 지적 사조는 구조주의였다. 구조주의는 스위스의 언어학자 페르디낭 드 소쉬르Ferdinand de Saussure의 구조언어학에 기반을 두고 있다. 그는 20세기 초에 활동했지만 1960년대 이후에야 폭넓은 영향력을 행사했다. 그는 언어의 변천 과정을 역사적으로 추적하는 통시적 접근을 거부하고 언어를 특정 시대의 관점으로 바라보는 공시적 접근을 지향했다(스탬, 2003a: 14). 소쉬르는 언어를 랑그langue와 파롤parole로 나눈다. 랑그는 말하는 집단이 공유하는 언어 체계이고, 파롤은 말하는 개인이 실제 상황에서 수행하는 구체적 발화이다(스탬, 2003a: 16~17). 우리가 말을 하는 것은 어떤 체계가 있기 때문이다. '개가 사람을 문다'는 말이 되지만, '내일來日이 사람을 문다'는 말이 안 된다. 말하는 집단이 공유하는 언어 체계, 즉 랑그에 어긋나기 때문이다.

소쉬르의 구조언어학은 구조주의의 흐름을 주도했다. 그렇다면 왜 그의 구조언어학을 기호학이라고도 부를까? 그것은 그가 언어를 하나의 기호로 보았기 때문이다. 기호의 사전적 의미는 '어떠한 뜻을 나타내기 위하여 쓰이는 부호, 문자, 표지 따위를 통틀어 이르는 말'이다. 그리고 그것을 연구하는 학문이 기호학이다. 현대 기호학은 두 명의 중요한 사상가로부터 시작한다. 한 사람은 소쉬르이고, 또 한사람은 미국의 철학자 찰스 샌더스 퍼스Charles Sanders Pierce이다. 이 두 사람은 같은 20세기 초, 같은 시기에 활동했지만 서로에 대해 알지 못했다. 그래서 두 사람이 기호를 바라보는 시각도 달랐다. 소쉬르가 기호를 언어학의 차원에서 다루었다면, 퍼스는 주로 시각적 차원에서 다루었다. 그러나 퍼스보다 영화 기호학에 더 많은 영향을 끼친 사람은 소쉬르였다. 그는 기호를 기표와 기의의 결합으로 정의했다. 기표signifier란 귀로 들을 수 있는 소리로서 단어의 외적 형식이다. 우리가 '개'라고 발음할 때, 직접 들을 수 있는 청각적 신호이다. 그에 비해 기의signified는 그것이 가리키는 개념과 의미이다. 우리는 '개'라는 말을 들으면 멍멍 짖는 개를 떠올린다. 소쉬르는 이 둘의 관계는 순전히 자의적인 것이라고 주장했다. 왜냐하면 모든 인간이 그 멍멍 짖는 동물을 개라고 불러야 할 필연적인 이유는 없다. 한국인들은 그것을 '개'라고 부르지만 미국인들은 그것을 'dog'라고 부르듯이 말이다. 다시 말해서, '개' 혹은 'dog'라는 기호는 '개'나 'dog'라는 개념과 닮았다거나 그 개념을 모방하지 않는다.

그렇다면 도대체 무엇이 언어라는 기호의 구조를 이루는 것일까? 소쉬르는 그것을 차이에서 찾았다. 그는 "언어에는 오직 차이만이 존재한다"는 유명한 주장을 펼쳤다(스탬, 2012: 133). 그에 따르면, 언어는 음성적 차이에 의해 이루어진 구조이다. 우리가 '개'를 '개'라고 부르는 이유는 '개'라는 발음이 '고양이', 혹은 '돼지'의 발음과는 다르다는 그 이유 하나 때문인 것이다. 소쉬르는 이것을 더 명확히 설명하기 위해 기호의 두 가지

기본적 관계를 끌어온다. 바로 계열체적paradigmatic 관계와 통합체적syntagmatic 관계가 그것이다.

계열체적 관계는 우리가 단어를 배열할 때 한 단어를 다른 단어로 바꿀 수 있는 관계를 말한다. 이를 테면, "나는 학교에 간다"라는 문장에서 '학교' 대신 '집'이나 '극장'으로 바꿀 수 있다.

나는 /학교에/ 간다
/집에/
/극장에/

여기에서 '학교에', '집에', '극장에'에 해당하는 수직선상의 관계가 계열체적 관계인 것이다. 이에 비해, 통합체적 관계는 '나는 학교에 간다', '나는 집에 간다', '나는 극장에 간다'와 같이 일직선상으로 배열되어 하나의 전체적인 의미를 구성하는 관계를 말한다. 결론적으로 계열체적 관계가 다른 단어를 선택하는 문제라면, 통합체적 관계는 그것을 결합하는 문제이다. 소쉬르는 언어를 통해 이러한 관계를 설명했지만, 비언어적인 분야에도 적용할 수 있다. 특히 프랑스의 기호학자이자 문화이론가인 롤랑 바르트Roland Barthes에게 "'언어'는 우리가 의사 전달을 위하여 각 요소들을 선택하고 배합할 수 있는 모든 체계들을 포함하는" 것이다(터너, 1994: 72). 즉, 언어가 단지 구어와 문어를 가리키는 것이 아니라 문화 전반으로 확대될 수 있는 것이다.

예를 들어, 우리가 옷차림을 결정할 때 여러 모자들 중 하나를 선택한다고 생각해 보자. 검은 모자일 수도 있고, 빨간 모자일 수도 있다. 이때 대체 가능한 모자들은 계열체적 관계이다. 그리고 우리는 선택한 모자를 넥타이, 재킷과 함께 결합시킨다. 이것이 통합체적 관계이다. 기표와 기의도 패션과 같은 비언어적 분야로 설명이 가능하다. 우리가 패션을 바꿀 때 우리 자신을 표현하는 수단으로서 기표를 바꾸는 것이며, 우리가 패션을 바꾸면 타인에게 우리가 의미하는 바가 달라진다. 패션이 기표라면 그것이 의미하는 바는 기의인 것이다(터너, 1994: 76). 우리는 영화 〈악마는 프라다를 입는다The Devil Wears Prada〉(2006)에서 그 정확한 예를 볼 수 있다.

#1

#2

#3

#4

여주인공 앤디는 패션잡지 편집장 미란다의 비서를 맡고 있지만 패션에 대해서는 아무것도 모른다. 그녀의 꿈은 저널리스트가 되는 것이고 패션업계는 단지 거쳐 가야만 하는 자리이다. 패션업계에서 그녀의 수수한 옷차림은 그저 조롱거리이다(#1). 그는 상관들이 패션에 대하여 이런저런 이야기를 나누는 것을 옆에서 듣다가 자신도 모르게 코웃음을 친다. 그러다가 미란다 편집장에게 패션에 대한 장황한 설교를 듣는다(#2). 앤디는 더 이상 조롱거리가 되지 않기 위해 패션을 바꾸기로 마음먹는다.

그녀가 세련된 옷차림으로 등장할 때(#3) 깜짝 놀라는 직장 선배들의 모습을 보라(#4). 그녀는 패션을 바꿈으로써 자신을 표현하는 수단인 기표를 바꾼 것이고, 그럼으로써 타인에게 자신이 의미하는 바, 즉 기의가 달라진 것이다.

바르트라면 이것을 기표와 기의가 아니라 외연denotation과 내포connotation로 설명했을 것이다. 변신 전 앤디의 푸른 색 스웨터와 변신 후 그녀의 짙은 남색 재킷은 말 그대로 하나의 옷이라는 외연적 의미를 갖는다. 그러나 각각은 문화적 의미를 내포한다. 보푸라기가 일어날 정도의 스웨터는 앤디가 패션에 별다른 관심이 없으며, 외양보다는 내면의 미와 지성을 중요시함을 나타낸다. 그러나 백화점에서 별다른 고민 없이 골랐을 앤디의 스웨터가 수많은 패션산업의 기획과 노동, 마케팅으로 이루어져 그녀 자신에게 전달됐다는 미란다 편집장의 핀잔을 듣고, 그녀는 변신을 결심한다. 이는 단순히 그녀가 갑작스럽게 외모를 중시하게 된 것이 아니라, 그 세계에 어울리는 프로 의식을 갖추게 됨을 의미한다. 이곳은 외모보다 지성을 중시하는 앤디가 그저 코웃음 치며 경멸할 수 있는 곳이 아니라 수많은 패션업계 전문가들의 땀과 눈물이 배어 있는 프로들의 전쟁터인 것이다. 세련된 재킷으로의 변신이 그러한 내포적 의미를 갖는다. 기호학에서는 이렇게 의미를 산출하는 모든 작용을 의미 작용signification이라 부른다.

본격적으로 영화 기호학을 다루기에 앞서 기호학적 개념들을 알아보았다. 주로 영화 외적인 것들이었지만 영화 기호학을 제대로 이해하기 위해서는 일반 기호학의 개념들을 반드시 알아야만 한다. 왜냐하면 영화 기호학의 선구자 크리스티앙 메츠Christian Metz는 우리가 짚어본 기호학적 개념들을 영화에 적용하고자 했기 때문이다. 그는 소쉬르의 기호학을 수용하여 영화를 언어와 같은 기호로 설명하고자 했다. 그는 영화를 만드는 이도 아니었고, 저널리즘에 비평을 쓰는 비평가도 아니었다. 그는 대학에 몸담고 있는 학자이자 이론가였다. 1960년대 서구에서 비로소 영화 이론이 대학에서 심도 있게 다루어야 할 학문이 된 것이다.

더 읽을거리

소쉬르, 페르디낭 드. 2006. 『일반언어학 강의』. 최승언 옮김. 민음사.

스탬, 로버트. 2003. 「I. 기호학의 기원들」. 로버트 스탬·로버트 버고인·샌디-플리터먼 루이스. 『어휘로 풀어 읽는 영상기호학』. 이수길 외 옮김. 시각과 언어.

_____. 2012. 「구조주의의 등장」. 『영화이론』. 김병철 옮김. K-books.

터너, 그래엄. 1994. 「3장 영화 언어」. 『대중영화의 이해』. 임재철 외 옮김. 한나래.

12 영화는 언어인가?

11강에서 우리는 기호학의 기본 개념에 대해 알아보았다. 이제 본격적인 영화 기호학으로 들어가보자. 크리스티앙 메츠Christian Metz는 기호학 이론을 영화에 적용하고자 했다. 그는 무엇보다 영화가 우리가 사용하는 음성언어와 얼마나 닮았는지 밝히고자 했다. 이를테면 이런 질문들이다. 영화의 숏은 언어의 단위에서 무엇에 해당하는가? 영화에서의 기표와 기의도 음성언어처럼 자의적인가? 영화에서 의미를 발생시키는 요소는 무엇인가? 메츠에게 중요했던 것은 영화가 무엇이냐 하는 것이 아니라 영화가 어떻게 의미를 만들어내느냐 하는 것이었다.

1960년대에 메츠를 비롯한 영화 기호학자들은 언어학적 단위와 영화적 단위의 직접적인 연관성을 찾는 데 온 힘을 기울였다. 언어학적 단위를 알기 위해서는 그것을 분절해 보아야 한다. 11강에서 랑그와 파롤을 나누었는데, 기본적으로 모든 랑그는 한편으로는 최소 단위 소리인 '음소'와 다른 한편으로 의미 있는 단위들인 '형태소'들로 분절된다(김호영, 2014: 290). 언어는 두 가지 단계로 분절할 수 있다. 그 첫 번째는 단어에서 형태소를 분절하는 것이다. 예를 들어, 영화 대본을 뜻하는 영어 단어 screenplay를 형태소로 나누면 screen(은막, 영화)과 play(희곡, 대본)이다. 형태소는 개념의 단위, 즉 기표와 기의 중에서 기의의 단위이다. 두 번째는 이것을 다시 음소로 나누는 것이다. 음소는 언어의 최소 단위이다. screen을 음소로 나누면 s,c,r,e,e,n이다. 음소는 당연히 그 자체로는 어떤 개념도 없는 단위, 즉 기표의 단위이다. 이렇게 두 가지 단계로 분절하는 것을 이중 분절double articulation이라 한다(스탬, 2003b: 64~65).

언어학적 단위에서 음소가 최소 단위라면 영화의 최소 단위는 숏이다. 프랑스의 채플린이라고 불린 자크 타티Jacques Tati 감독의 〈플레이타임Playtime〉(1967)의 한 숏을 갖고 설명해보자(#1). 이 숏은 별다른 대사 없이 배우들이 마치 판토마임을 하는 것처럼 진행된다. 이 숏을 어떻게 분절할 수 있을까? 언어의 형태소나 음소에 해당하는 영화적 단위가 있는가? 오른쪽 창문과 왼쪽 창문이 분절의 단위일까? 그렇다면 왼쪽 창문 안에 있는 의자나 오른쪽 창문 안에 있는 스탠드가 최소 단위가 되는 것일까? 사실, 이런 질문은 난센스에 가깝다. 왜냐하면, 영화 이미지 속에는 찍힌 그 만큼의 사물이 존재하고, 너무나 많은 정보량으로 넘쳐난다. screenplay라는 단어에서 s, c, r과 같은 음소는 그 자체로는 어떤 의미도 없지만, 영화의 숏은 의미를 만들어낼 수 있는 수많은 요소들로 가득 차 있다. 이 같은 점에서 볼 때, 메츠는 영화를 하나의 언어 체계인 랑그로 고려할 수 없다고 결론짓는다.

#1 〈플레이타임〉

〈플레이타임〉의 숏은 미장센 측면에서 많은 정보를 담고 있긴 하다. 그렇다면 개를 클로즈업한 하나의 숏이 있다고 하자. 그 숏이 개라는 단어와 1 :1로 조응하는 것일까? 메츠는 그렇지 않다고 말한다. '개'라고 발음할 때, 우리의 머리는 어떠한 개도 연상할 수 있다. 내가 키우는 개, 머리에 리본을 단 개, 투견, 애완견……. 너무도 다양하고 임의적이다. 그러나 영화 속에 등장하는 개는 언제나 특정한 개이다. 같은 개라 할지라도 조명을 어떻게 주느냐에 따라, 앵글을 어떻게 잡느냐에 따라 그 의미가 달라질 것이다. '개'라는 기호는 개라는 개념과 닮아 있기 때문에 그렇게 부르는 것이 아니다. 즉, 필연적이지 않고 자의적이다. 그러나 영화 속의 개의 이미지는 자의적이지 않다. 어떤 감독도 아무런 이유 없이 영화에 개를 등장시키지는 않는다.

메츠는 영화가 음성 언어와 다르다는 결론을 내린다. 그럼에도 그는 영화가 하나의 언어라고 말한다. 이때 언어는 음성 언어가 아니라 메시지를 만들어내는 약호code의 의미가 강하다. "약호는 수많은 작품에서 반복을 통해 관습으로 자리 잡으면서, 점진적으로 얻게 된 비교적 고정된 형태를 지칭하는 기호학의 용어다"(이수진, 2016: 3). 영화들은 많은 약호들을 사용한다. 공포 영화에서 명암 대비가 뚜렷한 어두운 조명이나 불안하게 흔들리는 핸드헬드 카메라, 누군가가 주인공을 훔쳐보고 있는 것 같은 느낌을 주는 시점 숏point-of-view shot 등은 이 장르의 전형적인 약호들이다.

약호는 랑그보다 훨씬 열린 체계에 기대고 있다. 언어에서 랑그는 상당히 고정되고 합의된 언어체계라서 우리가 그것을 임의적으로 바꾸기는 어렵다. 그러나 약호는 언제나 변화의 가능성을 품고 있다. 예를 들어, 1960~1970년대 홍콩의 무협 영화나 이탈리아의 스파게티 웨스턴 영화에서 빠르고 급격한 주밍zooming은 그 시대, 그 장르를 상징하는 독특한 영화적 약호였다. 비장한 얼굴로 갑작스럽게 들어가는 줌인zoom-in, 반대로 얼굴에서 시작하여 황량한 벌판으로 급격하게 빠져나오는 줌아웃zoom-out 등은 이런 영화를 좋아했던 올드 팬들에겐 매우 익숙할 것이다. 그러나 오늘날 이러한 주밍의 사용은 어딘지 낡고 어색하며 촌스러운 느낌을 준다. 랑그처럼 고정된 체계로 지속되지 않고 이미 옛 것이 돼버린 약호이기 때문이다. 그래서 오늘날 이러한 주밍을 사용하는 영화는 그 시대, 그 장르에게 일종의 오마주를 바치는 영화일 가능성이 많다. 예를 들어 쿠엔틴 타란티노Quentin Tarantino의 〈킬 빌Kill Bill〉 2부작은 이러한 기법을 적극 활용하여 홍콩 무협 영화나 스파게티 웨스턴에 향수를 갖고 있는 관객들을 자극한다. 이 관객들이 이 기법을 보고 무협 영화와 스파게티 웨스턴을 떠올린다면 그들은 이 약호를 알고 있는 것이다.

문학 언어가 글쓰기를 통한 메시지들의 조합이라면, 영화 언어는 다섯 개의 표현 수단을 통한 메시지들의 조합이다. 그 다섯 개란 움직이는 이미지, 녹음된 대사, 녹음된 음향효과, 녹음된 음악, 그리고 자막과 같은 문자적 요소이다(스탬, 2003b: 73). 메츠가 영화를 언어로 본 것은 음성언어와 닮았기 때문이 아니라 영화가 언어처럼 의미를 발생시키는 작용, 즉 의미 작용을 해내기 때문이다. 쉽게 말해 배우와 사물은 3차원의 시공간 속에서 움직이는 영상으로 다가오며, 대사와 음향, 음악과 같은 소리를 통해 정보를 전달하고, 때때로 자막과 같은 문자 역시 그러한 역할을 한다. 이러한 것들이 영화에서 의미를 만들어낸다. 즉, 메시지란 곧 의미 작용의 결과물인 것이다. 메츠가 영화를 음성언어와 유사한 것으로 입증하고자 했던 시도는 그다지 성공적이지 못했다. 그러나 그는 영화가 현실을 단지 반영하거나 변형하는 것이 아니라 의미 작용 과정을 통해 구성된다는 것을 가르쳐주었다. 그는 "이미지가 한 개에서 두 개로 넘어가는 순간, 이미지는 언어가 된다"고 말했다(메츠, 2011: 65).* 숏이 계속해서 이어져 통합할 때, 영화는 의미를 발생시키는 언어가 되는 것이다.

* 이 책에서는 '언어'가 아닌 프랑스어 '랑가주(langage)'를 그대로 쓰고 있으나 이해를 돕기 위해 '언어'로 바꿨다.

더 읽을거리

김호영. 2014. 「8장 언어기호로서의 영화: 메츠」. 『영화이미지학』. 문학동네.

메츠, 크리스티앙. 2011. 『영화의 의미작용에 관한 에세이 1』. 이수진 옮김. 문학과지성사.

스탬, 로버트. 2003. 「II. 영화기호학」. 로버트 스탬·로버트 버고인·샌디-플리터먼 루이스. 『어휘로 풀어 읽는 영상기호학』. 이수길 외 옮김. 시각과 언어.

안드류, 더들리. 1988. 「8장 크리스티앙 메츠와 영화기호학」. 『현대영화이론』. 조희문 옮김. 한길사.

이수진. 2016. 『크리스티앙 메츠』. 커뮤니케이션북스.

13 영화 기호학이 남긴 유산

크리스티앙 메츠는 "영화는 언어인가?"라고 물었다. 이 질문은 "영화적 특수성이란 무엇인가?"라는 질문과 결코 분리될 수 없다(스탬, 2012: 147). 영화에는 다른 예술들과 구별되는 영화만의 특수성이 있다. 영화는 연속되는 이미지라는 점에서 단일한 이미지인 회화나 사진과는 다르다. 만화에도 연속되는 이미지가 있지만 영화는 정적인 만화와는 달리 움직임이 있다. 메츠는 영화만의 특정한 의미화 과정을 정리하고자 했다. 영화의 특정한 표현 도구들은 다른 예술과 공유되기도 하지만 영화에만 해당하는 표현 도구 역시 존재한다.

메츠는 영화에만 나타나는 특정한 표현 도구들을 '특수한 영화적 약호specific cinematic codes'라고 불렀다(스탬, 2003b: 94). 카메라의 움직임이나 조명, 편집 등은 특수한 영화적 약호이다. 물론, 오늘날에는 텔레비전을 비롯한 모든 영상매체가 이것을 따르지만 원류는 영화에서 온 것이다. 모든 영화는 카메라를 포함해야 하고, 조명을 받아야 하며, 최소한이라도 편집되어야 한다는 점에서 특수한 영화적 약호는 모든 영화의 속성을 의미한다. 그러나 모든 영화가 다 똑같은 카메라 움직임을 갖거나, 같은 조명을 사용하거나 같은 편집 스타일을 고수하지는 않는다. 개별 영화에는 각기 나름의 특정한 사용법들이 있다.

따라서 메츠는 영화적 약호 내에서 다시 영화적 하위 약호subcode를 끄집어낸다(스탬, 2003b: 95). 예를 들어, 조명이 영화적 약호라면 표현주의적인 조명은 영화적 하위 약호이다. 마찬가지로 편집이 영화적 약호라면 소비에트 몽타주 편집은 영화적 하위 약호이다. 12강에서 언급했던 공포 영화의 어두운 조명, 불안정한 핸드헬드 카메라, 훔쳐보는 듯한 시점 숏 역시 영화적 하위 약호라고 할 수 있다. 1960~1970년대 홍콩 무협 영화와 스파게티 웨스턴 장르에서 매우 빈번하게 사용되었던 빠르고 급격한 주밍 역시 영화적 하위 약호이다.

영화적 하위 약호라는 관점에서 보면, 작가주의 비평가나 이론가들은 영화적 하위 약호를 개성적이고 창조적으로 사용하는 감독들을 작가로 평가하는 것이다. 디프 포커스 미학을 보편화시킨 오슨 웰스, 수평 트래킹 숏*을 가장 유려하게 사용했던 막스 오퓔스Max Ophüls, 역동적인 카메라워크와 롱 테이크를 결합시켰던 미클로시 얀초Miklós Jancsó, 소비에트 몽타주를 가장 대중적인 방식으로 할리우드화한 앨프리드 히치콕 등 작가로 칭송받는 감독들은 다 저마다의 영화적 하위 약호를 갖고 있다고 할 수 있다. 작가주의에서 작가의 서명signature이라고 낭만적으로 부르는 것을 영화 기호학에서는 영화적 하위 약호라고 하는 것이다.

이에 비해서 영화에만 특수한 것이 아닌 약호non-specific codes도 있다. 영화가 다른 예술이나 매체와 공유하는 약호를 말하는 것이다. 이를테면, 의상, 제스처, 동선, 대화, 캐릭터, 표정 등의 약호들 혹은 규칙들이다(김호영, 2014: 308). 이것을 비영화적 약호라고 불러도 틀린 말은 아니다. 우리는 이야기가 있는 극영화에 익숙하지만, 이야기는 결코 영화적 약호가 아니다. 왜냐하면 영화 이전에도 소설, 연극 등은 이미 이야기를 갖고 있었다. 반면에 같은 영화라도 다큐멘터리 영화나 실험 영화는 허구적인 이야기를 추구하지 않는다.

---

* 카메라를 좌우로 움직이면서 화면에 역동성을 부여하는 기법.

우리는 비영화적 약호로서 문화적 약호를 거론할 수도 있다. 문화적 약호는 특별히 영화에만 해당하는 약호가 아니라, 말 그대로 한 사회 혹은 공동체의 문화가 갖고 있는 독특한 양식을 뜻하는 것이다. 일례로, 〈귀여운 여인Pretty Woman〉(1990)에는 이런 장면이 있다. 콜걸인 비비안줄리아 로버츠은 성공한 사업가 에드워드리처드 기어의 파트너로 고급 레스토랑에 가게 된다. 하층계급의 여성인 그녀는 상류층의 식사 문화에 익숙하지 않다. 그녀는 달팽이 요리의 살을 파내는 도구를 사용할 줄 몰라 실수를 연발한다. 그녀가 화장실에 가기 위해 일어서자 테이블에 있는 모든 남자들이 일어서는 것도 그녀에겐 당황스러운 일이다. 그것은 숙녀에게 예를 갖추려는 상류층 남성들의 격식 있는 문화적 약호인 것이다.

11강에서 기표/기의, 외연/내포로 설명한 〈악마는 프라다를 입는다〉에서 미란다 편집장의 질타를 받는 앤디의 경우도 그녀가 패션업계의 문화적 약호를 이해하지 못한 것에서 발생한다. 유사해 보이는 하늘색 계열의 벨트를 놓고 너무 다르다며 심각하게 고민하고 있는 업계 선배들을 보며 코웃음을 치지만 이는 패션업계가 색상 하나에도 얼마나 섬세한 접근을 하는지 잘 모르기 때문이다. 물론, 다른 관점에서 그 장면은 스타일을 물신화시키는 패션업계 사람들에 대한 일종의 풍자나 희화화일 수도 있다. 그러나 어느 쪽이든 앤디와 미란다 사이의 갈등은 그 업계의 문화적 약호에 대한 (몰)이해에서 비롯한다. 앤디가 수수한 스웨터와 노숙해 보이는 스커트를 벗어던지고 세련된 재킷과 구두, 짙은 화장으로 변신한 것은 그녀가 패션업계의 문화적 약호에 한 발짝 다가간 것이다.

사실, 영화적 약호와 비영화적 약호를 구분 짓는 것은 매우 미묘하고 유동적인 문제이다. 예를 들어, 색채는 모든 시각예술에 나타나지만 1940~1950년대 고전 할리우드 영화에서 많이 사용된 테크니컬러는 영화에만 속한 약호이다(스탬, 2003b: 95). 테크니컬러의 물감을 발라 놓은 것 같은 강렬한 색감은 오늘날의 자연스러운 컬러 영화와는 구별된다. 따라서 그 시대 테크니컬러는 고전 할리우드 컬러 영화를 특징짓는 한시적인 영화적 약호였다고 보는 것이 합당하다.

배우의 제스처나 동선의 경우도 영화뿐 아니라 연극에서도 찾아볼 수 있는 비영화적 약호이긴 하지만 연극적 무대화와는 다른 영화적 프레임화로 구축한다는 점에서 영화 매체만의 특수한 약호가 될 수도 있다(김호영, 2014: 309).

영화적 약호와 영화적 하위 약호 역시 엄격하게 구분될 수 있는 것이 아니다. 명암 대비가 뚜렷한 어두운 조명이 공포 영화 장르만의 하위 약호라고 부를 수는 없으며, 디프 포커스 미학이 오슨 웰스 감독만의 하위 약호라고 배타적으로 규정할 수 있는 것도 아니다. 이러한 점들은 메츠가 지속적으로 비판받아왔던 지점이다.

영화 기호학은 구조언어학의 영향 아래서 발전해왔다. 언어에 구조와 체계가 있다면 영화에도 구조와 체계가 있다는 것이 영화 기호학의 대전제였다. 영화가 음성언어와 어느 정도 닮았는지를 증명하려는 메츠의 시도는 수포로 돌아갔지만 그것은 실로 원대하고 야심에 찬 기획이었다. 영화 기호학은 느낌 위주의 인상 비평에서 벗어나 영화 이론을 본격적인 학문의 체계로 격상시켰다. 영화 기호학의 가장 큰 공헌은 느낌을 전달하는 주관적 감상의 차원이 아니라 객관적인 시각으로 영화를 분석하려는 태도에 있다.

그러나 또 한편으로 영화 기호학은 영화의 구조와 형식에만 치중한다는 비판에 직면해야 했다. 영화가 의미를 만들어낸다면 그 의미는 영화적인 것으로 환원될 수 없다. 왜냐하면 영화에 담긴 세계는 우리가 살고 있는 현실 세계이며, 그곳은 곧 수많은 이데올로기로 가득 찬 세계이기 때문이다. 영화와 이데올로기의 문제, 그것이 14강에서 다룰 내용이다.

더 읽을거리

김호영. 2014. 「8장 언어기호로서의 영화: 메츠」. 『영화이미지학』. 문학동네.

스탬, 로버트. 2003. 「II. 영화기호학」. 로버트 스탬·로버트 버고인·샌디-플리터먼 루이스. 『어휘로 풀어 읽는 영상기호학』. 이수길 외 옮김. 시각과 언어.

_____. 2012. 「수정된 영화적 특수성」. 『영화이론』. 김병철 옮김. K-books.

안드류, 더들리. 1988. 「8장 크리스티앙 메츠와 영화기호학」. 『현대영화이론』. 조희문 옮김. 한길사.

14 68혁명, 영화, 이데올로기

우리가 살고 있는 현실 세계는 수많은 이데올로기로 가득 차 있다. 진보와 보수의 이념이 충돌하고, 민생 문제에서 안보 문제에 이르기까지 좌파적이냐 우파적이냐를 놓고 따진다. 영화가 현실 세계를 반영하는 것이라면, 영화 역시 이데올로기로부터 자유로울 수 없다. 어떤 이들은 영화가 즐거움을 주는 오락거리라고 생각하고, 또 어떤 이들은 영화가 음악이나 미술과 어깨를 나란히 하는 예술이라고 여긴다. 그러나 영화를 그 자체로 이데올로기라고 인식한 사람들도 있었다. 그들은 대중들이 이 사회의 질서를 자연스럽게 받아들이는 데 영화가 지대한 역할을 한다고 비판했다.

우디 앨런Woody Allen 감독의 영화 〈카이로의 붉은 장미The Purple Rose of Cairo〉(1985)는 영화가 고단한 현실을 잊기 위한 판타지라는 것을 잘 보여준다. 세실리아미아 패로는 영화관의 간판이 바뀔 때마다 빠짐없이 영화를 보는 열렬한 영화팬이다. 그녀가 그렇게 영화에 집착하는 것은 그녀의 현실이 비루하기 이를 데 없기 때문이다. 그녀는 힘들게 웨이트리스로 일해야 하고 집에서도 대놓고 바람을 피우는 남편 때문에 속상해 한다. 그런 그녀에게 영화는 각박한 현실에서 도피할 수 있는 최상의 도피처이다. 그녀는 봤던 영화를 보고 또 본다. 그런 그녀에게 기적 같은 일이 일어난다. 영화 속 남자 주인공이 매번 같은 영화를 보러 오는 그녀를 마침내 알아본 것이다. 스크린에서 빠져 나온 남자 주인공은 그녀와 함께 도망친다. 그리고는 현실에서 이루기 힘든 영화 같은 사랑을 나눈다.

이 영화는 대공황 시대 미국을 배경으로 한다. 역설적이게도, 경제적으로 궁핍했던 그 시대에 영화관은 초만원이었다. 수많은 사람들이 이 영화 속 세실리아처럼 현실의 고통과 시름을 잊기 위해 영화관을 찾았던 것이다. 그리고 현실에서 누릴 수 없는 행복과 충만함을 영화를 통해 누린다. 이것이 바로 영화가 갖고 있는 이데올로기이다. 관객들은 영화에 몰입하고 빠져듦으로써 현실을 직시하지 못한다. 영화 속 주인공에 쉽게 감정이입하고 대리 만족한다. 그러나 영화는 결코 관객이 처한 현실을 바꿀 수 없다. 그저 관객에게 잠시만의 현실 도피처를 제공할 뿐이고 기존의 지배적 질서는 무엇 하나 바뀌지 않고 유지될 것이다.

영화 이론의 역사에서 영화의 이데올로기적 성격을 가장 깊이 사고했던 시기는 1960년대 후반이었다. 이 시기는 서구에서 기존 체제에 저항하는 대대적인 사회 운동이 촉발되었던 시기였다. 특히, 1968년은 혁명의 해였다고 해도 과언이 아니다. 프랑스에서는 드골 정권의 권위적이고 관료적인 지배 질서에 맞서 학생들과 노동자들이 거대한 시위와 파업을 일으켰다. 미국에서도 베트남전 반전 시위, 흑인 인권 운동, 여성해방운동, 자본주의적 문화 자체를 거부하는 히피들의 반문화 운동 등이 젊은이들을 사로잡았다. 영국, 서독, 이탈리아, 일본, 멕시코 등 이러한 흐름은 전 세계적이었고 이를 68혁명이라 부르기도 한다.

68혁명은 영화 이론에도 지대한 영향을 끼쳤다. 영화가 예술인지 아닌지를 고민했던 영화 이론가들은 이제 그런 것을 한가한 지적 유희라고 생각했다. 그런 그들에게 프랑스의 마르크스주의 철학자 루이 알튀세르 Louis Althusser는 사상적인 무기를 제공했다. 알튀세르는 군대, 경찰, 감옥 등을 억압적 국가 장치라고 지칭하고, 교회, 학교, 가정, 영화 등의 문화적 제도들을 이데올로기적 국가 장치라고 규정했다(알뛰세르, 1991). 전자가 직접적인 폭력으로 민중 위에 군림한다면 후자는 기존 체제를 유지하고 재생산하기 위해 이데올로기적인 기능을 담당한다. 알튀세르를 수용한 이데올로기론자들은 무엇보다도 영화가 만드는 환영illusion의 효과를 문제 삼았다. 환영의 효과란 현실이 아닌 것을 현실처럼 그럴듯하게 만드는 효과이다. 영화는 3차원의 시공간과 원근감을 그대로 재현할 수 있다. 관객들이 영화에 몰입하는 것은 그것이 너무나 강렬한 환영의 효과를 갖고 있기 때문이다.

그래서 이데올로기론자들은 영화가 갖고 있는 환영의 효과를 파괴하는 것이 급선무라 여겼다. 알튀세르가 사상적 무기를 제공했다면, 독일의 극작가이자 연극이론가 베르톨트 브레히트Bertolt Brecht는 미학적 실천의 도구를 안겨줬다. 그는 관객들이 허구의 이야기에 감정이입하여 카타르시스를 느끼는 것을 경계했다. 왜냐하면 관객이 허구에 몰입할수록 현실에 대한 비판 의식은 사라질 것이기 때문이다. 그래서 그는 허구의 이야기에 비판적 거리감을 유지하기 위해 낯설게 하기 효과소외 효과: alienation effects를 주창했다.

낯설게 하기 효과를 영화에서 가장 공격적으로 사용한 감독은 프랑스의 장뤼크 고다르였다. 그는 1960년대 중반에서 1970년대까지 정치적으로 급진적인 영화를 연출했다. 68혁명 직전에 만들어진 영화 〈중국 여인La Chinoise〉(1967)은 68혁명을 예고하는 영화이다. 영화 속에서 마오이즘, 즉 마오쩌둥 사상에 심취한 급진 좌파 학생들은 혁명 전략과 전술을 둘러싸고 끊임없이 정치 토론을 벌인다. 이 토론의 중간 중간에는 영화에서 실제 벌어지고 있는 일인지 아닌지 좀처럼 파악하기 어려운 숏들이 짧은 간격으로 삽입된다.

베트남 여성으로 분장한 여학생이 도와달라고 절규하는 숏(#1), 호랑

#1

#2

#3

#4

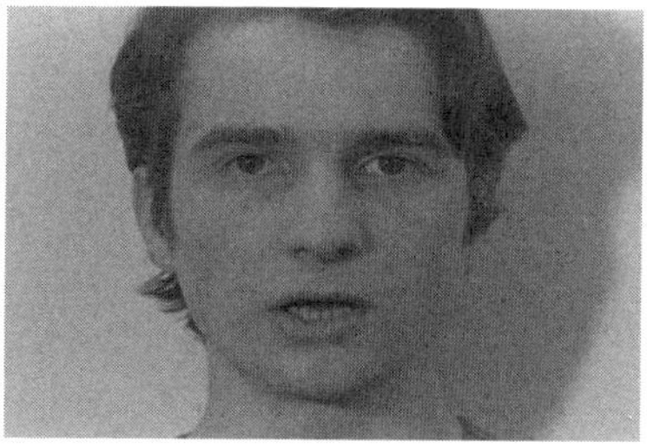

#5

#6

이 가면을 쓴 남자가 장난감처럼 보이는 바주카포를 쏘는 숏(#2), 장난감 모형의 항공모함에서 미사일이 발사되는 숏(#3)은 마오쩌둥 어록을 들고 있는 중국 인민들의 그림(#4)과 카메라를 정면으로 보고 이야기하는 학생들의 숏(#5)으로 이어지고 성조기가 달린 장난감 전차는 마오쩌둥 어록의 공격을 받는다(#6). 마오쩌둥 어록을 읽고 있는 학생들의 숏 사이사이에는 그것과 별 관계없는 숏들이 마오쩌둥을 찬양하는 음악과 함께 삽입된다. 이것들은 당시 프랑스 좌파 학생운동 진영이 추구했던 반전 반제국주의, 마오쩌둥의 문화혁명에 대한 경도와 찬양 등 68혁명 전야의 급진적인 분위기를 전달해주는 것이다. 주류 영화의 관습에 익숙한 관객이라면 이렇게 불쑥불쑥 삽입되는 이질적인 숏들이 낯설게 여겨질 것이다. 바로 그것이 고다르가 의도했던 것이다. 영화에 몰입하지 말고 비판적 거리를 두기. 그리고 냉철한 이성으로 영화 같은 허구가 아닌 현실 세계를 직시하기.

이 영화가 나왔던 1967년은 중국에서 문화혁명이 막 시작되던 시기였다. 지금은 역사적 과오로 평가받는 문화혁명이지만 당시에는 서구의 좌파 지식인과 학생들에게 꽤 큰 영향을 주었다. 프랑스의 영화 이론가 장루이 코몰리Jean-Louis Comolli와 장 나르보니Jean Narboni는 "모든 영화는 정치적이다"라고 말했다(코몰리·나르보니, 2011: 252). 그것은 영화가 어떠한 내용을 담든 이데올로기적으로 중립적일 수 없다는 것을 뜻한다. 그들은 대부분의 영화들이 지배 이데올로기 속에서 자본주의적 경제체제에 의해 제작되고 배급되기 때문에 영화가 이데올로기를 투명하게 반영하는지, 아니면 반성이나 성찰을 통해 이데올로기에 대해 개입하려 하는지를 따지는 것이 중요하다고 주장했다(코몰리·나르보니, 2011: 249). 코몰리와 나르보니는 특히, 한 가상 국가(그리스를 빗댐)의 군부독재에 저항하는 야당 정치인을 다룬 영화 〈Z〉(1969)가 표면상 진보 정치를 표방하고 있지만 지배적인 영화 문법을 그대로 따름으로써 기성 체제에 어떠한 진정한 비판도 수행하지 못한다고 일침을 놓았다. 한편, 겉으로는 지배 이데올로기를 반영하고 있는 것 같지만 애초의 의도나 기획과는 달리 최종 생산물

사이에 간극, 왜곡, 단절이 들어있는 영화를 주목했다. 이런 영화들은 제작 조건에서 여러 장애물(예를 들어 정치적 검열)을 만나 우회로를 택하거나 갑작스럽게 이질적인 균열을 불러일으키는데, 비평가는 징후적 독해 symptomatic reading를 통해 이러한 비균질성을 포착해내야 한다(코몰리·나르보니, 2011: 257~260). ≪카이에 뒤 시네마≫ 편집진이 할리우드 영화 〈젊은 링컨Young Mr. Lincoln〉(1939)을 징후적으로 독해하면서, 언뜻 보면 비정치적으로 보이는 이 영화를 1940년 미국 대선에서 승리하기 위한 공화당의 이데올로기가 스며든 텍스트로 읽어낸 작업(The Editors of *Cahier du Cinéma*, 1976)이 대표적이다. 또한 영화 비평가 로빈 우드Robin Wood가 1970~1980년대 할리우드 영화를 쇠락하는 진보와 부상하는 신보수가 어지럽게 뒤섞인 불균질의 텍스트들이라고 독해한 작업(우드, 1994)도 이에 해당한다.

68혁명의 영화적 실천가나 다름없던 장뤼크 고다르는 내용에서뿐만 아니라 형식에서도 급진적인 영화를 만들었다. 그의 영화는 철저하게 주류 영화의 관습을 깨고 있다. 그런데 문제는 그것이었다. 관습을 깨고 낯설게 할수록 관객들은 그런 영화를 난해하게 여기고 결국 외면하게 되는 것이다. 그래서 고다르의 정치적 실험도 1970년대 중반 이후에는 지속되지 못했다. 시간이 갈수록 68혁명의 열정과 에너지는 서서히 소멸되고 있었다.

더 읽을거리

스탬, 로버트. 2012. 「1968년과 좌파로의 전환」. 『영화이론』. 김병철 옮김. K-books.
_____. 2012. 「브레히트의 현재성」. 『영화이론』. 김병철 옮김. K-books.

알뛰세르, 루이. 1991. 「이데올로기와 이데올로기적 국가장치: 연구를 위한 노트」. 『아미엥에서의 주장』. 김동수 옮김. 솔.
정지연. 2012. 「3장 영화와 정치」. 김이석·김성욱 외. 『영화와 사회』. 한나래.
코몰리, 장-루이·장 나르보니. 2011. 「영화/이데올로기/비평」. 이윤영 편역. 『사유 속의 영화: 영화 이론 선집』. 문학과지성사.

15 할리우드의 정치학과 이데올로기

지난 강의에서 우리는 68혁명이 영화와 영화 이론에 끼친 영향을 살펴보았다. 당시에 급진적인 감독들과 이론가들은 주류 영화의 관습이 보수적인 사회질서를 유지하는 데 기여한다고 생각했다. 그래서 주류 영화의 관습을 깨는 것이 급선무였다. 그러나 그들의 정치적 실험은 오래가지 못했다. 왜냐하면 영화가 너무 난해하여 관객과 소통할 수 없었던 것이다. 그래서 영화의 이데올로기를 탐구하는 많은 이론가들은 주류 영화, 즉 대중영화에 눈을 돌렸다. 그들은 대중영화가 사회를 담아내는 방식 속에서 영화가 가진 이데올로기를 해명하려 했다.

1960년대 후반에서 1970년대에 이르는 시기, 미국은 큰 혼란에 휩싸였다. 우선, 가장 큰 문제는 베트남전쟁이었다. 다수의 미국인들은 이 전쟁을 지지하지 않았다. 반전 여론은 날이 갈수록 커졌고, 베트남에서 미군이 벌인 양민 학살은 공분을 일으키기에 충분했다. 1970년대에 들어서자 패색은 짙어졌고 결국 미국은 베트남에서 철수했다. 부패한 관료들이나 부정한 정치가들의 음모도 미국인들을 절망에 빠뜨렸다. 특히, 대통령 닉슨의 사임을 몰고 온 워터게이트 사건으로 미국은 정치적·도덕적 정당성의 위기에 놓이게 된다. 워터게이트 사건은 닉슨의 재선을 획책하는 비밀 공작반이 민주당에 침입하여 도청 장치를 설치하려다 체포된 사건을 말한다. 이 사건으로 닉슨은 임기를 채우지 못하고 물러난 불명예스러운 대통령이 되었다.

이러한 정치적·사회적 분위기는 1970년대의 많은 미국 영화 속에 담겨 있다. 1974년에 나온 〈암살단The Parallax View〉은 권력에 의한 암살이 처벌받지 않고 횡행하는 사회를 그린다. 이는 명백하게 정치적 암살의 시대라고 해도 과언이 아니었던 1960년대를 떠올리게 한다. 존 F. 케네디John F. Kennedy 대통령과 로버트 케네디Robert Kennedy 법무장관에 대한 암살, 흑인 지도자 마틴 루터 킹Martin Luther King과 말콤 XMalcolm X에 대한 암살 등이 그것이다. 영화에서 워런 비티Warren Beaty가 연기하는 주인공 조셉 프레디는 비밀스러운 암살 조직이 정치적 암살을 하고 있다는 사실을 알아채고 수사에 착수한다. 관객은 암살 뒤에 어떤 음모가 있다는 것을 알고 있지만 누가 그것을 조종하는지는 모른다. 영화의 원제목에서 '시선view'은 전망vision이나 봄looking을 암시하는데, 프레디는 무언가를 찾는 위치에서 보이고 통제 당하는 위치에 서게 된다(라이언·켈너, 1997: 169). 영화는 또한 관객들의 의구심을 자아내기 위해 어두운 조명을 많이 사용한다. 얼굴조차 알아보기 힘들 정도로 어둡게 조명을 처리하는 것이 영화 곳곳에 나타난다. 관객들에게 무언가를 보여주거나 알려주는 것을 제한함으로써 관객들을 불안하게 만든다. 영화의 끝에 가서도 암살 조직의 실체는 밝혀지지 않고 사건은 해결되지 않는다. 이 조직의 권력은 너무나 견고해서 그 실체를 아는 것조차 어려워 보인다.

이렇게 배후에서 자행되는 정치적 음모를 다룬 영화를 음모 영화conspiracy film라고 부른다. 1970년대 중후반 미국에서는 유달리 음모 영화가 성행했다. 아마도 그 이유는 미국 사회가 정치적으로, 또 도덕적으로 정당성의 위기를 겪고 있었기 때문일 것이다. 개인과 시민의 자유라는 이상적인 미국의 가치는 의문시되었고 국가는 부패와 추악한 스캔들로 얼룩졌다. 1960년에 존 F. 케네디는 대통령 취임 연설에서 당신이 미국을 위해 무엇을 할 수 있을 것인지를 생각해보라고 자신 있게 물었지만 1970년대에 미국인들은 자신의 국가를 자랑스럽게 여기지 않았다. 오히려 국가는 개인의 자유를 침해하고 통제하며 감시하는 빅 브라더로 여겨졌다.

〈콘돌Three Days of the Condor〉(1975)은 빅 브라더로서 미 정보기관의 실체를 드러낸다. 주인공 조 터너로버트 레드포드는 CIA의 하부 조직에서 일하는 자료 조사원이다. 그가 점심을 먹으러 나간 사이 총을 가진 괴한들이 침입해 직원들을 몰살한다. 우여곡절 끝에 조는 자신을 죽이려는 사람들이 CIA 조직원임을 알게 된다. CIA의 비밀스러운 계획을 우연히 발견하게 된 그가 살해 위협을 받고 있는 것이다. 그는 어느 누구도 믿을 수 없으며, 오직 믿을 사람은 자기 자신뿐이라는 것을 깨닫게 된다. 영화의 끝부분에서 조는 CIA의 상관이었던 사람에게 자신이 그 계획을 언론에 알렸다고 말한다. 그러나 상관은 언론이 과연 그 사실을 공개할 것 같으냐고 그에게 묻는다. 조는 그다지 확신하지 못하는 표정을 짓는다. 영화 속에서 조가 CIA라는 정보기관에 느끼는 환멸은 당대의 미국인들이 국가권력에 가졌던 불신과 회의, 반감을 반영한다.

아마도 1979년에 제작된 〈차이나 신드롬The China Syndrome〉은 1970년대의 마지막을 장식하는 음모 영화일 것이다. 킴벌리 웰스제인 폰다는 특종에 대한 열의로 충만해 있는 텔레비전 리포터이다. 그녀는 프리랜서 카메라맨 리처드 아담스마이클 더글러스와 짝을 이뤄 한 핵발전소를 취재한다. 그러던 중 안전에 위험을 줄 수 있는 적신호를 목격하게 된다. 특종임을 직감한 킴벌리는 이 사건을 방송하려고 하지만 상관의 거부에 맞닥뜨렸다. 영화는 핵개발 산업의 배후에 있는 권력 구조에 초점을 맞춘다. 권력은 이 사건을 조직적으로 은폐하려 한다. 그들에게 공공의 복리와 안전은 자신들의 이익보다 뒷전인 것 같다.

1970년대에 나온 미국의 음모 영화들은 이 시대를 지배했던 이데올로기를 드러내준다. 바로 진보적 자유주의의 가치이다. 이는 1960년대 후반 미국을 들끓게 했던 급진적인 사회운동의 이념이 1970년대까지 남아 있었다는 것을 말해준다. 이 시대 영화에는 기성의 권위에 도전하고 부패한 집단의 추악한 음모에 맞서는 개인적 영웅들의 이야기가 자주 등장한다. 그러나 그것이 개인적 영웅들의 이야기라는 것은 할리우드가 갖고 있는 개인주의 이데올로기를 드러내기도 한다. 곧 사회적 변혁을 이뤄낼 힘이 한 집단이나 계급의 저항이 아니라 선한 의지를 가진 개인에게 있다는 것이다. 마이클 라이언Michael Ryan과 더글러스 켈너Douglas Kellner가 〈차이나 신드롬〉을 비판하는 지점도 그러한 맥락이다. 그들은 이 영화를 유사한 주제를 다룬 〈실크우드Silkwood〉(1983)와 비교하면서, 후자가 "순수한 개인의 노력이 폭력적으로 패배하는 것"을 잘 그려내고 있으며 이는 "자유주의적 개혁으로는 끄떡도 하지 않는 탐욕의 체제에 대항하여 자유주의적 해결책이 승리할 수는 없으리라는 암시를 함축적으로 보여주는 것"이라고 말한다(라이언·켈너, 1997: 177).

베트남전쟁의 패배 이후 미국은 제3세계 국가에 군사적으로 개입하는 것을 주저하게 되었다. 미국 같은 최강대국이 동남아시아의 작은 나라에서 패배했다는 것은 경악할 일이었고, 미국의 지배 집단과 미국의 국익을 자신들의 이익과 동일시했던 대다수의 미국인들에게는 심대한 트라우마였다. 이를 '베트남 신드롬'이라 부르기도 한다. 또한 지미 카터Jimmy Carter 행정부 시절 미국 밖에서 벌어진 각종 인질 사건에 대한 카터의 조심스러운 대처는 그를 나약한 대통령으로 보이게 했다. 영화배우 출신의 대통령 로널드 레이건Ronald Reagan은 그러한 상황 속에서 등장했다. 그리고 그의 등장 이후 할리우드의 이데올로기적 지형도도 변하기 시작했다.

레이건은 1930년대 후반부터 1960년대 초반까지 50여 편의 영화에 출연했지만 대부분 수준 미달의 저예산 영화였다. 오히려 그는 배우로서보다 미국영화배우협회 회장직을 맡으며 영화계에서 정치적 입지를 다졌다. 그가 회장으로 있던 시절은 제2차 세계대전 직후 매카시즘McCarthyism, 즉 반공주의 열풍이 몰아치던 때였는데 그는 월트 디즈니Walt Disney와 함께 매카시즘에 적극 협조했던 강경 보수 우파 영화인이었다. 캘리포니아 주지사를 거쳐 1980년에 대통령에 당선된 후 레이건은 베트남전으로 상처받은 미국을 다시 '강한 미국'으로 일으켜 세우는 전략을 취했다. 조세 감면과 복지 지출 삭감 등 소위 '레이거노믹스' 경제정책과 제3세계 국가에 대한 강력한 군사적 개입이 그것이다.

1980년대의 수많은 액션 영화에는 제3세계 국가에 대한 강경한 군사 정책이 반영되어 나타난다. 가장 대표적인 영화는 〈람보Rambo〉 시리즈이다. 특히 〈람보 2Rambo: First Blood Part II〉(1985)는 가장 노골적인 레이건의 군사 이데올로기를 담고 있다. 이 영화에서 람보는 포로로 잡혀 있는 미군들을 구출하기 위해 자신이 떠나온 베트남으로 다시 돌아간다. 베트남 전쟁은 미국인들에게 패배한 전쟁이지만 이 영화에서 람보는 결코 패배를 모르는 승리의 화신이다. 단단한 근육질의 몸과 강인한 결단력의 람보는 강한 미국의 상징과도 같다. 실제로 레이건은 이 영화를 보고 난 후 앞으로 해외에서 인질 사건이 일어나면 람보를 보내 해결하겠다고 농담 삼아 말하기도 했다.

수전 제퍼즈Susan Jeffords는 레이건 시대 영화에 나타나는 근육질 남성 영웅들을 하드 바디hard bodies라 불렀다. 그리고 그러한 영화들을 하드 바디 영화라고 칭했다(제퍼드, 2002). 〈록키Rocky〉와 〈람보〉 시리즈의 실베스터 스탤론Sylvester Stallone, 〈코만도Commando〉(1985)와 〈터미네이터Terminator〉 시리즈의 아놀드 슈워제네거Arnold Schwarzenegger는 레이건 시대의 전형적인 하드 바디 영웅들이다. 이 당시 하드 바디 영화에서 적군은 대체로 베트남 같은 아시아나 레바논 같은 아랍 또는 라틴아메리카 등 제3세계 국가의 군대나 테러리스트들이었다. 실제로 레이건은 레바논 파병, 리비아 폭격, 니카라과 우익 반군 지원 등 제3세계 국가에 군사적으로 개입했다.

사실, 〈람보〉 시리즈 같은 영화는 레이건의 군사정책이 노골적으로 반영된 영화들이다. 이런 영화들은 미국 우월적인 이데올로기가 너무나 뻔하게 드러나서 특별한 해석이 필요 없을 정도이다. 오히려 더 흥미로운 예는 〈다이 하드Die Hard〉(1988) 같은 영화다. 이 영화가 나온 1988년은 레이건 집권 말기였다. 레이건은 군사적으로는 초강대국의 위용을 회복했지만 국제경제에서는 고전을 면치 못했다. 특히, 독일이나 일본의 추격은 미국을 위협했다. 〈다이 하드〉에는 그러한 미국인들의 불안이 은연중에 깔려 있다. 뉴욕 경찰 존 맥클레인 형사는 L.A.에 있는 일본계 다국적 기업에 온다. 그의 아내가 이곳에서 임원으로 일하고 있다. 그를 처음 맞이하는 이는 일본인이다. 한편, 이 일본계 기업의 빌딩을 장악하고 돈을 요구하는 테러 단체의 수장은 독일인이다. 독일 테러리스트 수장은 번번이 걸림돌이 되는 맥클레인 형사에게 대충 이렇게 말한다. "자넨 누군가? 어릴 때 영화를 많이 봤나 보군 ……. 자네가 존 웨인인가, 람보인가? 우릴 당해낼 것 같나, 카우보이?" 제2차 세계대전 당시 미국의 적이었던 독일과 일본은 패전 후에 눈부신 경제성장으로 미국을 위협하고 있다. 미국인들이 느끼는 이러한 불안을 달래주는 것은 전통적인 카우보이 이미지의 영웅이다. 우리는 레이건이나 조지 부시George W. Bush 등 강경 우파 대통령들이 카우보이 복장을 즐겨 입었다는 것을 알고 있다.

1980년대 미국의 보수주의는 하드 바디 영웅들이 등장하는 액션 영화에만 있지 않다. 이 시대에 유행했던 슬래서slasher 영화들에는 도덕적 보수주의가 깔려 있다. 슬래셔 영화란 신체 훼손을 노골적으로 보여주는 소위 '난도질' 영화를 말한다. 〈할로윈Halloween〉(1978), 〈13일의 금요일Friday the 13th〉(1980), 〈나이트메어A Nightmare on Elm Street〉(1984) 등이 대표작인 이 장르에서 섹스와 마약에 탐닉하는 부도덕한 10대 청소년들은 살인마의 손에 하나하나 끔찍하게 죽어나간다. 특히 문란한 여성에 대한 응징은 슬래셔 장르의 한 특징이다. 슬래셔 영화에서 최후까지 살아남는 사람이 순결한 처녀(소위 '파이널 걸final girl')라는 것은 그래서 의미심장하다. 이것은 1970년대를 지배했던 성 해방운동에 대한 반동이자 미국의 전통적인 청교도 윤리와 보수적인 가족 가치를 복원하는 것이다.

물론, 1980년대 미국 영화들이 전부 보수주의 일색이었던 것은 아니다. 그리고 〈다이 하드〉나 슬래셔 영화들을 반드시 이데올로기적으로 해석해야 할 필연적인 이유 같은 것은 없다. 그러나 이런 대중영화에서 한 시대를 지배하는 이데올로기를 비판적으로 읽어내는 것은 매우 유용하다. 관객들은 그저 즐기기 위해 영화를 소비한다. 제작자들은 단지 돈을 벌기 위해 영화를 공급한다. 하지만 통치자들은 돈 한 푼 들이지 않고 자신들이 추구하는 지배적 가치를 대중들에게 스며들게 한다. 이것이 영화의 이데올로기이다.

이제 다시 시계를 돌려 1960년대 후반의 제3세계로 돌아가보자. 이 시기에는 영화의 보수주의를 철저히 거부했던 또 하나의 흐름이 있었다. 그들은 할리우드 영화도 유럽의 예술영화도 거부했다. 그들은 자신들이 추구하는 영화를 제3 영화라고 불렀다.

더 읽을거리

라이언, 마이클·더글라스 켈너. 1996, 1997. 『카메라 폴리티카: 현대 할리우드 영화의 정치학과 이데올로기』(상), (하). 백문임·조만영 옮김. 시각과 언어.

우드, 로빈. 1994. 『베트남에서 레이건까지』. 이순진 옮김. 시각과 언어.

제퍼드, 수잔. 2002. 『하드 바디: 레이건 시대 할리우드 영화에 나타난 남성성』. 이형식 옮김. 동문선.

터너, 그래엄. 1994. 「6장 영화, 문화, 그리고 이데올로기」. 『대중영화의 이해』. 임재철 외 옮김. 한나래.

16 제3세계와 제3 영화론

1960년대에 격변의 시기를 거친 건 비단 미국과 유럽만이 아니었다. 아시아, 아프리카, 라틴아메리카에서도 커다란 변화가 있었다. 베트남은 프랑스에 이어 미국과 싸우고 있었고, 쿠바는 1959년 혁명을 거쳤다. 1962년에는 알제리가 프랑스로부터 독립했다. 이른바 제3세계라 불리는 나라들에 해방의 시기가 온 것이다. 제3 영화론은 이러한 시대적 분위기 속에서 나왔다. 제3 영화론의 주창자들은 영화를 단순히 상품으로 소비하는 것을 단호히 거부했다. 그들은 영화가 힘없는 민중들의 무기가 되기를 바랐다. 소비에트 몽타주 이래 영화는 다시 혁명의 시대를 맞고 있었다.

제3 영화라는 용어는 제3세계라는 말과 따로 떼어 생각할 수 없다. 제1세계가 미국, 서유럽 같은 선진 자본주의 국가들이라면, 제2세계는 지금은 사라진 소련이나 동유럽의 구 공산권을 가리킨다. 제3세계는 이 두 세력권 어느 곳에도 속하지 않는 국가들을 가리킨다. 대체로 제3세계는 후진국이나 개발도상국이라는 말로 불려왔다. 아르헨티나의 영화감독이자 이론가인 페르난도 솔라나스Fernando Solanas와 옥타비오 헤티노Octavio Getino는 1969년 「제3 영화를 위하여Towards a Third Cinema」라는 글을 발표한다. 그들은 여기에서 영화의 성격을 세 가지로 분류한다. 제1 영화는 할리우드로 대변되는 오락적이고 상업적인 영화들이다. 어떠한 사회변혁 의식도 찾아보기 어렵고, 대중을 어리석게 만들 뿐인 영화들이라고 그들은 진단한다. 심지어, 그들은 영화의 역사는 '양키'들이 지배하는 제국주의의 역사라고 말한다(솔라나스·게티노, 1985: 27).* 제2 영화는 서유럽으로 대변되는 예술영화들이다. 이 영화들은 대중을 어리석게 만드는 것이 아니라 대중을 소외시킨다. 왜냐하면 형이상학적인 주제 의식과 난해한 영화 스타일로 인해 대중들은 영화의 의미를 파악하기가 어렵다. 제3 영화는 이 두 가지 모두를 부정하고 철저하게 민중의 이해에 부합하는 저항적인 영화, 곧 '해방 영화'를 말한다.

제3 영화라는 용어가 라틴아메리카의 해방 영화만을 가리키는 것은 아니지만, 그 어떤 나라들보다 라틴아메리카와 깊은 관련이 있는 것은 사실이다. 쿠바, 브라질, 아르헨티나 등 라틴아메리카 국가들은 식민지 상태에서 해방되었지만 이른바 신식민적 상황에 놓여 있었다. 신식민적 상황이란 주권을 빼앗긴 전통적인 식민지가 아니라 경제적·군사적·문화적으로 다른 나라에 종속되어 있는 상황을 말하는 것이다. 이러한 종속적인 상황을 타개하여 진정한 해방을 이루는 것이 제3 영화의 최대 과제였고, 그래서 정치적일 수밖에 없었다. 영화감독이자 이론가인 훌리오 가르시아 에스피노자Julio García Espinosa는 그래서 "미국 영화가 천성적으로 오락적이고 유럽 영화가 본질적으로 예술 지향적이라면 라틴아메리카의 영화는 근본적으로 정치적일 수밖에 없다"고 말했다(스탬, 2012: 124).

그렇다면 제3 영화의 정치적 성격은 무엇인가? 나라마다 차이점은 있지만, 이들 영화들은 식민주의의 잔재를 다루거나 신식민주의가 가하는 소외와 억압을 다룬다. 여기에는 계급, 인종, 문화, 종교, 성 등 다양한 쟁점들이 교차한다.

---

* 정확한 표기는 '헤티노'가 맞지만 출판 당시의 표기를 그대로 따른다.

가난한 이들과 부자 사이의 계급투쟁이 영화의 핵심을 이루고 있다. 하지만 이들 영화에서는 인종 문제도 계급 대립의 맥락 안에서 파악된다. 대중적인 토착 문화의 보존, 그리고 지배 계급이 신봉하는 지배적인 식민주의적·제국주의적 가치들을 거부하고 토착 문화를 재현하는 것이 제3 영화의 '해방의 미학'을 구성한다(헤이워드, 2012: 519).

이러한 정치적 성격이 가장 잘 드러나는 제3 영화 중 하나는 솔라나스와 헤티노가 공동 연출한 다큐멘터리 〈불타는 시간의 연대기La Hora De Los Hornos〉(1968)이다. 그도 그럴 것이 솔라나스와 헤티노의 글 「제3 영화를 위하여」는 바로 이 영화를 제작한 경험 속에서 쓸 수 있었던 글이었다. 4시간 20분에 달하는 이 대작은 1부 '신식민주의와 폭력', 2부 '자유를 위한 행동', 3부 '폭력과 자유'로 구성되어 있다. 영화는 미국의 자본주의와 상업적인 미디어, 대중문화 등이 어떻게 아르헨티나 민중들의 의식을 종속적인 상태로 마비시켜왔는지를 탐구한다.

#1

#2

예를 들어 도축된 소(#1)와 미국의 상업광고(#2)를 계속해서 교차하여 보여주는 모습들이 바로 그것이다. 죽은 소들의 모습은 미국식 자본주의(상업광고)의 포로가 되어 정신적인 식민 상태를 겪고 있는 라틴아메리카 민중들을 상징한다. 이는 또한 우리가 4강에서 살펴보았던 예이젠시테인

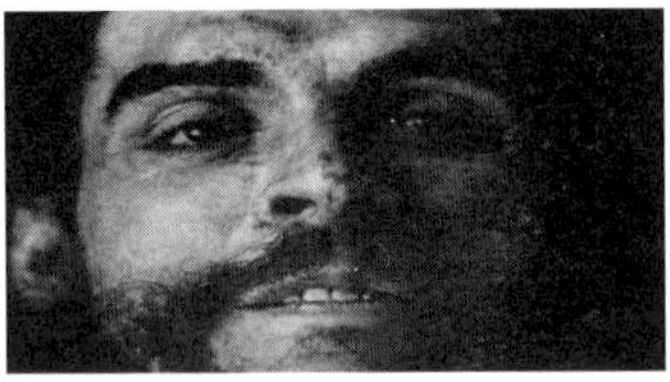
#3

의 영화 〈파업Strike〉(1924)에서 도살당하는 소와 학살당하는 민중들을 교차해서 보여주었던 것을 연상시킨다. 1부의 마지막 장면은 제3세계 해방운동의 영원한 상징인 체 게바라Che Guevara의 시신을 오랫동안 보여주는 것으로 끝난다. 아르헨티나 사람이었지만 쿠바 혁명에 참여했고, 볼리비아 산악지대에서 게릴라 활동을 하다 총살당한 게바라의 얼굴을 클로즈업하며(#3), 영화는 제3세계 해방운동이 여전히 현재진행형임을 말해준다.

라틴아메리카의 제3 영화는 브라질, 아르헨티나, 볼리비아, 칠레, 쿠바 등을 중심으로 등장했다. 1960년대에 브라질은 시네마 노부Cinema Novo라는 일종의 뉴 웨이브 영화운동으로 유명했다. 평범한 사람들의 일상을 그린 시네마 노부는 가난, 굶주림 등 브라질 민중들이 처한 폭력적인 상황을 노출시키는 데 주력했다. 특히, 이 운동의 대표 격인 글라우베르 호샤Glauber Rocha는 '배고픔의 미학', '폭력의 미학' 등으로 알려져 있다. 시네마 노부는 제3 영화라는 용어가 탄생하기도 전에 "제3세계 영화로 불리는 영화들을 세계적 관심사로 만든 라틴아메리카의 토착적 영화 운동"이었다(헤이워드, 2012: 266).

한편, 아르헨티나의 제3 영화는 전위적이고 전투적인 다큐멘터리가 중심을 이루었는데 위에서 다룬 〈불타는 시간의 연대기〉가 그 중심에 있었다. 아르헨티나의 전투적 다큐멘터리 전통은 이웃 나라들에 적지 않은 영향을 끼쳤다. 같은 시기 볼리비아에서는 호르헤 산히네스Jorge Sanjinés를 중심으로 한 우카마우Ukamau 집단이 〈콘도르의 피Yawar mallku〉(1969)를 제작했다. 세미다큐멘터리 형식의 이 영화는 미국의 '평화봉사단Peace Corps'

이 수행하는 불임 캠페인의 기만적이고 위선적인 측면을 폭로하고 있다. 1970년대에 칠레의 파트리시오 구스만Patricio Guzman은 세계 최초로 선거를 통해 선출된 사회주의자 대통령 살바도르 아옌데Salvador Allende의 집권과 칠레 민중의 열렬한 지지, 그리고 미국을 등에 업고 군사쿠데타를 일으킨 아우구스토 피노체트Augusto Pinochet의 민중 학살을 놀랍도록 생생한 다큐멘터리로 기록했다. 〈칠레 전투La Batalla De Chile〉 3부작(1975~1979)이라 불리는 이 다큐멘터리는 영화가 한 시대의 진실을 기록하는 생생한 증언이자 때로는 목숨을 걸고 싸워야 하는 정치적 무기임을 입증했다.

쿠바의 경우는 조금 달랐다. 1959년 혁명을 통해 사회주의를 받아들였던 쿠바는 혁명의 완수가 얼마나 어려운 것인지를 다루는 영화들을 제작했다. 토마스 구티에레스 알레아Tomás Gutiérrez Alea의 〈저개발의 기억Memorias del Subdesarrollo〉(1968)은 혁명 쿠바에서 여전히 구체제의 관습을 버리지 못한 부르주아 지식인을 비판적으로 조명한다. 움베르토 솔라스Humberto Solás의 〈루치아Lucia〉(1968) 역시 쿠바 혁명 이후에도 여전히 남아 있는 여성 억압을 통해 진정한 여성 해방의 지난함을 역설하고 있다. 이러한 영화들이 모두 솔라나스와 헤티노가 주창한 제3 영화론에 부합하는 것인지는 논쟁의 소지가 있지만 그들의 이론이 이들 영화의 정치적 부상과 함께 제기되었다는 점은 의심의 여지가 없다. 말하자면, 제3 영화론은 라틴아메리카를 관통하는 한 시대의 공기를 흡수했던 것이다.

제3 영화론은 1960년대 후반 전 세계가 급진화되는 시기에 나왔다. 68혁명이 서구의 급진주의를 가리켰다면, 쿠바혁명과 알제리 독립, 미국에 맞선 베트남의 전쟁은 제3세계 국가들을 고무시켰다. 그것은 전통적인 식민주의든 신식민주의든 식민적 상황에서 벗어나고자 하는 민중들의 열망을 담고 있었다. 그러나 1970년대 이후에 상황은 다시 역전되었다.

서구의 급진주의 물결이 1970년대 이후에 서서히 잦아들었듯이 라틴아메리카의 상황도 마찬가지였다. 이에 따라, 제3 영화론 역시 그 혁명적인 열기가 점차 사그라졌다. 로버트 스탬은 제3 영화론이 영화 이론의 '보편적' 역사로 간주된 적이 거의 없다고 지적했다. 그리고 그 '보편적' 역사란 유럽 중심적 역사라고 비판했다(스탬, 2012: 129). 서구에서 시작한 영화 이론의 역사에서 제3세계에서 나온 이론은 제3 영화론이 유일하다고 해도 과언이 아니다. 물론, 제3 영화론은 정교한 학술적인 이론이기보다는 다분히 선동적인 정치적 선언문에 가깝다. 그러나 학술적이냐 정치적이냐를 떠나서 영화 이론 자체가 서구 중심적이다 보니 제3세계의 이론이 소홀히 취급된 것은 부정할 수 없다. 제3 영화론의 현재적 의미는 서구 중심주의에서 벗어나고자 하는 모든 제3세계 민중과 예술가들에게 이론과 실천의 귀감이 될 수 있다는 것이다.

더 읽을거리

솔라나스, 페르난도·옥타비오 게티노. 1985. 「제3영화를 위하여」. 서울영화집단 엮음. 『영화운동론』. 화다.

스탬, 로버트. 2012. 「제3세계 영화와 이론」. 『영화이론』. 김병철 옮김. K-books.

헤이워드, 수잔. 2012. 「시네마 노보」. 『영화 사전: 이론과 비평』(개정판). 이영기 외 옮김. 한나래.

_____. 2012. 「제3영화」. 『영화 사전: 이론과 비평』(개정판). 이영기 외 옮김. 한나래.

17 영화, 꿈, 정신분석학

1920년대 루이스 부뉴엘Luis Bunuel이나 살바도르 달리 같은 초현실주의 영화인들은 영화를 꿈이라고 생각했다. 그들의 작품 〈안달루시아의 개Un Chien Andalou〉(1929)가 대표적이다. 이 실험 영화는 특별한 줄거리 없이 의식의 흐름에 따라 영화를 풀어간다. 시공간이 제멋대로 넘나들고 어떠한 인과관계도 중요하지 않다. 마치 꿈처럼 말이다. 정신분석학의 창시자 지크문트 프로이트Sigmund Freud가 무의식을 탐구하기 위해 꿈을 파고들었듯이 1970년대에 정신분석학적 영화 이론가들도 영화에 대한 인간의 정신 작용을 설명하기 위해 영화를 꿈에 비유했다. 프랑스의 영화 이론가 장루이 보드리Jean-Louis Baudry는 고대 철학자 플라톤이 말한 '동굴의 비유'(#1)를 영화 보는 행위와 비교하면서 이것을 설명했다(보드리, 2011).

#1

동굴 속에 죄수들이 동굴 입구를 등지고 묶여 있다. 그들은 입구 쪽을 볼 수 없다. 이때 죄수는 등 뒤에 있는 불빛에 의해 앞의 벽면에 비친 사물이나 사람의 그림자를 실재라고 생각한다. 그것은 모두 허상인데도 말이다. 관객이 영화를 보는 행위도 이와 흡사한 데가 있다. 동굴의 죄수처럼 관객도 극장에서 움직이지 못한다. 죄수의 등 뒤에 있는 불빛은 극장의 영사기와 놀랄 만큼 유사하다. 그리고 죄수들이 허상에 불과한 이미지를 실재라고 믿는 것처럼, 관객도 스크린에 비친 이미지를 마치 실재인 것처럼 생각한다. 적어도 영화가 상영되는 시간만큼은 말이다.

'동굴의 비유'에서 한 발 더 나아가 꿈에 대해 생각해보자. 꿈이란 우리가 현실에서 억압하거나 소망하는 것이 무의식으로 나타나는 것이다. 극장에서 영화를 보는 경험 역시 꿈꾸기와 비슷한 데가 있다. 어두운 방에서 꿈을 꾸듯이, 우리는 극장에서 영화를 본다. 동굴의 죄수처럼 우리의 움직임은 제한되어 있다(스탬, 2003c: 270). 보드리는 이것을 프랑스의 정신분석학자 자크 라캉Jacques Lacan의 거울 단계에 비유했다. 라캉에 따르면, 생후 6개월부터 18개월까지인 거울 단계는 아기가 자아의 형성, 즉 조각난 몸이 아니라 자기 몸의 통일성에 대한 최초의 인식을 하는 시기이다. 그런데, 이러한 상상적 구성이 일어나기 위해서는 두 가지 조건이 갖춰져야 한다. "운동 능력의 미성숙과 (탄생한 지 처음 며칠부터 눈에 띄는) 시각 기관의 조숙한 성숙"이 그것인데, 이는 영화를 영사할 때의 두 조건(운동 능력의 유예와 시각 기능의 지배)에 정확히 조응한다(보드리, 2011: 282). 우리가 스크린에 투사되는 영화 이미지를 보면서 느끼는 지배적인 감각(마치 초월적인 위치에서 영화를 통제하는 듯한)은 이러한 조건에서 만들어진다. 보드리는 이를 관객이 전지적 주체로서 위치화되는 것이라고 설명한다. 이러한 메커니즘 속에서 "자신이 그러한 것으로 고착되는 과정은 모르지만 관객은 모든 것을 본다. 따라서 전능한 관객-주체는 생산된 것이며, 영화 텍스트의 효과인 것이다. …… 그러므로 관객은 영화 텍스트에 의해 호명된다. 즉 영화는 주체를 구성하고 주체는 영화 텍스트의 효과이다" (헤이워드, 2012: 397~398).* 우리는 르네상스 시대의 원근법을 이어받은

---

* 문맥에 맞게 문장 일부 수정.

영화가 창조하는 (2차원 평면에 투사된) 3차원의 이미지를 환영적 현실로 받아들이는데, 바로 그 원근법의 소실점이 우리를 보는 주체(전지적 주체)로 위치시키고, 자아와 이미지의 상상적 관계에 불과한 영화를 마치 현실인 것처럼 느끼게 만드는 것이다. 다시 말해서 영화를 보며 느끼는 전지적·초월적 위치에 대한 자족감이란 한낱 영화 텍스트에 의해 호명되는 수동적 주체에 불과한 것이다.

한편, 우리가 보는 영화는 꿈과 마찬가지로 이야기가 있다. 꿈이 이미지로 기억되듯이, 영화의 이야기 역시 이미지로 전달된다(스탬, 2012: 197). 우리는 꿈을 꾸고 난 후, 잠시 동안 꿈인지 생시인지 모를 때가 있다. 어떤 꿈은 너무도 생생해서 꿈을 꾸는 그 순간만큼은 현실처럼 느껴지기도 한다. 영화도 마찬가지이다. 관객은 영화가 허구라는 것을 알지만, 영화를 보는 그 순간만큼은 마치 현실인 것처럼 받아들인다. 우리가 영화 기호학 부분에서 다루었던 프랑스의 영화학자 크리스티앙 메츠는 영화 매체를 설명하는 데 기호학의 한계를 절감하고 라캉의 정신분석학을 적극적으로 받아들였다. 그는 모든 영화는 부재하는 것을 현존케 한다고 주장했다. 다시 말해서, 스크린에 보이는 이미지는 결코 우리와 같은 시공간에 있지 않다. 즉, 부재하는 것이다. 연극에서 무대 위의 배우들이 우리와 같은 시공간에 있다는 것을 생각해보면 쉽게 이해가 갈 것이다. 그럼에도 불구하고, 스크린에 보이는 이미지는 분명히 우리의 눈앞에 하나의 현실로서 존재하는 것이다. 그렇지 않다면, 우리는 영화를 보며 울고 웃을 수 없다. 메츠는 이것을 정신분석학 개념인 페티시즘fetishism으로 설명한다. 정신분석학적 관점에서 남자아이는 어머니의 성기를 보며 결핍(남근의 부재)을 감지한다. 그러면서 자신이 느끼는 거세 공포를 완화하기 위해 여성을 응시의 대상(관음증)으로 만들거나, 현존하는 것(예를 들어 다리나 가슴)이 부재하는 것(남근)을 대체하도록 여성 신체의 일부를 과장한다. 이것이 페티시즘이다(헤이워드, 2012: 442). 영화 역시 관객의 관음증에 기반을 둔 매체이자, 실제로는 부재하는 것(스크린에 보이는 이미지)을 마치 존재하는 것처럼 인식하게 만드는 장치apparatus이다. 그래서 영화 이론의 역사는 영화에 대한 이러한 인식을 장치 이론apparatus theory이라 명명한다.

관객들은 영화를 보며 울고, 웃고, 즐거움을 느끼고 감동한다. 어찌 보면 이것은 극도로 어리석은 일일수도 있다. 왜냐하면 영화는 곧 허구이고, 허구는 곧 거짓의 다른 말이기 때문이다. 왜 거짓에 불과한 영화에 관객은 그토록 열광하는가? 그것은 스크린이 곧 우리가 가진 욕망을 무의식적으로 투사投射하는 장소이기 때문이다. 우리의 현실에 결핍된 모든 것이 영화 속에 있다. 우리는 영화를 현실이라고 믿지 않지만, 마치 현실인 것처럼 믿게 만드는 힘이 영화에는 있다. 장루이 보드리는 영화가 꿈이 갖고 있는 환각적 힘을 재생산한다고 말했다(스탬, 2003c: 272). 실제로는 거기에 있지 않은 어떤 것을 있는 것처럼 만드는 강력한 힘을 말하는 것이다. 이것이 바로 영화가 가진 환영의 힘이다. 사전적인 의미로 환영이란 현실이 아닌 것이 현실처럼 보이는 환각 현상이다.

스크린에 비친 어슴푸레한 이미지, 어두운 극장, 움직임이 자유롭지 못한 관객. 영화 관객을 동굴의 죄수에 비유하고, 영화 보는 행위를 꿈과 비교했던 정신분석학적 영화 이론가들은 극장을 어머니의 자궁으로 해석하기도 했다. 이 말은 자궁 속의 태아처럼 단지 극장에서 거동이 제한되어 있는 관객을 뜻하는 말이 아니다. 그보다는 영화를 보는 행위 자체가 어떤 퇴행의 상태를 조장한다는 것이다(스탬, 2012: 197). 현실의 고통을 잊고 어머니의 자궁 속으로 돌아가고 싶은 퇴행의 상태 말이다.

정신분석학적 영화 이론가들이 영화를 꿈에 비유한 것은 영화라는 매체 자체에 대한 것이었지 영화가 담고 있는 내용에 대한 것은 아니었다. 그러나 영화의 내용, 즉 영화의 서사narrative와 캐릭터를 설명하는 데에도 정신분석학은 매우 유용한 분석의 틀이라고 할 수 있다. 18강에서는 그 분석 틀의 핵심적 개념인 오이디푸스 궤적Oedipal trajectory에 대하여 알아본다.

더 읽을거리

보드리, 장-루이. 2011. 「기본적 영화 장치가 만들어낸 이데올로기적 효과」. 이윤영 편역. 『사유 속의 영화: 영화 이론 선집』. 문학과지성사.

메츠, 크리스티앙. 2009. 『상상적 기표: 영화·정신분석·기호학』. 이수진 옮김. 문학과지성사.

스탬, 로버트. 2003. 「IV. 정신분석학」. 로버트 스탬·로버트 버고인·샌디-플리터먼 루이스. 『어휘로 풀어 읽는 영상기호학』. 이수길 외 옮김. 시각과 언어.

_____. 2012. 「언어학에서 정신분석학으로」. 『영화이론』. 김병철 옮김. K-books.

헤이워드, 수잔. 2012. 「정신분석학」. 『영화 사전: 이론과 비평』(개정판). 이영기 외 옮김. 한나래.

18 오이디푸스 궤적이라는 문제

영화나 문학 등에서 이야기의 구조를 서사敍事, 영어로는 내러티브narrative라고 한다. 요즘엔 스토리텔링이라는 말을 더 많이 쓰기도 한다. 서사에는 일정한 규칙이 있다. 대체로 균형으로 시작한 이야기는 악당이 등장함으로써 불균형이 되고 그를 제거함으로써 다시 균형으로 돌아온다. 주인공은 위기를 극복하기도 하고 때로는 그 위기에 좌절하기도 한다. 정신분석학적 영화 이론에서는 주인공이 그러한 위기를 겪어나가는 과정을 오이디푸스 궤적Oedipal trajectory이라고 말한다.

오이디푸스 궤적은 물론 오이디푸스 콤플렉스에서 나온 말이다. 오이디푸스 콤플렉스는 남자아이가 어머니에 대해 갖고 있는 근친상간적인 욕망을 말한다. 그러나 남자아이는 어머니에게 아버지와 달리 남성의 성기가 없다는 것을 알게 된다. 거기에서 느끼는 공포를 거세 공포, 혹은 거세 콤플렉스castration complex라고 한다. 남자아이는 아버지가 거세할 수 있는 힘을 갖고 있다고 생각하고, 거기에 두려움을 느껴 어머니에 대한 욕망을 포기한다. 그럼으로써 남자아이는 아버지의 권위를 받아들이고 아버지로 상징되는 가부장적 질서에 진입한다.* 또한, 남자아이는 어머니를 포기하는 대신 다른 여성을 욕망하게 된다. 많은 영화에서 남자 주인

---

* 자크 라캉은 이러한 단계를 상징계(symbolic oder)라고 명명했다. '아버지의 이름(the name of the father)'으로 대변되는 이 가부장적 질서의 세계는 또한 언어 이전의 단계(상상계 imaginary order)를 넘어 언어로 상징되는 (자본주의) 문명으로 진입하는 단계이기도 하다.

공은 수많은 어려움을 겪고 난 뒤 한 여성을 발견하고 결국에는 정착한다. 이를 오이디푸스 콤플렉스에 대입해보자면 남자 주인공이 영화에서 겪는 많은 갈등은 어머니에 대한 욕망을 놓고 벌이는 남자아이의 갈등에 해당한다. 그리고 남자 주인공이 난관을 극복하고 한 여성과 안정적으로 정착하게 된다면 비로소 오이디푸스 콤플렉스를 극복하는 것이다. 그리고 이러한 서사의 과정이 곧 오이디푸스 궤적인 것이다(헤이워드, 2012: 325~326).

오이디푸스 궤적은 모든 장르에 다 적용할 수 있지만, 특히 공포 영화야말로 이를 설명하기에 가장 적합하다. 〈싸이코Psycho〉(1960)는 오이디푸스 궤적에 대한 영화라고 해도 과언이 아니다. 이 영화에서 가장 유명한 장면은 물론 샤워실에서 마리온재닛 리이 살해당하는 장면이지만, 그 이전의 응접실 장면이야말로 남자 주인공 노먼앤서니 퍼킨스의 오이디푸스 콤플렉스를 엿볼 수 있는 장면이다. 마리온은 빗속을 뚫고 모텔에 오게 되고, 그곳에서 모텔을 운영하는 노먼을 만난다. 노먼에게는 완고한 어머니가 있다. 마리온은 맞은 편 건물에서 들려오는 노먼의 어머니의 목소리를 듣는다. 어머니는 알지도 못하는 젊은 여자를 데려왔다며 다 큰 아들을 꾸짖는다. 노먼이 어머니와 맺고 있는 과도한 애착관계는 마리온과 나누는 그의 대화에서도 드러난다. 노먼과 응접실에서 대화를 나누게 된 마리온은 외딴 모텔에서 무료하게 생활하는 노먼에게 친구에 대하여 묻지만 노먼은 최고의 친구는 어머니라는 의미심장한 대답을 한다. 한편 그는 실컷 욕하고 떠나고 싶다며 어머니에 대한 애증도 숨기지 않는다. 어머니를 다른 곳에 맡기면 어떠냐는 마리온의 말에 그는 정신병원을 가리키는 것이냐며 박제된 새 같은 그녀를 그런 곳에 둘 수는 없다며 병적으로 과민한 반응을 보이기도 한다. 노먼은 어머니를 박제된 새에 비유하지만, 이것은 단지 비유가 아니다. 실제로도, 그는 죽은 어머니를 박제해두고 살고 있었고, 스스로 죽은 어머니와 분리되지 못한 채 어머니의 인격과 그 자신의 인격, 이 두 개의 인격으로 살았던 것이다.

〈싸이코〉에서 노먼이 어머니의 인격이 될 때는 아들이 다른 여성에게 매력을 느낄 때이다. 아들이 다른 여성에게 매력을 느끼는 것을 어머니는 참지 못한다. 이렇듯 어머니와 아들 간의 과도한 애착관계는 아들이 오이디푸스 콤플렉스를 극복하지 못하는 것으로 끝나게 만든다. 아들은 어머니가 아닌 다른 여성과 정착할 수 없다. 따라서 그는 오이디푸스 궤적을 성공적으로 완수하지 못하는 것이다. 대부분의 할리우드 영화에서 남자 주인공은 자신 앞에 놓인 장애물을 극복하고 결국에는 '여자를 얻는다Boy gets girl.' 그러나 그렇지 않은 두 개의 장르가 있다. 첫째는 고전적인 필름 누아르film noir이다. 이 장르에서 남성은 자신을 혼란시키는 팜 파탈femme fatale의 유혹에서 헤어나지 못한다. 그가 이 유혹을 떨쳐버리지 못하면 못할수록, 자신이 추구하는 목표에서 멀어지고 잘못된 행동을 거듭하며(예를 들어 범죄 사건이 미궁으로 빠져들어 해결이 요원해지거나 치정에 의해 점점 범죄로 빠져든다) 파멸로 치닫는다. 균형으로 시작한 이야기는 불균형을 이루었다가 궁극적으로는 균형으로 끝나는데, 필름 누아르는 불균형을 끝내 극복하지 못한다. 당연히 남자 주인공은 '여자를 얻기'는커녕, 그녀에게 철저히 이용만 당하고 버려진다. 그래서 몇몇 비평가들은 필름 누아르를 사회심리학적으로 해석하기도 한다. 제2차 세계대전 당시 많은 남성들은 전쟁터에 동원되었고 미국의 국내 산업은 상당 부분 여성의 노동력에 의존했다. 이 시기 탄약 등 전쟁물품을 생산하는 '리벳공 로지Rosie the Riveter'는 힘들다고 인식되는 공장의 육체노동을 훌륭하게 수행한 여성의 아이콘이었다. 남성들이 부재한 공간을 여성들은 큰 어려움 없이 채우고 있었던 것이다. 전시 국가는 이러한 여성 노동력을 적극 활용했으면서도 전쟁이 끝나고 남성들이 귀환하자 이 여성들을 가정으로 돌려보냈다. 그리고 귀환한 남성들은 자신들의 역할을 여성들이 무리 없이 소화한 것을 알자 강한 여성들에게 두려움을 느끼기 시작한다. 전시인 1940년대 초반부터 전후인 1950년대 중반까지 유행했던 필름 누아르 장르의 팜 파탈은 바로 그런 남성들의 두려움을 무의식적으로 반영하고 있다는 것이 비평가들의 해석이다. 이는 남성성의 위기, 즉 남성들이 통과해야만 하는 오이디푸스 궤적의 위기인 것이다.

두 번째 장르는 웨스턴이다. 그러나 필름 누아르와 달리 웨스턴에서 주인공이 오이디푸스 궤적을 완수하지 못하는 것은 긍정적으로 해석된다. 오이디푸스 궤적은 남성이 장애물과 위기를 극복하고 여성과 정착(결혼을 통한 가정 꾸리기)하는 것으로 표상되는데 웨스턴의 주인공들은 정착과는 거리가 멀다. 웨스턴의 주인공이 악당들을 물리치고 마을 여성과 결혼한다는 것은 웨스턴의 신화를 허무는 것이다. "웨스턴의 저변에는 (개척자 정신 등과 같은) 서부에 대한 신화와 함께 카우보이나 총잡이 악당, 서부의 영웅은 아직 정착해서는 안 된다는 생각이 깔려 있다. 서부는 여전히 정복의 대상이며, 아직도 정복할 여지가 많이 남아 있기 때문이다" (헤이워드, 2012: 326).

그렇다면 여자 주인공은 어떠한가? 정신분석학적 영화 이론에서 보통 오이디푸스 궤적은 남자 주인공을 예로 설명하지만 최근에는 여자 주인공에 대해서도 많은 연구들이 있다. 여자아이 역시 최초로 욕망하는 대상은 아버지가 아니라 어머니이다. 오이디푸스 궤적으로 설명하자면 영화에서 여자 주인공이 여러 갈등과 위기를 극복하고 남자를 만나 사랑을 하게 된다면 그녀는 오이디푸스 궤적을 성공적으로 완수하는 것이다. 영화 〈캐리Carrie〉(1976)를 통해 풀어보자.

내성적이고 소심하여 늘 친구들에게 따돌림을 당하는 10대 소녀 캐리는 학교 샤워실에서 첫 월경을 시작한다. 그러나 성적으로 무지한 그녀는 그것이 무엇을 뜻하는지 알지 못한다. 친구들은 그런 그녀를 비웃고 놀린다. 종교를 광신적으로 따르는 어머니는 딸에게 무엇 하나 가르친 적이 없다. 오히려 딸이 소녀에서 여성이 되는 것을 죄악시하는 말도 서슴지 않는다. "주께서 이브에게 저주를 내리셨다. 그 저주는 바로 피의 저주였다." 캐리는 학교 졸업파티에 토미라는 남학생의 파트너로 초대받는다. 화장도 하면서 더 이상 소녀이기를 거부한다. 그러나 토미와 춤을 추며 행복한 시간을 보내는 것도 잠시, 캐리를 놀린 죄로 근신 처분을 받은 친구가 파티 무대에 돼지 피가 쏟아지는 장치를 하여 캐리는 돼지 피를 뒤집어쓰게 된다. 캐리는 토미가 파트너 신청한 것까지 포함하여 이 모든 것이 친구들의 계략이었다는 것을 깨닫게 된다. 집으로 돌아와서 그녀는 피 묻은 옷을 벗고 욕조에 들어가 마치 태아처럼 몸을 웅크린다. 욕조는 어머니의 자궁과도 같은 공간이다. 소녀에서 여성이 되고자 했던 캐리는 이제 다시 어린 아이로 돌아가는 퇴행을 거친다. 결국 그녀는 오이디푸스 궤적을 성공적으로 완수하지 못한다.

〈싸이코〉의 어머니와 〈캐리〉의 어머니는 모두 자식들이 오이디푸스 궤적을 완수하지 못하게 막는 억압적이고 위협적인 어머니이다. 이런 어머니 캐릭터를 정신분석학적 영화 이론에서는 남근적 어머니phallic mother라고 부르기도 한다. 아버지처럼 거세 위협을 가하는 어머니라는 뜻이기도 하다. 또한, 호주의 영화학자 바버라 크리드Barbara Creed는 이런 위협적인 여성 캐릭터를 총칭해서 '괴물 같은 여성성monstrous-feminine'이라고 부르기도 했다(크리드, 2017). 정신분석학은 오랫동안 남성 중심주의적이라는 비판을 받아왔다. 오이디푸스 궤적만 해도 여성 캐릭터보다는 남성 캐릭터를 분석할 때 더 유용한 측면이 있다. 이러한 비판을 가장 강력하게 제기해왔던 이들은 당연하게도 페미니스트들이었다. 그럼에도 정신분석학은 여성 해방을 갈구하는 페미니즘 이론가들에게 적극적으로 수용되었다. 다음 2강에 걸쳐 우리는 페미니즘 영화 이론을 다뤄본다.

더 읽을거리

크리드, 바바라. 2017.『여성괴물: 억압과 위반 사이』. 손희정 옮김. 여이연.

헤이워드, 수잔. 2012.「오이디푸스 궤적」.『영화 사전: 이론과 비평』(개정판). 이영기 외 옮김. 한나래.

4부

재현의 정치학

재현의 정치학politics of representation은 영화가 젠더, 섹슈얼리티, 인종, 민족성, 계급 등을 어떻게 재현하느냐에 관심을 둔다. 영화 매체의 이데올로기적 성격을 사고했던 장치 이론은 시대, 국가, 민족, 젠더, 인종, 계급 등의 다양한 요소들을 무시했다는 비판에 직면했고, 이에 따라 매체 자체가 아닌 개별 영화들에 눈을 돌리게 되었다. 따라서 이데올로기 역시 영화 매체 자체보다 개별 영화 속의 젠더/섹슈얼리티 재현, 인종/민족성 재현, 계급 재현 등의 문제를 파고들었다.

1970년대 중반 이후 여성해방운동의 여파 속에서 페미니즘 영화 이론은 영화 이론의 주류로 부상한다. 초기 페미니즘 이론은 남성적 시선의 포로가 된 대중 영화의 가부장성을 문제 삼았고(19강), 대중영화가 갖고 있는 (남성적) 시각의 쾌락을 해체하기 위해 대중영화 자체를 거부하는 방향으로 나아갔다. 그러나 이는 68혁명을 전후한 시기 급진적 좌파 정치를 표방했던 영화들(장뤼크 고다르 등)의 문제를 반복하는 것이었다. 일반 관객들은 그러한 영화들을 이해할 수도 없었고 원하지도 않았다. 따라서 뒤로 갈수록 페미니즘 영화 이론은 대중영화가 가진 전복적 가능성을 타진하는 방향으로 나아갔다(20강).

그러는 와중에 페미니즘의 한 귀퉁이에 있던 성 소수자들은 자신만의 목소리를 내기 시작했다. 퀴어 비평가들은 고전 할리우드 영화를 비롯한 대중영화들이 성 소수자를 재현하는 방식을 규명했고(21강), 1990년대 이후에 퀴어 영화라는 말은 일상어가 되었으며, 성 소수자의 정체성을 공공연하게 드러내는 본격적인 퀴어 영화들이 등장했다. 여기에 로빈 우드 같은 게이 영화 비평가들은 자신들의 성 정체성을 밝히며 퀴어 이론을 정립해나갔다(22강). 한편, 흑인, 유대인, 히스패닉, 아시아인, 북미 원주민 등 영화가 인종과 민족성을 어떻게 재현하느냐의 쟁점 역시 본격화했다(23강). 이는 점점 다문화 국가가 되어가는 한국 사회와 한국 영화에도 적지 않은 시사점을 준다. 에드워드 사이드Edward Said의 『오리엔탈리즘』은 문화에 만연한 서구 중심주의와 오리엔탈리즘을 다시 사고하게 했고, 영화 이론에도 적지 않은 영향을 끼쳤다(24강). 마지막으로 영화와 계급이라는 쟁점(25강)은 영화 이론에서 젠더/섹슈얼리티, 인종/민족성보다 소홀히 취급되어왔다. 영화를 만드는 사람이나 보는 사람이나 계급과 같은 불편한 문제를 드러내고 싶어 하지 않는다는 점이 제일 큰 원인이겠으나, 빈부 격차 문제가 점점 더 심화하는 신자유주의 사회에서 계급은 영화를 이해하는 중요한 키워드가 될 것이다.

19 페미니즘 영화 이론의 발흥

영화 이론의 역사는 그 이론이 탄생한 역사적 배경과 무관하지 않다. 소비에트 몽타주론은 러시아 혁명과 무관하지 않고, 제3 영화론은 제3세계 민족해방운동과 무관하지 않다. 페미니즘 영화 이론 역시 마찬가지이다. 페미니즘 영화 이론은 1960~1970년대에 성행했던 여성해방운동의 흐름과 깊은 관련이 있다. 반전운동, 학생운동, 흑인 민권운동과 함께 여성해방운동도 이 당시의 커다란 쟁점이었다. 페미니즘의 역사에서는 19세기 말~20세기 초의 여성 참정권 운동을 '제1차 페미니즘 물결'로, 1960년대 이후의 여성해방운동을 '제2차 페미니즘 물결'로 규정하기도 한다 (초두리, 2012: 19).

제2차 페미니즘 물결은 1960년대 급진주의 운동 내에 있던 여성 운동가들로부터 시작되었다. 그들은 급진적인 운동권 안에서조차 가부장제와 남성 우월주의가 깊이 뿌리를 내리고 있는 것에 환멸을 느꼈다. 그리고 '개인적인 것은 정치적인 것'이라는 슬로건하에 그동안 운동권에서 소홀히 취급되었던 출산, 피임, 낙태, 모성과 같은 여성적 쟁점들을 부각시켰다. 여성을 상품화시키는 상업광고나 미인 대회에 대한 반대 운동이 대표적인 것들이다.

페미니즘 영화 이론은 이러한 사회 분위기 속에서 등장했다. 초기의 페미니즘 영화 이론은 상업 영화가 그동안 여성을 어떻게 재현해왔는지에 초점을 맞췄다. 1974년 미국의 영화 비평가 몰리 하스켈Molly Haskell은 『숭배에서 강간까지From Reverence to Rape』에서 할리우드 영화가 여성 캐릭터를 극단적으로 이분화하여 성녀聖女 이미지와 창녀 이미지로 소비한다고 주장했다. 여성이란 숭배해야 할 성녀이거나 강간해도 되는 창녀로 취급당했다는 것이다(해스켈, 2008). 대서양 건너 영국에서도 페미니즘은 영화 이론의 중요한 화두였다. 미국의 페미니즘이 영화 비평의 차원에 머물렀다면, 영국의 페미니즘은 좀 더 이론적이고 학술적인 방향으로 나아갔다. 1975년에 정신분석학을 페미니즘과 결합시킨 영국의 로라 멀비 Laura Mulvey는 페미니즘 영화 이론의 한 단계 도약을 가져온 기념비적인 논문 「시각적 쾌락과 내러티브 영화 Visual Pleasure and Narrative Cinema」를 발표했다(멀비, 1993). 아마도 이 논문은 페미니즘을 넘어서서 영화 이론의 역사에서 가장 많이 언급되고 인용되는 논문일 것이다.

멀비는 프로이트가 말한 관음증voyeurism 또는 절시증scopophilia의 개념을 끌고 들어온다. 관음증이란 상대방이 모르는 상태에서 다른 사람들의 행위를 엿보는 것이다. 영화가 관음적인 매체라는 것은 멀비뿐 아니라 많은 영화학자들이 거론해왔다. 일단 스크린 앞에 앉게 되면 우리는 엿보는 자처럼, 다른 사람들에게 들키지 않은 상태에서 스크린 위의 사람들이 하는 일을 지켜보게 된다. 멀비는 관음증이 본질적으로 능동적인 행위라고 말한다(멀비, 1993: 53). 즉, 엿보는 사람은 능동적이며 시선을 지배하는 자이다. 그렇다면, 엿보임을 당하는 사람은 당연히 수동적이며, 시선의 지배를 받는 자가 될 것이다.

문제는 영화에서 시선을 지배하는 자는 거의 언제나 남성이며 시선의 지배를 받는 자는 늘 여성이라는 것이다. 〈디스터비아Disturbia〉(2007)에서 주인공 소년은 이웃집 소녀의 방을 엿본다(#1). 소년이 망원경을 들어 소녀의 방을 엿보는 것에 따라, 카메라도 소년의 눈이 되어 소녀의 방을 엿본다. 이 카메라의 시선은 또한 관객이 보는 시선이기도 하다. 이때 소

#1

#2

#3

#4

녀가 무엇인가를 감지한 듯 소년이 있는 쪽을 바라보자(#2) 소년은 당혹스러워하며 망원경에서 손을 뗀다(#3). 그는 한껏 자세를 웅크린다(#4). 소년이 두려워하는 것이 바로 이것이다. 다시 말해서, 그는 자신이 시선의 능동적인 주체가 아니라, 시선의 수동적인 객체가 될까 봐 두려운 것이다.

멀비는 영화에서 시선을 통제하는 것은 항상 남성이라고 주장했다. 이것은 3중의 시선을 통해 구축된다. 우선, 사람과 사물을 기록하는 카메라의 시선이 있다. 그리고 관객은 이 카메라의 시선에 자신의 눈을 맞춘다. 즉, 우리는 카메라가 본 것을 보게 된다. 마지막으로, 영화 속 캐릭터가 다른 캐릭터를 바라보는 시선이 있다(멀비, 1993: 65). 이때, 바라보는 캐릭터가 남성이라면 보이는 캐릭터는 여성이다. 관객은 남성 캐릭터의 눈을 통해 여성 캐릭터를 관음적으로 바라보는 것이다. 멀비의 이론이 진정으로 혁신적이었던 이유가 여기에 있다. 단순히 영화 속에서 여성 캐릭터가 어떤 직업이나 성격으로 재현되는가 하는 내용상의 문제가 아니라 영화가 담고 있는 시선과 권력의 문제를 영화 형식에 기초해서 설명했다는 것이다(엘새서·하게너, 2012: 178).

멀비는 시선의 주체는 항상 남성이기 때문에 남성은 여성을 몰래 감시하듯 지켜보지만, 여성은 남성의 시선을 되돌려 보낼 수 없다고 주장했다. 영화 〈드레스드 투 킬Dressed to Kill〉(1980)의 미술관 장면은 마치 멀비의 주장을 입증이라도 하는 것 같다. 미술관에 앉아 있는 주인공 여자의 옆자리에 한 남자가 앉는다. 여자는 호감을 느낀 듯 남자를 바라본다(#5). 남자도 그를 바라본다(#6). 그러나 남자가 이내 시선을 거두자 여자는 당황해한다. 여자는 남자에게 자신이 유부녀라는 것을 알려주려는 듯 장갑을 벗어 반지를 보인다(#7). 그러나 남자는 관심도 두지 않고 자리를 뜬다(#8). 여자는 망설이다가 남자의 뒤를 좇아간다. 여기서 카메라는 여자를 보여주고(#9), 그녀의 시점으로 남성을 바라본다(#10). 그렇다면 멀비의 이론과는 반대로 시선의 주체가 여성이고 객체는 남성일까? 결코 그렇지 않다. 여자는 남자를 좇다 놓치는데(#11), 남자는 그녀를 지켜보고 있었던 것이다(#12). 그리고 남자의 노골적인 시선에 수치심을 느낀 그녀는 자신의 시선을 거두어들인다(#13). 이때부터 남자는 시선의 지배자가 되고 여자는 시선의 지배를 받는 자가 된다(#14). 여자가 뒤를 돌아 남자의 시선을 되돌려 보내려 할 때, 자신의 몸을 숨긴 남자는 결코 그녀의 시선에 포착되지 않는다.

시선에 대한 멀비의 이론은 많은 부분 정신분석학에 기대고 있다. 남성 중심적이라 비판받은 정신분석학을 페미니즘적으로 활용하면서, 그녀는 정신분석학의 두 가지 개념인 관음증과 페티시즘fetishism을 가져온다. 위에서 언급했듯이 관음증이란 보고자 하는 욕망이며 능동적이고 다

#5

#6

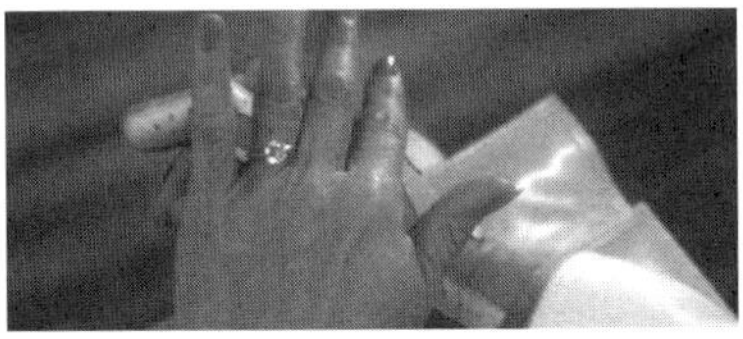

#7

#8

#9

#10

#11

#12

#13

#14

분히 가학적인 행위이다. 타인을 성적 자극의 대상물로 만든다. 그리고 멀비에 따르면, 영화는 본질적으로 남성적인 시선을 담고 있는 매체이기 때문에 이 관음증적 시선은 남성의 것일 수밖에 없다. 그러나 남성에게도 두려움의 순간이 있다. 바로 거세 공포의 순간이다. 남성이 여성에게서 남근의 부재를 알아차리는 순간, 이 성적 차이에 대한 공포를 완화시키기 위해 그 대용물이 필요한데 그것이 페티시fetish 이다. 페티시즘은 이렇듯 차이를 부인하는 전략이다. 앞의 정신분석학을 다룬 두 강의에서도 나온 것으로서, 특히 크리스티앙 메츠는 이를 부재하는 현존으로 설명했었다. 영화 자체가 우리 눈앞에 없는 것을 있는 것처럼 느끼게 해주는(마치 남근의 부재에 의한 거세 공포를 페티시즘으로 극복하는 것처럼) 장치라는 것이다. 멀비는 이를 영화 속 여성들을 물신화fetishization 함으로써 남성들이 거세 공포를 완화하는 것으로 설명한다.

여성은 남성에게 성적 차이를 환기시키며 이는 남근의 부재를 통해 드러난다. 남근은 남성이 상징적 질서와 아버지의 법the law of the father 에 입문하는 데 필수적인 것이다. 그런데 여성에게 부재한 이 남근은 남성의 거세 공포를 야기한다. 이것은 남성의 정체성을 부정하는 불안의 요소로서, 여성이 위협적인 존재가 된다는 것이다. 따라서 여성은 보기the look 의 능동적 통제자인 남성 시선의 대상이 되어야 한다. 이러한 전략 중 하나가 앞에서 거론한 페티시인데, 여성 스타에 대한 과장된 숭배와 물신화가 대표적이다(멀비, 1993: 59~60).

숱한 할리우드 영화에서 두드러지게 섹시함이 강조된 여배우들과 그녀들의 신체 일부를 과장되게 클로즈업하여 이미지를 파편화(좁은 의미로 페티시즘은 이성의 몸의 일부, 옷가지, 소지품에서 성적 만족을 얻는 것이다)시키는 것이 모두 이 페티시즘의 작용이다. 정신분석학에서 거론하는 남성의 거세 공포와 그 완화를 위한 페티시즘이 어느 정도 현실에 부합하는지는 차치하고라도, 멀비의 이러한 해석은 영화 매체가 갖고 있는 남성 중심성에 균열을 내는 것이었다.

멀비의 놀라운 통찰은 페미니즘이 영화 이론의 흐름을 주도하는 데 결정적인 역할을 했다. 멀비 이후 영화 이론에 미친 영향력 면에서 페미니즘은 무시할 수 없는 주류로 떠올랐다. 어느 누구라도 페미니즘의 잣대로 영화를 탐구하고자 하는 사람이라면 멀비를 넘어서야 했다. 물론 멀비의 이론은 적지 않은 결점을 갖고 있었다. 무엇보다도, 영화 매체 자체가 그 속성상 남성적 시선으로 작동한다는 주장은 지나치게 본질주의적이라고 비판을 받았다. 이를테면, 그 수가 많지는 않지만 여성적 시선으로 제작된 영화들을 설명할 수 없었다. 또한, 영화가 태생적으로 남성적 시선이라고 단정하는 것은 오히려 여성적 시선의 영화들의 가능성을 봉쇄하는 우를 범할 위험이 있었다. 그래서 멀비 이후의 페미니즘 영화 이론은 남성적 시선을 해체할 수 있는 가능성을 탐구하는 방향으로 나아갔다.

더 읽을거리

멀비, 로라. 1993. 「시각적 쾌락과 내러티브 영화」. 유지나·변재란 엮음. 『페미니즘/영화/여성』. 여성사.

엘새서, 토마스·말테 하게너. 2012. 「4장 눈으로서의 영화: 시선과 응시」. 『영화이론: 영화는 육체와 어떤 관계인가?』. 윤종욱 옮김. 커뮤니케이션북스.

초두리, 쇼히니. 2012. 「2장 로라 멀비: 성적 응시」. 『페미니즘 영화이론』. 노지승 옮김. 앨피.

헤이워드, 수잔. 2012. 「관음증/페티시즘」. 『영화 사전: 이론과 비평』(개정판). 이영기 외 옮김. 한나래.

_____. 2012. 「페미니즘 영화 이론」. 『영화 사전: 이론과 비평』(개정판). 이영기 외 옮김. 한나래.
홍소인. 2012. 「5장 영화와 여성」. 김이석·김성욱 외. 『영화와 사회』. 한나래.

20 페미니즘 영화 이론의 대중화

앞서 살펴보았듯이 페미니즘 영화 이론가 로라 멀비는 영화가 근본적으로 남성적 시선으로 이루어져 있다고 말했다. 남성 캐릭터가 여성 캐릭터를 바라볼 때, 관객은 바로 그 남성 캐릭터의 시선으로 여성 캐릭터를 바라본다. 남성이 시선의 능동적인 주체라면, 여성은 시선의 수동적인 객체이다. 그러나 이러한 관점은 많은 비판을 받았다. 만약, 이런 관점을 수용한다면, 영화 속의 여성이나 그 영화를 보는 여성 관객이나 영원히 수동적일 수밖에 없다. 그러나 많은 영화들 속에서 여성은 수동적으로만 존재하지 않는다. 마찬가지로 여성 관객이 언제나 수동적인 것만은 아니다. 우리는 남성적인 시선을 거부하는 영화들을 심심치 않게 찾아볼 수 있다.

가장 흔하게 찾을 수 있는 것은 처음부터 페미니즘을 표방하는 영화들이다. 대체로 이런 영화들은 여성 감독에 의해 연출되는 경우가 많다. 물론, 여성 감독이 연출했다고 해서 언제나 페미니즘 영화인 것은 아니다. 하지만 페미니즘 영화의 걸작으로 추앙받는 영화의 다수가 여성 감독의 영화라는 것은 틀림없는 사실이다. 제인 캠피언Jane Campion 감독의 영화 〈피아노The Piano〉(1993)도 그중 한편이다. 영화에서 말 못하는 여인 에이다홀리 헌터는 피아노를 목숨처럼 사랑한다. 그런 그녀를 가만히 지켜보는 남자는 에이다를 사랑하는 베인즈하비 카이텔이다. 피아노 소리가 들리고 누워 있는 베인즈가 커튼을 걷는다(#1). 관객들은 에이다가 피아노 치는 모습을 베인즈의 시점으로 보기를 기대할지도 모른다. 남성의 시선으로 객체화된 여성의 모습. 그러나 에이다는 이미 떠나고 난 후이다(#2). 더욱 놀라운 것은 베인즈 자신이 시선의 수동적인 대상이 된다는 것이다. 여기서 카메라는 전라가 된 베인즈의 뒷모습을 위 아래로 훑듯이 보여준다(#3). 이처럼 위에서 아래로 훑는 카메라의 움직임은 보통 여배우의 몸을 에로틱하게 보여주는 남성적 시선의 한 방식이었다. 굳이, 남성 캐릭터의 눈을 통해 보지 않더라도 말이다. 그런데 여기에서 시선의 대상이 되는 것은 여성이 아닌 남성이다.

#1

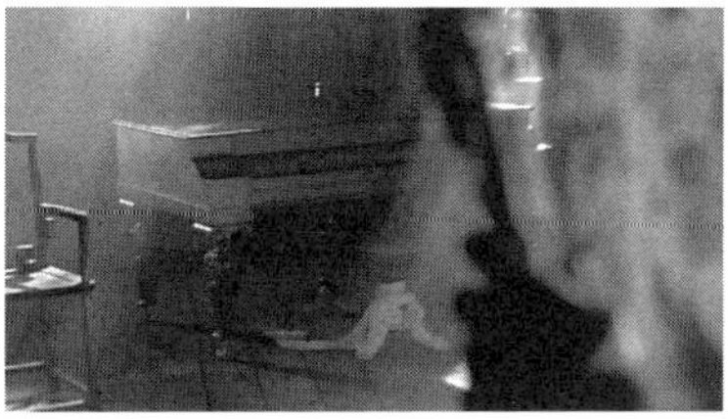
#2

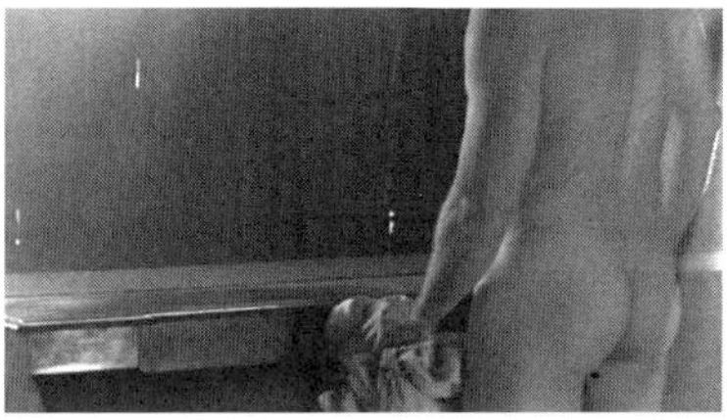
#3

〈피아노〉를 찍은 제인 캠피언 감독이 이렇게 찍은 의도는 명백하다. 여성 캐릭터가 남성 캐릭터의 관음적인 시선을 통해 수동적으로 보이게 되는 것을 피하고 싶었기 때문일 것이다. 그것은 페미니즘을 표방하는 여성 감독의 결연한 의지이기도 하다. 그러나 페미니즘 영화 이론의 주된 관심이 언제나 여성 감독의 영화에만 맞춰져 있는 것은 아니다. 관객들이 영화를 만든 감독의 성별에 따라 영화를 선택하는 것도 아니다. 또한, 관객이 〈피아노〉에서 제인 캠피언 감독이 의도했던 카메라의 시선을 언제나 의식하면서 보는 것도 아니다. 소위 '시선의 정치학'에 대한 이러한 논쟁은 일반 대중들과는 거리가 먼 이론가들만의 고담준론일 수도 있다.

여성을 성적 대상으로 위치시키는 카메라의 남성적 시선을 문제 삼았던 로라 멀비는 그러한 시선을 해체하기 위해 〈스핑크스의 수수께끼The Riddles of the Sphinx〉(1977)같은 아방가르드 영화를 연출하기도 했다. 그녀는 할리우드를 비롯한 주류 상업 영화는 남성적 시선에 너무 오염되어 있으며, 그것을 생산하는 산업적 시스템 자체가 가부장적이어서 어떤 희망도 발견할 수 없다고 주장했다. 그러나 문제는 그녀가 연출한 아방가르드 영화 역시 대다수의 (여성) 관객들에게 환영받지 못했다는 것이다. 너무 난해한 것은 차치하고, 상업적인 배급망을 거부했기 때문에 관객이 쉽게 접근하기조차 어려웠다. 이것은 정치적인 문제가 대중성과 어떻게 만나야 하는지에 대한 질문이다. 멀비는 대중영화의 시각적 쾌락이 남성적 지배를 공고히 한다는 자신의 주장을 관철하기 위해 시각적 쾌락 자체를 거부하고 해체했다. 그러나 이러한 전략은 소수의 지적이고 선진적인 페미니스트들의 호응을 얻을 수 있을지언정 다수의 여성 관객을 소외시키는 것이었다.

제인 게인즈Jane Gaines는 1970년대 중반 이후 멀비를 중심으로 제기된 페미니즘 영화 이론이 지나치게 대중영화를 도외시함으로써 스스로 게토ghetto화되었다고 주장했다. 그러면서 주류 영화의 형식을 전복하는 것보다는 대중영화의 전복적인 측면을 발견하며, 거기에서 여성적 쾌락을 추구하는 방향으로 나아가야 한다고 말했다(게인즈, 1993). 재키 스테이시 Jackie Stacey 역시 영화 〈수잔을 찾아서Desperately Seeking Susan〉(1985)를 예로 들면서, 한 여성(마돈나가 연기하는 자유분방한 수잔)을 훔쳐보며 그녀를 동경하는 여주인공(로잔나 아퀘트가 연기하는 소심한 로버타)과의 동일시를 통해 여성 관객도 남성적 시선에 포획되지 않은 시각적 쾌락을 즐길 수 있다고 주장했다(스테이시, 1993: 227). 이렇게 대중영화에 대한 페미니즘 비평·이론가들의 개입은 페미니즘 영화 이론의 새로운 국면을 야기했다. 관객들 역시 영화 매체의 형식적인 면보다는 내용적인 면에서 여성 캐릭터가 얼마나 능동적이고 주체적인지에 더 관심이 있을지 모른다. 〈델마와 루이스Thelma & Louise〉(1991)는 그런 점에서 보다 대중화된 페미니즘 영화 이론에 논쟁을 가져온 영화였다.

델마는 전업주부이고 루이스는 웨이트리스이다. 둘은 모처럼 둘만의 여행을 계획한다. 그러나 순종적인 아내 델마는 남편에게 얘기조차 꺼내지 못한다. 델마의 남편은 권위적이고 억압적이다. 겨우 떠난 여행에서도 우여곡절은 끊이지 않는다. 우연히 춤을 함께 추었던 남자가 델마를 성폭행하려고 한다. 이를 본 루이스가 권총으로 남자를 제압한다. 그러나 남자는 그녀들을 성적인 폭언으로 모욕하고 루이스는 격분하여 순간적으로 권총을 발사한다. 남자는 죽고 만다. 이때부터 그녀들은 미국 전역으로 도망 다니기 시작한다. 이판사판으로 상점을 털기도 한다. 그러나 그녀들은 일상에서 누리지 못한 묘한 해방감을 느낀다. 하지만 경찰이 그녀들을 내버려 둘 리가 없다. 말 그대로 벼랑 끝까지 몰린 델마와 루이스는 벼랑으로 자동차를 몰고 가는 극단적인 선택을 한다. 페니미즘 이론가들은 이 영화를 놓고 양 진영으로 갈라졌다. 한편에서는 이 영화가 대중영화로서는 보기 드물게 능동적이고 주체적인 여성을 그렸다고 높이 평가했다. 그러나 또 한편에서는 이 영화 속에 등장하는 두 여성은 호전적이고 폭력적인 남성상을 그대로 여성에 옮긴 것에 불과하다고 비판했다. 이러한 설정은 단지 여성이 남성을 거울 이미지로 복제한 것으로서, 남성=폭력·능동 대 여성=순종·수동이라는 이항 대립을 오히려 강화하고 있다는 것이다.

이러한 인식은 1980~1990년대 할리우드 영화에서 강건하게 재현되는 여성에 대한 시각차에서도 드러난다. 몇몇 비평가들은 〈에일리언 2 Aliens〉(1986)나 〈터미네이터 2 Terminator 2: Judgment Day〉(1991)에서 각각 시거니 위버 Sigourney Weaver와 린다 해밀턴 Linda Hamilton이 연기하는 여전사 역할을 높이 평가했지만, 일각에서는 이들이 남성화한 하드 바디 hard body 여성에 불과하다고 비판했다. 또한, 여전사일 때조차도 그들은 가부장제에 의해 여성의 숭고한 가치로 여겨지는 모성 본능과 연결되는 한계를 드러낸다고 지적 되었다(월터스, 1999: 177~178). 〈에일리언 2〉에서 시거니 위버는 고아나 다름없는 어린 소녀를 보호해야 하는 '어머니' 역할을 맡으며, 〈터미네이터 2〉에서 린다 해밀턴 역시 미래의 인류를 구원하게 될 아들의 죽음을 막기 위해 강한 어머니가 된다.

페미니즘 영화 이론은 영화 이론의 역사에서 지대한 공헌을 했다. 영화에서 여성을 어떻게 재현하느냐의 문제에서 시작해, 카메라-남성 캐릭터-관객으로 이어지는 시선의 권력, 더 나아가 진정한 페미니즘 영화는 무엇인가 하는 문제까지 시간이 흐르면서 페미니즘 영화 이론은 다변화되었다. 그러나 페미니즘의 한 귀퉁이에서는 또 다른 목소리가 나오기 시작했다. 그 목소리의 주인공들은 이를테면, 〈델마와 루이스〉를 여성들 간의 우정을 넘어 여성들 간의 사랑, 즉 동성애로 해석하기도 했다. 그들은 영화사 속에 숨겨진 동성애 코드들을 찾아내어 자신들만의 영화사를 다시 썼다. 더 나아가 명시적으로 동성애를 표방하는 영화들을 만들기도 했다. 다음 2강에 걸쳐 성 소수자의 관점으로 영화를 설명하는 퀴어 이론을 살펴본다.

더 읽을거리

레만, 피터·윌리엄 루어. 2009. 「12장 젠더와 섹슈얼리티」. 『영화에 대해 생각하기』. 이형식 옮김. 명인문화사.

유지나·변재란 엮음. 1993. 『페미니즘·영화·여성』. 여성사.

테일러, 리사. 1999. 「7장 정신분석학적 페미니즘에서 대중적 페미니즘까지」. 조안 홀로우즈·마크 얀코비치 엮음. 『왜 대중영화인가』. 문재철 옮김. 한울.

헤이워드, 수잔. 2012. 「페미니즘 영화 이론」. 『영화 사전: 이론과 비평』. 이영기 외 옮김. 한나래.

홍소인. 2012. 「5장 영화와 여성」. 김이석·김성욱 외. 『영화와 사회』. 한나래.

21 영화와 LGBT

최근에는 동성애를 소재로 한 영화가 많이 나오고 있지만, 동서양을 막론하고 동성애는 오랫동안 금기시되어 온 소재였다. 영화 속에서 동성애는 부정적인 것으로 취급받았다. 게이를 과장된 여성스러움으로 묘사하거나, 변태적인 사이코패스로 자주 등장시키거나, 레즈비언을 무조건 거친 남자 같은 여자로 재현하는 것 등이다. 이렇게 캐릭터가 주어진 틀 내에서 천편일률적으로 재현되는 것을 정형定刑, 영어로는 스테레오타입 stereotype 이라 부른다.

영화 이론가이자 그 자신이 동성애자이기도 한 리처드 다이어 Richard Dyer 는 "동성애에 대한 한 가지 주요한 사실은 그것이 보이지 않는다는 점"이라고 이야기했다(다이어, 1999: 198). 성性이나 인종과는 달리 동성애를 생물학적으로 식별할 수 있는 외관상의 특징은 없다는 것이다. 바로 그렇기 때문에 영화는 동성애를 묘사할 때 정형화된 틀에 손쉽게 의존하는 것이다. 할리우드 영화에서 이러한 전형 stereotype 은 대충 이런 식이다. '계집애' 같은 남자 sissy, 슬픈 청년 sad young man, 게이 사이코패스 gay psychopath, 유혹적인 양성구유자 seductive androgyne, 비정상적인 여자 unnatural woman, 레즈비언 뱀파이어 lesbian vampire 등이다(스멜릭, 2004: 165).* 예를 들어 여자 같은 남자는 게이의 전형적인 표상이다. 영화 〈왕의 남자〉(2005)에서 광대 공길 이준기 은 대표적인 경우이다. 한편, 레즈비언은 대체로 남자 같은 여자

---

* 원어에 입각하여 약간 다르게 번역.

로 묘사한다. 영화 〈소년은 울지 않는다Boys Don't Cry〉(1999)가 대표적인 경우이다. 그러나 이 영화의 주인공은 엄밀히 말해 레즈비언이 아니다. 그녀는 자신의 생물학적 성을 부정하고 스스로를 남자라고 생각하는 트랜스젠더이다. 그에 비해 레즈비언은 자신이 여성이라는 것을 부정하지 않으면서도 여성을 사랑하는 사람이다. 그러나 상당수의 사람들은 이런 것을 구별하려고 하지 않는다. 왜냐하면 이 쪽이든 저 쪽이든 다 정상적이지 않다고 치부해버리기 때문이다. 더 나아가 이러한 전형은 규범적이다. 동성애를 다루는 다수의 영화들은 여성적인 남성 동성애자queen와 남성적인 여성 동성애자dyke를 '진짜' 남자 혹은 여자가 되지 못한 것으로 재현한다(스멜릭, 2004: 165). 그러나 남성 동성애자가 여성적일 것이라는 가정, 혹은 여성 동성애자가 남성적일 것이라는 가정은 그 자체로 이성애적 규범을 내포한다. 마찬가지로, 동성애 관계에서조차 남성 역할top/butch과 여성 역할bottom/femme이 따로 있을 것이라는 가정 역시 이성애적 편견을 드러내는 것이다.

우리가 사랑했던 수많은 고전 할리우드의 스타들이 동성애자였거나 양성애자였다는 사실을 알면 많은 이들이 깜짝 놀랄 것이다. 록 허드슨Rock Hudson은 1950년대 멜로드라마에서 로맨틱한 남자 주인공 역을 독차지했던 배우였다. 건장하고 남성적인 매력의 그가 게이였다는 사실은 그가 AIDS로 죽음을 앞둔 1980년대 중반에야 널리 알려졌다. 그의 팬들은 충격에 휩싸였었다. 아마도, 제임스 딘James Dean을 모르는 사람은 없을 것이다. 24세의 나이에 자동차 사고로 세상을 떠나 영원한 청춘의 신화가 된 그이지만, 그가 양성애자였다는 사실을 아는 사람은 그리 많지 않을 것이다. 이 두 배우가 살았던 시대에 자신의 성 정체성을 공개적으로 알리는, 이른바 커밍아웃은 흔한 일이 아니었다. 다이어의 표현을 빌리자면 그들은 보이지 않았기 때문에 알려지지 않은 것이다. 그러나 시대는 바뀌었고 오늘날 많은 배우들이 자신의 성 정체성을 숨김없이 드러낸다. 〈반지의 제왕The Lord of the Rings〉 시리즈의 마법사 간달프로 잘 알려진 이언 맥켈런Ian McKellen은 커밍아웃 차원을 넘어 동성애자의 권익을 위해 활동하는 게이 운동가이기도 하다. 2013년 골든 글로브 시상식에서는 여배우 조디 포스터Jodie Foster가 레즈비언임을 스스로 밝히기도 했다.

게이와 레즈비언, 양성애자, 트랜스젠더 등을 통칭해서 가리키는 말이 있다. 바로 LGBT라는 말이다. L은 레즈비언lesbian, G는 게이gay, B는 양성애자bisexual, T는 트랜스젠더transgender/트랜스섹슈얼transsexual을 가리킨다. 근래에는 여기에 더해 자신의 성 정체성을 결정하지 않았거나 모호한 채로 두는 Qquestioning와 있을 수 있는 여타의 가능성을 가리키는 플러스+를 추가해 LGBTQ+로 칭하기도 한다. 한편 이들이 표방하는 문화정치학으로서 퀴어queer라는 말이 있다. 이 말의 사전적인 의미는 별로 긍정적이지 않다. 기묘하고 괴상하다는 뜻이다. 애초에 이 말은 이성애자들이 동성애자들을 경멸하고 조롱하는 단어였다. 그러나 동성애 운동가들과 이론가들은 조롱의 의미로 쓰였던 이 단어를 대담하게도 스스로 선택했다. 그들은 자신들을 퀴어라고 부르면서 오히려 이 단어를 동성애자로서의 긍지와 자부심을 가리키는 말로 바꿔 놓았다(스터르큰·카트라이트, 2006: 52).* 영화 이론에서 퀴어 이론가들이 하는 역할도 바로 그런 것이다. 그들은 영화사에서 동성애가 어떻게 재현되어왔는지를 비판적으로

---

* 이렇게 경멸적으로 사용되는 용어를 정반대로 활용하는 것을 약호 전환(trans-coding)이라 부른다. 1960년대 흑인 민권운동에서 '검은 것이 아름답다(Black is beautiful)'는 슬로건 역시 이러한 약호 전환의 한 예이다.

검토하면서, 또 한편으로는 명시적으로 동성애를 표방하지 않지만 동성애적으로 읽을 수 있는 영화들도 발굴해냈다.

남성들끼리의 끈끈한 유대가 중요하게 작용하는 전쟁·군사 영화는 남성 동성애로 읽을 수 있는 대표적인 장르이다. 연약하고 나약한 것을 멸시하는 전쟁영화 속 남성 군인들의 속성은 거침없이 여성 혐오를 드러낸다. 전투 능력이 떨어지고 허약한 군인은 '계집애'라는 놀림을 받는다. 또한 이들이 전투 속에서 생과 사를 넘나드는 전우애를 나누는 것은 남자들끼리의 정신적 교감으로 표출된다. 그러나 단지 정신적인 것만은 아니다. 그들은 종종 웃통을 벗고 격렬한 스포츠 활동 등을 즐기는데, 이것이 성애적 볼거리로 전시된다. 톰 크루즈Tom Cruise를 세계적인 스타로 발돋움하게 해 준 〈탑 건Top Gun〉(1986)에서 공군 조종사들끼리 배구를 하는 장면은 대표적이다. 허리까지 옷을 벗은 남자들이 햇볕 아래 뛰어다니고, 상체는 땀범벅이 되어 번득이며, 록 음악으로 편곡된 '소년들과의 놀이Playing with the Boys'라는 노래가 흘러나온다. 조종사들 간의 동성애적 분위기는 조종사들이 함께 있는 어떤 곳에서든 감지된다(버스턴, 1999: 125).

마찬가지로 여성들만의 공간이 재현되는 영화 역시 동성애적 독해가 가능하다. 피터 잭슨 감독의 초기작 〈천상의 피조물Heavenly Creatures〉(1994)도 그중 한 편이다. 1950년대 뉴질랜드의 한 여학교를 배경으로 한 이 영화는 소설가가 되고 싶어 하는 감수성 풍부한 두 소녀의 우정을 다루고 있다. 검은 머리에 괴짜 기질이 있는 폴린은 영국에서 전학 온 금발머리의 줄리엣케이트 윈슬렛과 금세 친구가 된다. 그러나 어른들은 두 사람의 친밀한 우정을 편견의 시선으로 본다. 이 영화에서 폴린과 줄리엣의 관계는 명백하게 동성애로 묘사되지는 않는다. 예를 들어 동성애적인 장면은 진흙으로 된 사람들이 난교를 하는 환상 장면과 뒤섞이는 식이다. 둘의 관계를 환상과 뒤섞음으로써 모호하게 처리하는 것이다. 바로 이런 점이 퀴어 이론가들의 흥미를 자극하는 지점이다. 둘의 우정은 동성애와는 무관한 것일까? 단지 청소년기에 여학생들이 동성 친구에게 흔히 갖게 되는 호기심일 뿐일까? 환상 장면은 이들의 우정, 더 나아가서는 사랑이 동성애라고 단정 짓지 않으려는 일종의 완충장치일까? 이런 것들이 퀴어 이론가들이 던질 수 있는 질문들이다.

〈천상의 피조물〉이 나왔던 1990년대 초중반은 서구에서 동성애를 명시적으로 표방한 영화, 즉 퀴어 영화라는 용어가 정착되는 시기이기도 했다. 독립영화뿐 아니라 상업적인 대중영화에서도 동성애는 점점 낯설지 않은 것으로 다가왔다. 스스로 동성애자임을 떳떳하게 밝히고 퀴어 영화를 연출하는 영화감독들도 날이 갈수록 증가했다. 구스 반 산트Gus Van Sant, 브라이언 싱어Bryan Singer, 토드 헤인스Todd Haynes, 페드로 알모도바르Pedro Almodovar 등이 대표적인 경우이다. 물론, 그들이 언제나 퀴어 영화만을 연출한 것은 아니지만 이런 감독들의 헌신적인 노력 속에서 동성애는 더 이상 금기시되지 않았다.

더 읽을거리

도티, 알렉산더. 2004. 「1부 15장 동성애 이론」. 존 힐·파멜라 처치 깁슨 엮음. 『세계영화연구』. 안정효 외 옮김. 현암사.
스멜릭, 아네크. 2004. 「1부 14장 동성애 비평」. 존 힐·파멜라 처치 깁슨 엮음. 『세계영화연구』. 안정효 외 옮김. 현암사.
스탬, 로버트. 2012. 「퀴어 이론의 커밍아웃」. 『영화이론』. 김병철 옮김. K-books.
해머, 바바라 외. 1999. 『호모 펑크 이반: 레즈비언, 게이, 퀴어 영화비평의 이해』. 주진숙 외 편역. 큰사람.

22 성 소수자의 목소리

1980년대에 영화 이론에서 페미니즘은 거스를 수 없는 큰 흐름으로 자리 잡았다. 그러나 페미니즘 내에서도 이성애적 페미니즘과 레즈비언 페미니즘은 서로 다른 목소리를 냈다. 레즈비언 페미니스트들은 이성애적 페미니즘이 성 역할과 젠더 불평등에만 초점을 맞춤으로써 섹슈얼리티의 문제를 소홀히 취급했다고 비판했다. "1980년대에 들어서 영화 이론이 백인 중심이고 유럽인 중심인 것처럼 이성애 중심이라는" 비판이 제기되었다. 어떤 이들은 "정신분석학/페미니즘 이론은 배타적으로 성적인 차이에만 관심을 기울인 나머지 '타자들'에 대해 이야기하면서도 그 스스로 게이와 레즈비언을 타자화시켰다"고 주장했다(스탬, 2012: 306). 이와 같이 1980년대 영화 이론의 이성애 중심성에 경종을 울리기라도 하듯, 1990년대 초반에 동성애 소재를 전면에 내건 비주류 영화들이 쏟아지기 시작했다.

이들 영화들은 선댄스 영화제와 토론토 영화제 등 주로 독립·예술영화를 상영하는 영화제에서 많이 등장했다. 1991년 토론토 영화제는 그동안 나왔던 동성애 이미지의 역사적 흐름을 진단하고 돌아보는 대대적인 기획전을 마련했다. 동성애를 주요 소재로 하는 영화를 가리키는 퀴어 영화queer cinema라는 용어 역시 이때 처음 등장했다(헤이워드, 2012: 564). 동성애를 암시적으로 드러내는 영화와는 달리 퀴어 영화는 동성애를 명시적이고 보다 직접적으로 드러내는 영화를 말한다. 퀴어 영화는 소수자 문화의 특성상 주로 독립 영화 진영에서 제작되어왔지만 최근에는 주류 영화에서도 적지 않은 제작이 이루어지고 있다.

아마도 퀴어 영화 중에서 상업적으로, 또 비평적으로 가장 큰 성공을 거둔 영화는 〈브로크백 마운틴Brokeback Mountain〉(2005)일 것이다. 이 영화는 보수적인 영화를 선호하는 아카데미상에서 감독상, 각색상, 작곡상을 수상함으로써 주류에서도 인정하는 퀴어 영화가 되었다. 에니스히스 레저와 잭제이크 질런홀은 여름 한 철을 양떼 방목장에서 같이 일하게 된다. 둘은 마치 오랜 친구처럼 가까워지고 서로에게 마음을 터놓는 사이가 된다. 둘의 감정은 단순히 남자들끼리의 우정 그 이상의 감정으로 발전한다. 그러나 두 사람은 각자 결혼을 하고 가정을 꾸린다. 하지만 4년이 지나 두 사람은 다시 만나고 이전의 감정이 결코 일시적이 아니었음을 깨닫게 된다. 둘은 겉으로는 이성애자의 삶을 살지만 동성 간의 애틋한 사랑을 간직한 채 20년 세월을 살아간다. 이 영화가 전 세계적으로 큰 성공을 거둘 수 있었던 이유는 무엇보다도 동성애를 진솔하고 공감 가도록 그렸기 때문이다. 과장되지 않고 온건하고 담담하게 동성애를 묘사한 것이 주요하게 작용했다. 그러나 바로 그렇기 때문에 〈브로크백 마운틴〉은 논쟁의 대상이 되었다. 급진적인 퀴어 영화를 옹호하는 비평가들에게 이 영화는 주류 할리우드 영화의 형식에 굴복하는 영화였기 때문이다. 그들은 퀴어 영화가 "주류 밖에서 주류에 대해 끊임없이 필요한 도전을 제공해야" 하며, "퀴어 영화가 주류 관객에게 거부감을 준다면 그것이 바로 퀴어 영화가 해야 할 일"이라고 말한다. 왜냐하면 "'퀴어'는 정의상으로 뭔가 괴상한 것, 뭔가 이상하고 정상적이지 않은 것이며, 정상화하려는 어떤 시도라도 거부하기에 더욱 더 전복적인 것"이기 때문이다(러시턴·베틴슨, 2013: 147). 이러한 쟁점은 퀴어 영화가 표방하는 정치와 대중성의 관계를 사고하게 만든다.

대중들의 공감을 얻기 위해서 성 소수자는 늘 온건하게 재현되어야 할까? 역시 대중적으로 큰 성공을 얻은 영화 〈헤드윅Hedwig and the Angry Inch〉(2000)은 꼭 그렇지만은 않다고 이야기한다. 이 영화는 구동독 시절, 미국 대중음악에 열광하는 한 트랜스젠더 청년 헤드윅의 이야기를 다룬다. 유달리 여성적인 이 청년은 어떤 미국 군인이 성전환 수술을 조건으로 청혼을 해 오자 이를 수락한다. 무엇보다 그는 미국에 가고 싶었기 때문이다. 그러나 싸구려 수술의 실패로 그는 성전환자가 되지 못한다. 영화는 과장되게 여장을 하고 노래하는 헤드윅의 모습을 자주 보여준다. 이렇게 여성성을 과장되게 재현하는 성 소수자의 문화를 캠프camp라고 부르고 그 문화의 감수성을 캠프 감수성camp sensibility이라 한다. 레즈비언보다는 게이나 트랜스젠더 남성에게서 자주 찾아볼 수 있는데, 특히 여성 복장을 한 남성들을 드래그 퀸drag queen이라 칭한다. 퀴어 이론가들은 캠프 감수성이 갖고 있는 성적인 모호성과 이질성을 높이 평가한다(스멜릭, 2004: 171). 위에서 말했듯이 그것은 이성애적인 편견으로 가득 찬 주류 문화를 통렬하게 거스르는 전복적인 힘을 갖고 있기 때문이다.

캠프 감수성이 전복적인 이유는 주류적인 이성애 문화가 강제하는 규범을 거스르기 때문이다. 즉, 주류 문화는 남성성과 여성성을 고정되어 변하지 않는 가치로 여긴다. 이에 비해 캠프 감수성은 남성성과 여성성의 경계를 모호하게 하여 전통적인 젠더의 규범과 가치를 조롱한다. 표현 수위가 높고 도발적이기 때문에 캠프 감수성은 〈브로크백 마운틴〉 같은 주류 영화보다는 〈헤드윅〉 같은 독립영화 쪽에서 더 많이 나타난다. 한국 영화에서는 아직 캠프 감수성을 직접적으로 드러낸 영화가 드물다. 아무래도 서구보다 그러한 문화 자체가 보편적이지 않을뿐더러 아직은 그런 문화를 불편하게 생각하는 사람들이 많기 때문일 것이다. 하지만 한국 독립영화 진영에서 6년의 기간을 두고 나온 두 편의 영화는 한국의 퀴어 영화가 어떻게 발전해왔는지를 살펴볼 수 있는 잣대이다.

2006년에 제작된 〈후회하지 않아〉는 시골에서 상경하여 공장에 다니면서 대학 갈 꿈을 꾸는 게이 청년 수민이영훈의 이야기를 다루고 있다. 그는 우연히 회사 부사장의 아들 재민김남길의 차를 대리 운전해주게 된다. 재민 역시 게이로서 수민에게 큰 관심을 보인다. 수민은 정리해고를 당한 후 게이 호스트바에서 일하게 된다. 처음에 재민을 거부했던 수민은 결국 재민을 받아들이게 된다. 그러나 수민은 계급적인 차이로 인해 재민에게 배신의 수모를 맛보아야 한다. 영화는 마치 1970년대 한국의 대표적인 흥행 장르였던 호스티스 멜로드라마를 연상시킨다. 시골서 상경하여 공장에서 일하다가 호스티스가 되는 슬픈 여주인공들의 이야기는 이 시기 한국 영화의 단골 소재였다. 〈후회하지 않아〉에서는 여주인공이 게이 남성으로 바뀌어 있는 식이다.

이에 비해 2012년에 제작된 〈두 번의 결혼식과 한 번의 장례식〉은 보다 밝고 경쾌한 로맨틱 코미디의 형식을 취하고 있다. 물론, 이 영화가 로맨틱 코미디의 밝은 점만 보여주지는 않는다. 우리 사회가 갖고 있는 동성애 혐오증도 여실히 드러낸다. 그러나 〈후회하지 않아〉를 비롯한 기존의 한국 퀴어 영화가 주로 어두운 결말로 끝나는 데 반해 이 영화는 과감하게 해피엔딩을 선택한다. 게이 커플과 레즈비언 커플이 모두 결혼에 골인하는 것이다. 이는 물론 로맨틱 코미디의 공식을 충실히 지킨 것이기도 하다. 다만 전통적인 로맨틱 코미디에서 결혼으로 마무리되는 해피엔딩이 이성애 중심주의를 은연중에 강조한다면 이 영화에서는 동성애 커플의 결혼을 가능한 현실로 그린다. 이것이 비록 동성애 문제에 여전히 보수적인 한국 현실에서 판타지에 불과하다 할지라도, 최근 같은 동양

문화권인 대만의 동성 결혼 합법화처럼 멀지 않은 현실일 수도 있다는 희망을 내포한다.

영화 비평가이자 그 자신이 게이이기도 했던 로빈 우드는 「게이 영화 비평가의 책임Responsibilities of a Gay Film Critic」이라는 글에서 "어떤 이론도 진공 속에서 존재하거나 불변의 진리로 존재하지는 않는다"고 말했다. 그리고 "모든 이론은 특정 문화 안에서 특정한 사람들이 느끼는 필요의 산물이며 그 맥락에서만 제대로 이해될 수 있다"고 덧붙였다(우드, 1999: 28). 이 말을 이렇게 정리해볼 수 있을 것이다. '퀴어 영화를 제대로 이해하기 위해서는 성 수소자의 문화를 제대로 알아야 한다.' 로빈 우드가 이 글을 썼던 시점은 오랫동안 이성애자로 위장하며 살아왔던 자신의 삶을 되돌아보고 이제 당당하게 커밍아웃한 시점이었다. 그는 게이임을 드러내면 안 된다는 자기 억압이 자신의 글을 진실하지 못하게 만들었다고 반성했다. 2009년 78세로 세상을 떠난 그는 죽기 2년 전인 2007년 〈브로크백 마운틴〉에 대해, 20년 전이라면 끔찍하게 대했을 영화를, 그것도 두 남성의 '맛깔스러운 키스'와 '격렬하고 열정적인 항문 성교'를 보여주는 영화를 다양한 출신 성분의 관객들이 거의 보편적인 열정으로 수용하고 있다며 찬사를 아끼지 않았다(러시턴·베틴슨, 2013: 150). 〈브로크백 마운틴〉이 주류 영화의 보수적 형식에 타협한 영화든 아니든 간에, 이 영화가 다수의 대중들에게 긍정적으로 수용되었다는 것은 그만큼 성 소수자 소재 영화를 둘러싼 세상의 편견이 조금씩 허물어져왔다는 것이리라. 노년의 게이 영화 비평가를 감격시킨 것도 영화 자체보다 변화한 세상에 대한 격세지감이었을 것이다. 다음 강의에서는 인종과 민족성으로 인해 차별받는 또 다른 소수자들을 만나본다.

더 읽을거리

도티, 알렉산더. 2004. 「1부 15장 동성애 이론」. 존 힐·파멜라 처치 깁슨 엮음. 『세계영화연구』. 안정효 외 옮김. 현암사.

스멜릭, 아네크. 2004. 「1부 14장 동성애 비평」. 존 힐·파멜라 처치 깁슨 엮음. 『세계영화연구』. 안정효 외 옮김. 현암사.

스탬, 로버트. 2012. 「퀴어 이론의 커밍아웃」. 『영화이론』. 김병철 옮김. K-books.

해머, 바바라 외. 1999. 『호모 펑크 이반: 레즈비언, 게이, 퀴어 영화비평의 이해』. 주진숙 외 편역. 큰사람.

헤이워드, 수잔. 2012. 「퀴어 시네마」. 『영화 사전: 이론과 비평』(개정판). 이영기 외 옮김. 한나래.

23 영화 속의 인종과 민족성

영화에는 다양한 인종과 민족이 등장한다. 그러나 영화 이론에서 인종과 민족, 특히 소수민족에 대해 관심을 기울인 것은 그리 오래지 않다. 로버트 스탬은 서구의 영화 이론이 20세기의 거의 대부분 동안 인종 문제를 간과해왔다고 말했다(스탬, 2012: 316). 서구의 백인들은 인종을 이야기할 때 백인을 떠올리기보다는 흑인이나 아시아인들을 떠올릴 것이다. 이것은 그들이 만들어낸 유색 인종이라는 말에도 녹아 들어가 있다. 그들이 보기에 흰색은 색깔이 아니다. 그렇기 때문에 흰색은 다른 인종들이 유색이라고 정의되어야 하는 보이지 않는 기준이 된 것이다(레만·루어, 2009: 380).

1960년대 이전까지 할리우드 영화에서 흑인들이 주인공인 경우는 거의 없었다. 그들은 순종적인 하인이거나, 떠들썩하고 수다스러운 익살꾼, 억척스러운 유모, 아니면 백인 여성에게 성적인 위협을 가하는 야수적인 남성들이었다. 미국 영화 속 흑인 이미지의 전형stereotype을 연구한 도널드 보글Donald Bogle은 할리우드가 흑인 배우들에게 부여한 역할이 불평등에 기초하고 있음을 강조했다(스탬, 2012: 318). 〈바람과 함께 사라지다Gone with the Wind〉(1939)에서 억척스러운 흑인 유모를 연기한 하티 맥대니얼Hattie McDaniel은 이 영화로 아카데미 여우조연상을 수상했다. 그것은 배우와 스태프를 통틀어 흑인에게 주어진 최초의 아카데미상이었다. 그러나 그녀는 이 영화의 시사회에도 참석하지 못했다고 한다. 흑인의 출입이 금지되어 있었기 때문이다. 유색 인종에 대한 제도적인 규제는 이보다 더 노골적이었다. 1960년대 후반까지 미국 영화에서 민간 검열 역할을 했던 헤이스 코드Hays Code는 다른 인종 간의 결혼을 다루는 것을 금지했다. 비공식적인 관행 역시 비일비재했다. 굴지의 영화사 MGM의 사장 루이스 B. 메이어Louis B. Mayer는 공공연한 인종 차별주의자여서 흑인들은 오직 구두닦이나 짐꾼으로만 보여야 한다고 강제했다(스탬, 2012: 318).

1960년대 흑인 민권운동이 사회적인 주목을 받자 흑인들도 영화에서 주요 인물로 등장했다. 이 시기에 가장 주목받은 흑인 배우는 시드니 포이티어Sidney Poitier였다. 그는 교양 있고 품위 있는 흑인 역할을 주로 하면서 흑인 배우의 위상을 높였다. 그는 오늘날 지적인 이미지의 흑인 배우로 유명한 덴절 워싱턴Denzel Washington의 직속 선배 격이다. 그러나 부정적이고 열등한 이미지가 단지 긍정적이고 고상한 이미지로 바뀐다고 해서 문제가 해결되는 것은 아니다. 시드니 포이티어는 백인이 지배하는 주류 문화에 순응적으로 편입된 흑인일 뿐이라는 비판을 피하기 어려웠다. 그가 할리우드의 주류로 부상한 것 역시 백인 관객이 보기에 위협적이지 않고 온건해 보이는 흑인이었기 때문이라는 것이다.

인종이라는 개념은 피부색이라는 선천적이고 생물학적인 특성으로 단순화하는 경향이 있다. 백인과 유색 인종으로 이분화하는 것이 대표적이다. 그래서 최근의 영화 이론과 문화연구에서는 인종이라는 개념보다는 민족성ethnicity이라는 개념을 더 선호한다. 민족성은 문화, 언어, 국가적 기원에 바탕을 둔, 보다 인류학적인 분류의 수단이다(위그먼, 2004: 193). 그래서 미국의 흑인을 가리키는 말도 점차 아프리카계 미국인African-American이라는 말로 바뀌어가고 있다. 우리가 인디언이라고 불렀던 소수 민족도 그렇다. 원래 인디언이라는 말은 북미 대륙에 상륙한 서구인들이 그 대륙에 사는 원주민을 인도인으로 착각해서 붙인 말이다. 따라서 인디언이라는 말보다는 북미 원주민native American이라고 하는 것이 더 올바른 표현이다. 북미 원주민에 관해서는 웨스턴 영화를 빼놓을 수가 없다.

웨스턴 영화에서 북미 원주민은 공격적이고 야만적인 사람들로 묘사되어왔다. 말을 타고 이상한 소리를 내며 백인들을 습격하는 것은 웨스턴 영화에서 흔히 볼 수 있는 장면이다. 그나마 웨스턴 영화에서 북미 원주민이 비중 있는 캐릭터로 등장한 것은 1950년대 이후였다. 그러나 북미 원주민이 비중 있는 캐릭터를 맡게 될 때 백인 배우가 원주민 분장을 하는 경우는 아주 흔한 일이었다. 그들은 원주민 부족끼리 이야기할 때에도 자신의 부족 언어가 아니라 영어를 사용했다. 영어권 관객들의 편의를 위해서이다. 1990년에 제작된 〈늑대와 춤을Dances with Wolves〉(1990)에서는 북미 원주민들이 백인들의 폭력에 의해 희생되는 사람들로 나온다. 전통적인 웨스턴 영화의 시각을 역전시킨 전형적인 수정주의 웨스턴 영화이다. 백인인 던바 중위케빈 코스트너와 원주민들이 대화하는 장면에서도 영어가 아닌 원주민 부족의 언어를 사용한다. 수정주의 웨스턴에 자주 등장하는 정형화된 캐릭터가 있다. 고결한 영혼을 가진 원주민 부족의 어른이 그것이다. 그들은 연륜과 위엄을 갖춘 매우 특별한 사람이다. 이러한 긍정적인 이미지가 부정적인 이미지보다 나은 것은 확실하다. 그러나 이것 역시 하나의 정형화된 틀, 즉 스테레오타입일 뿐이다. 영화학자 존 벨튼John Belton은 미국 영화에서 북미 원주민이 호전적이고 야만적으로 그려지지 않으면, 고결한 정신을 가진 영적인 존재로 그려진다고 말했다(벨튼, 2003: 255~256).

미국 영화가 그리는 라틴계 소수민족에 대한 묘사도 전형에 의존하고 있다. 전형적인 라틴계 남성들은 대체로 다혈질적이며 폭력적이다. 노상강도, 마약사범, 투우사 등이 대표적이며 이들은 대체로 여성들을 업신여기며 강한 남성성과 폭력성을 드러낸다. 거친 태도를 보이며 남자다움을 과시하는 이런 태도를 마치스모machismo라고 하는데, 라틴계 남성으로 가장 잘 대변된다. 라틴계 여성은 이국적이고 정열적인 섹슈얼리티로 표상된다. 탱고나 플라멩코, 살사 같은 정열적인 춤은 영화 속 라틴계 여성의 상징과도 같다. 때때로 이들은 백인 남자 주인공을 치명적인 어둠 속으로 밀어 넣는다.

#1

하지만 할리우드 영화가 아시아인을 어떻게 재현해왔는지를 따져 보면 흑인이나 북미 원주민은 그나마 나은 편이다. 영어의 비속어에 칭크chink라는 말이 있는데, 이는 서양인에 비해 길고 가는 눈을 가진 동아시아인을 경멸적으로 부르는 말이다. '찢어진 눈' 쯤으로 해석할 수 있다. 영화 〈티파니에서 아침을Breakfast at Tiffany's〉(1961)에 등장하는 일본인이야말로 그 전형이라 할 수 있다(#1). 영화 시작부터 그는 허둥대며 이리저리 부딪히고 소리치는 괴팍한 일본인으로 등장한다. 이 일본인을 연기한 배우 역시 아시아인이 아니다. 그는 1920년대부터 아역 배우로 경력을 다진 미키 루니Mickey Rooney라는 배우다. 이렇게 백인 배우가 아시아인으로 분장하고 연기하는 것을 '옐로우페이스Yellowface'라고 부른다. 분장하지 않은 루니(#2)와 비교해 보아도 이 영화가 얼마나 아시아인을 희화화하고 있는지 알 수 있다.

#2

흑인, 북미 원주민, 아시아인, 더 나아가 유대인, 히스패닉 등 어떤 소수민족이라도 부정적으로 그려지는 것 자체가 나쁜 것은 아니다. 모든 인종과 민족에는 선한 사람이 있듯이 악한 사람도 있는 것이다. 교양 있는 사람이 있는가 하면 거칠고 무례한 사람도 있다. 익살스러운 사람이 있는가 하면, 점잖은 사람도 있다. 바로 그것이 성납이다. 할리우드 영화에서 백인들은 이 모든 캐릭터들을 다 연기한다. 백인이 언제나 선하게만 나오지는 않는다. 그러나 영화에 나오는 백인 캐릭터들이 그토록 다양하기 때문에 백인 인종 자체가 어떤 하나의 정형으로 환원되지 않는다. 북미 원주민이 소리 지르는 야만인으로, 아시아인이 세탁소 주인으로, 흑인과 라틴계 사람들이 뒷골목의 마약상으로 나올 수는 있다. 그러나 언제나 그렇게만 나온다면 우리는 실제 그 인종과 소수민족을 그런 식으로만 생각할지도 모른다.

인종·소수민족 이미지의 전형과 왜곡을 비판하는 것은 중요하지만, 지나치게 긍정/부정의 이분법에 매몰되는 것도 문제로 지적될 수 있다. 전형만을 문제 삼는 것은 계급, 젠더, 인종, 국가 등 거대한 사회적 범주가 아니라 개인적인 캐릭터를 대상으로 삼는다는 점에서 개인주의를 전제로 한다. 이것은 거대한 권력의 구도나 사회 구조적 측면보다는 개인적인 도덕성(그 흑인은 착한 사람인가, 악한 사람인가?)만을 문제 삼는 것이다. 전형뿐 아니라 소수민족 문화에 대한 전반적인 무지와 무관심도 언급할 만하다. 한국전쟁 당시 야전병원을 배경으로 한 영화 〈매시MASH〉(1970)에는 베트남 전통 의상과 모자를 쓴 사람들이 엑스트라로 등장한다. 이 영화는 베트남 전쟁이 한창일 때 반전 메시지를 표방한 블랙 코미디로 높이 평가된다. 그러나 그 전통 의상과 모자가 베트남 전쟁에 대한 비판적 은유라기보다 한국에 대한 무지와 무관심에서 비롯한 잘못된 재현이라고 말하는 것은 충분히 합리적이다.

영화에서 어떤 캐릭터로 재현되느냐 하는 문제는 중요하다. 그러나 더 중요한 것은 캐릭터나 플롯 등 내용적인 측면을 넘어서 촬영, 미장센, 음악 등 형식적인 면에서 어떻게 재현되느냐 하는 것이다. 페미니즘 영화 이론이 여성의 성녀/창녀 이분법의 문제를 넘어 카메라의 시각성을 문제 삼았듯이, 형식적인 측면은 우리가 어떻게 의식 없이 인종, 민족성의 전형을 은연중에 받아들이는가와 직결된다. 이어지는 강의에서 이를 더 자세히 다뤄보자.

더 읽을거리

레만, 피터·윌리엄 루어. 2009.「13장 인종」.『영화에 대해 생각하기』. 이형식 옮김. 명인문화사.

스탬, 로버트. 2012.「다문화주의, 인종 그리고 재현」.『영화이론』. 김병철 옮김. K-books.

위그먼, 로빈. 2004.「1부 17장 인종, 민족성, 그리고 영화」. 존 힐·파멜라 처치 깁슨 엮음.『세계영화연구』. 안정효 외 옮김. 현암사.

24 서구 중심주의와 오리엔탈리즘

영화는 처음부터 서구 자본주의 문명의 산물이었다. 영화가 탄생했던 19세기 말은 또한 서구의 제국주의와 식민주의가 극에 달한 시기이기도 했다. 따라서 서구에서 제작된 다수의 영화들 속에 서구 중심주의가 깔려 있다고 해서 놀랄 일은 아닐 것이다. 서구 중심주의는 서구가 세계의 무게중심이고 전 세계의 나머지 부분은 서구의 그림자에 불과하다는 관념을 말한다. 예를 들어, 서구에 국가가 있다면 비서구에는 부족이 있고, 서구에 종교가 있다면 비서구에는 미신이 있으며, 서구에 문화가 있다면 비서구에는 민속이 있다는 식이다. 서구 중심주의를 설명하는 다음의 말을 들어보자.

> 서구 중심주의는 유럽이 독특한 의미의 근원이며 세계의 무게중심이고 전 세계의 나머지 부분은 서구라는 존재론적 실체의 그림자에 불과하다는 단일한 관점으로 문화적 다양성을 끼워 맞춘다. 서구 중심주의는 식민주의, 제국주의 그리고 인종주의 담론의 이데올로기적인 기저 혹은 공통된 잔여물이며 형식적 차원에서 식민주의가 종말을 맞이한 이후에도 동시대의 실천과 재현 속에 범람하며 이를 구조화하는 잔여적인 사유의 형식이다(스탬, 2012: 313).*

---

* 이 책은 '유럽 중심주의'로 쓰고 있지만 동일한 의미로 판단하여 '서구 중심주의'로 고쳤다. 또한, 여기서 서구(인)란 단지 서유럽뿐 아니라 북미를 포함한 서양 전체를 가리킨다. 따라서 문맥에 맞게 서구(인), 서양(인)을 혼용해 사용한다.

서구 중심주의는 오리엔탈리즘Orientalism과도 깊은 관련이 있다. 오리엔탈리즘의 사전적 정의는 단지 동양에 관한 지식이나 학문을 말한다. 그러나 팔레스타인 출신의 영문학자이자 문화이론가인 에드워드 사이드Edward Said는 자신의 저서 『오리엔탈리즘Orientalism』(1978)에서 이 용어를 더욱 구체화시켰다. 그에 따르면, 오리엔탈리즘이란 서양인의 경험 속에서 동양이 차지하는 '타자의 이미지images of Other'이다(사이드, 2000: 15). 서양인들은 동양과 대조가 되는 이미지로 스스로를 규정한다. 그들은 동양인들이 신비롭고 영적이며 종교적이면서도 미개하고 야만적이라고 생각한다. 신비롭고 영적인 것으로 여기는 것은 언뜻 동양인들을 숭앙하는 것처럼 보이지만, 미지의 것, 즉 알려지지 않은 존재로 타자화하는 것이다. 종교적인 것 역시 발전된 서구문명에 비해 아직 계몽되지 않고 개발되지 않은 것으로 보는 것이다. 이러한 이미지에 비춰 서구인들은 매우 합리적이며, 행동적이고 훨씬 더 문명에 다가선 존재로 자신들을 인식한다. 그들이 자본주의 발전을 통해 세계의 중심적 위치로 떠오른 것은 인류의 긴 역사에서 볼 때 비교적 가까운 시기였음에도 말이다.

'타자'란 물론 서양이 아닌 모든 것을 가리킨다. 서양인들에겐 정형화된 동양의 이미지가 있다. 예를 들어 사막의 열기와 먼지, 와글거리는 시장, 과격한 테러리스트, 압제적인 군주, 영적인 종교 지도자 같은 것들이다(간디, 2000: 101).

영화 〈아라비아의 로렌스Lawrence of Arabia〉(1962)는 서양인들이 생각하는 동양의 이미지를 집약해서 보여준다. 그것은 무엇보다도 끝없이 펼쳐져 있는 사막으로 나타난다. 문명이 없는 자연 그대로의 모습. 바로 서양인이 개척해야 할 자연인 것이다. 영화의 한 장면에서 로렌스는 마치 발전된 문명을 선사하듯 권총을 베두인족에게 준다(#1). 베두인족은 감격하여

#1

#2

그 답례로 베두인 음식을 준다. 로렌스는 의례적으로 맛있다고 말은 하지만 더 먹으라는 베두인 족의 말에 곤혹스러운 표정을 짓는다. 후반부에서 전투를 승리로 이끈 로렌스는 아랍인들의 영웅이 된다. 수많은 아랍인들이 그의 이름을 연호한다. 그가 폭파된 기차 위에 올라 환호하는 아랍인들을 굽어보는 장면은 이 영화에서 가장 유명한 장면이다. 햇빛을 등지고 기차 위를 걷는 로렌스의 모습은 마치 신적인 존재 같다(#2). 여기에 웅장한 음악이 깔리면서 훨씬 더 그의 존재를 찬란하게 부각시킨다.

#3

#4

20년 후에 제작된 〈레이더스Raiders of the Lost Ark〉(1981)를 보자. 초반부의 한 장면에서 큰 칼을 휘두르며 길을 막아서는 아랍인을 인디아나 존스해리슨 포드는 싱겁게 권총을 쏴 쓰러뜨린다(#3). 여기에서 권총은 서양이 동양에게 베푸는 우정의 선물이 아니라 동양을 제압하는 우월한 기계문명의 상징이다. 아랍인들이 성궤를 캐내기 위해 작업을 하는 동안 인디아나 존스가 석양을 등지고 그들을 지휘하는 장면(#4)은 〈아라비아의 로렌스〉에서 로렌스가 햇빛을 등지고 아랍인들의 추앙을 받는 장면을 연상시킨다.

시리즈 2편 〈인디아나 존스Indiana Jones and the Temple of Doom〉(1984)에서는 보다 더 노골적으로 동양인들을 미개인으로 묘사한다. 그들이 먹는 음식으로 눈알이 들어간 수프가 나오는가 하면 원숭이 골로 만든 냉채도 있다. 동양인들은 미개할 뿐만 아니라 극악하고 잔인한 야만인들이기도 하다. 제물로 바쳐질 사람의 심장을 뽑아 든 제사장과 그를 따르는 사람들의 모습은 흡사 악마숭배 집단 같다. 인디아나 존스는 이러한 압제자 밑에서 착취당하는 동양 소년들을 구한다. 서양인인 그는 동양을 미개와 야만으로부터 구하는 해방자인 것이다.

〈아라비아의 로렌스〉에서 로렌스의 직업은 군인이다. 〈인디아나 존스〉 시리즈에서 존스의 직업은 고고학자이다. 따지고 보면, 이 두 개의 직업이야말로 서양이 동양을 지배하는 두 가지 방식이다. 군인들은 무력으로 땅을 점령한다. 고고학자들은 군인들이 점령한 땅에서 고대의 유적들을 발굴한다. 말하자면, 고고학자들이 발굴한 고대 유적들은 군인들이 벌인 전쟁에서 승리를 기념하는 전리품과 같다. 이런 방식으로 동양의 찬란한 고대 문명은 서양의 박물관으로 이동하는 것이다.

오리엔탈리즘은 서양에서 제작된 영화에만 있지 않다. 동양 영화도 자신의 관점이 아닌 서양인의 관점에서 자신을 보는 내면화된 오리엔탈리즘을 갖고 있다. 중국 장이머우張藝謀 감독의 초기 작품들은 그러한 비판을 많이 받았다. 그중에서도 영화 〈홍등大紅燈籠高高掛〉(1991)은 대표적이다. 1920년대 중국 명문가를 무대로 한 이 영화는 본처와 첩실들 간의 갈등을 다룬다. 특히, 영화에서 가장 인상적인 것은 여성들이 발 마사지를 받는 장면이다. 4명의 부인들 중 그 날 밤 남편의 잠자리 상대로 선택된 이의 처소에 홍등이 걸리고 그녀는 특별한 발 마사지를 받는다. 중국의 명문가에서 실제로 이러한 풍습이 있었는지 그 실증 여부가 문제가 되기도 했다. 그러나 여기서도 중요한 것은 사실 여부가 아니다. 무엇보다 진기한 볼거리, 특히 서양인들에게 흥미로운 볼거리라는 것이 중요하다.

이 영화를 비롯해 장이머우 감독의 초기 영화는 중국을 지나치게 봉건적으로 묘사한다고 중국 내에서 상영 금지 당했다. 감독 자신도 중국 관객을 위해 영화를 만든 것 같지는 않다. 그는 서구에서 열리는 국제 영화제를 겨냥했고 서구인들은 그의 영화를 봉건적이면서도 신비로운 동양의 이미지로 받아들였다. 중국 영화를 예로 들었지만 한국 영화도 오리엔탈리즘으로부터 완전히 자유로울 수 없다. 사실, 2000년대 이전까지만 해도 유럽 국제 영화제에 출품하는 영화들은 거의 전통적이고 토속적인 시대극 영화였다. 1981년 베니스 국제 영화제에 출품된 〈피막〉(1980), 1984년 칸 국제 영화제 '주목할 만한 시선' 부문에서 상영된 〈여인잔혹사 물레야 물레야〉(1983), 1987년 베니스 영화제 여우주연상 수상작 〈씨받이〉(1986), 2000년 칸 영화제 경쟁 부문 진출작 〈춘향뎐〉(2000), 2002년 칸 영화제 감독상 수상작 〈취화선〉(2002) 등이 그것이다. 그러한 동양 영화를 선호해서 그랬다고 변명을 할 수는 있을 것이다. 그러나 이미 그 사실 자체가 그들의 눈에 잘 띄기 위한 우리의 몸부림일 수 있다. 오리엔탈리즘이 내면화된 것이다. 한국적인 것이 세계적인 것이라는 말은 있지만, 정작 무엇이 진정으로 한국적인 것인지는 학계에서도 그 의견이 분분하다. 이제 한국적인 것을 전통적이고 전근대적인 풍속이나 '한恨'과 '정情' 등 모호하고 불분명한 정서로 규정하는 것에서 더 나아가 끊임없이 변화하는 문화적 흐름 속에서 다시 바라봐야 할 때인 것 같다.

더 읽을거리

간디, 릴라. 2000. 『포스트식민주의란 무엇인가』. 이영욱 옮김. 현실문화연구.

강정인. 2004. 『서구중심주의를 넘어서』. 아카넷.

사이드, 에드워드. 2000. 『오리엔탈리즘』(증보판). 박홍규 옮김. 교보문고.

스탬, 로버트. 2012. 「다문화주의, 인종 그리고 재현」. 『영화이론』. 김병철 옮김. K-books.

이지연. 2007. 「동아시아 영화의 서구에서의 순환과 오리엔탈리즘에 관련된 문제들」. ≪문학과 영상≫, 8권 1호. 문학과영상학회.

초우, 레이. 2004. 『원시적 열정: 시각, 섹슈얼리티, 민족지, 현대중국영화』. 정재서 옮김. 이산.

_____. 2004. 「1부 18장 영화와 문화 정체성」. 존 힐·파멜라 처치 깁슨 엮음. 『세계영화연구』. 안정효 외 옮김. 현암사.

25 영화와 계급이라는 질문

영화에서 계급을 이야기한다는 것은 편치 않은 일이다. 당신의 계급이 무엇이냐고 물었을 때 선뜻 대답할 수 있는 사람은 많지 않다. 그것은 내가 이 사회에서 얼마나 많은 부와 권력을 갖고 있으며, 어느 정도의 사회적 지위에 있는지를 가리키는 것이다. 그래서 대부분의 영화들은 좀처럼 계급을 드러내려 하지 않는다. 매우 가난한 하층계급이 영화에 재현되는 것은 불편한 일일 수 있다. 그것은 어느 사회에나 있기 마련인 빈부 격차의 문제를 제기하기 때문이다. 1988 서울 올림픽을 앞둔 한국에서 군사정부가 영화를 검열하면서 판자촌이나 연탄재로 얼룩진 골목 장면을 삭제하도록 지시했다는 일화는 유명하다. 꼭 빈부 격차 문제를 은폐하려는 국가를 거론하지 않더라도, 같은 하층계급의 영화 관객조차 자신들의 신산한 삶의 모습을 굳이 영화에서까지 보고 싶어 하지 않을 것이다. 영화가 갖고 있는 여가와 오락의 기능만을 최상의 가치로 여긴다면 계급이란 보이지 않게 할수록 이로운 것일 수 있다.

영화의 계급 재현이 쉽지 않은 것에서 연유한 것인지는 몰라도 영화 이론 역시 체계적인 계급 이론을 갖고 있지 않다. 특히, 미국의 경우는 오랫동안 '미국 예외주의American exceptionalism'라는 사고가 지배해왔다. 그것은 왕족, 귀족 등 봉건적 신분제의 전통이 뿌리 깊은 유럽과 달리 미국은 신분과 계급이 없는 평등한 사회라는 것이다. 누구나 열심히 일하면 성공할 수 있다는 아메리칸 드림American Dream은 미국 사회에 널리 퍼져 있는 일종의 신화와도 같다. 1930년대 대공황 시기까지만 해도 미국에서 계급을 중요시하는 좌파적 전통이 남아 있었으나 제2차 세계대전 직후 광적인 반공주의 열풍인 매카시즘으로 인해 운동의 영역에서나 이론의 영역에서나 좌파적 전통이 궤멸하다시피 했다. 미국에서 영화 이론뿐 아니라 사회 이론에서도 마르크스주의자가 되는 것은 매우 희귀한 존재가 되는 것이었다.

반면 유럽은 미국과는 달리 마르크스주의의 유산이 지속적으로 이어져왔다. 특히 68혁명을 전후한 시기 루이 알튀세르의 구조주의적 마르크스주의는 프랑스를 비롯한 유럽의 지적 흐름에 커다란 영향력을 행사했다. 1970년대 영화 이론의 한 시대를 지배하다시피 했던 장치 이론 apparatus theory(→ 17강 영화, 꿈, 정신분석학)은 알튀세르의 이데올로기론에 기대고 있는 것이었다. 장치 이론은 영화가 부르주아 계급의 이데올로기가 관철되는 장치라고 주장한다. 그러나 장치 이론가들은 영화라는 장치의 이데올로기적 성격을 설명하면서 관객의 위치나 정체성을 고려하지 않았다. 따라서 이 이데올로기는 어느 지역, 계급, 젠더, 인종, 세대를 막론하고 단일하게 전달된다고 이해할 수밖에 없었다. 영화에 담긴 세계가 어떻게 재현되든지 간에 영화는 이데올로기적 장치였으며 이는 어떤 관객에게든 마찬가지였다.

영화 이론에서 이데올로기의 중심성과 편향성은 역설적이게도 계급 정치학을 무디게 만들었다. 68혁명 이후 자신의 소수성minority을 저항의 기제로 삼았던 페미니즘 운동, 흑인 민권 운동, 동성애자 해방운동, 환경·생태 운동, 평화운동 등 소위 정체성 정치학identity politics이 만개하고 영화 이론 역시 이러한 흐름과 궤를 같이 했다. 이러한 흐름 속에서 계급은 낡은 틀로 치부되었다. 노동계급의 혁명적 가능성을 불신했던 알튀세르의 마르크스주의는 이데올로기를 지나치게 강조하면서 계급 정치학을 포기했고, 정체성 정치학이 신사회 운동new social movement의 기조가 되면서 노동자 계급을 중심으로 한 사회 운동은 구사회 운동으로 밀려나게 되었다. 모든 인문사회과학이 사회의 변화와 무관하지 않듯이 영화 이론 역시 이러한 사회적 흐름과 무관하지 않았다. 영화학자 데이비드 E. 제임스David E. James는 이러한 현실을 개탄하며, 영화 이론이 계급을 설명할 어떠한 이론적 수단도 갖고 있지 않다고 말했다(James, 1996: 17).

그럼에도 영화와 계급이라는 문제는 젠더/섹슈얼리티, 인종/민족성의 문제만큼이나 중요한 쟁점이다. 영화는 어떻게 계급을 재현하는가? 이는 다음과 같은 질문들로 채워질 것이다. 예를 들어, 등장인물의 옷차림, 제스처, 말투는 그/그녀가 속한 계급에 대하여 무엇을 말해주는가? 영화에서 노동과 여가, 가정생활은 어떻게 묘사되고 있는가? 영화는 계급의 문제를 사회적이고 집단적인 쟁점으로 끌고 가는가, 아니면 개인적인 방식으로 풀어내는가? (당연한 이야기이겠지만 노동계급을 재현한 영화라고 해서 그 자체로 진보적인 것은 아니다)

어느 나라 영화를 막론하고 영화에서 가장 많이 재현되는 계급은 중간계급middle class이다. 우리에겐 중산층이라는 말이 더 친숙하다. 할리우드 영화는 중산층의 삶과 가치관을 비가시적 기준으로 설정한다. 인종을 논할 때 백인이 다른 인종을 범주화하는 비가시적 기준이고, 섹슈얼리티 문제에서 이성애가 동성애를 일탈적인 것으로 보이게 만드는 비가시적 기준이며, 젠더에서 남성성이 여성성을 신비하거나 문제성 있는 것으로 범주화하듯이 할리우드 영화에서 비가시적 기준은 바로 중산층이다(레만·루어, 2009: 414). 여기서 비가시적 기준이란 너무나 자연스럽고 당연한 것으로 여겨져서 눈치 채지 못할 정도의 기준이라는 것이다. 중산층이 하나의 기준이 되기 때문에 다른 계급은 중산층에 견주어 측정되고 비교된다.

상층 계급upper class, 흔히 상류층이라 부르는 사람들은 종종 탐욕스럽고 타락한 사람들로 그려진다. 한국 영화 〈돈의 맛〉(2012)은 그 극단이라 할 수 있다. 이 영화에 등장하는 최상류층은 탐욕과 이기주의의 화신들 같다. 그들에게 자신의 계급에 속하지 않은 사람들은 소모품이나 노리개 같은 존재들이다. 그들은 이 사회에서 권력이 있는 모든 사람들과 사회적 연결망을 갖고 있다. 영화 속 대사는 이렇다. "전부 다야. 정치하는 것들, 판사, 검사, 공무원……", "그 찌끄래기 돈으로 그 사람들 그렇게 배려놓는 게 우리예요."

그런데, 영화 속에 등장하는 상류층은 왜 그렇게 탐욕스럽고 이기적일까? 물론 선량한 자본가나 노블레스 오블리주noblesse oblige를 몸소 실천하는 상류층이 영화 속에 없는 것은 아니다. 하지만 도덕적으로 존경할 만한 품위 있는 상류층의 모습은 특히 한국 영화에서는 찾기 어렵다. 어쩌면 이것은 대중들이 상류층에게 느끼는 반감이 반영된 것일 수도 있다. 한국에서 상류층이 부를 축적해온 과정이 정치적 특혜 같은 정의롭지 못한 방법으로 이루어진 경우가 많았으니까 말이다. 이제 영화 속 노동계급working class을 살펴보자.

독일의 사상가이자 혁명가 칼 마르크스Karl Marx는 자본주의 사회에는 대립하는 양대 계급이 존재한다고 말했다. 바로, 자본가 계급과 노동계급이다. 노동계급은 자본가 계급과는 달리 자신만의 생산수단이 없기 때문에 노동시장에서 자신의 노동력을 팔고 그 대가로 받는 임금으로 살아가는 사람들을 가리킨다. 영국에는 유구한 노동계급 영화의 전통이 있다. 사회적 리얼리즘social realism이라 칭하는 이 경향은 1950년대 후반~1960년대 초반, 〈성난 얼굴로 돌아보라Look Back in Anger〉(1959), 〈장거리 주자의 고독The Loneliness of the Long Distance Runner〉(1962) 등 영국 뉴 웨이브British New Wave

영화를 필두로 수십 년 동안 영국 영화의 한 축을 이루어왔다. 〈나, 다니엘 블레이크I, Daniel Blake〉(2016)로 2016년 칸 국제 영화제 황금종려상을 수상한 켄 로치Ken Loach 감독은 사회적 리얼리즘 영화의 대표주자이다.

많은 이들로부터 사랑받은 영화 〈빌리 엘리어트Billy Elliot〉(2000)도 이 전통에 속한다. 영화 속에서 빌리는 가족이 시켜서 권투를 배우지만 그는 권투에 소질이 없다. 그 대신 그가 정말로 좋아하는 것은 발레이다. 그러나 발레는 남성적이지 못하다는 편견이 빌리를 가로막는다. 특히나 남성적인 힘이 우위를 점하는 영국의 탄광촌에서는 말이다. "사내들은 축구나 권투나 레슬링을 하는 거야, 빌어먹을 발레는 안 해." 빌리의 아버지가 발레를 말리는 것은 발레가 단지 여성들의 전유물이라고 생각해서만은 아닐 것이다(물론 그것은 강한 남성성을 요구하는 생산직 노동계급의 문화가 발레를 여성적인 것으로 젠더화해 차별하는 방식이기도 하다). 권투가 노동계급의 스포츠라면 발레는 상류층의 예술이라는 것이다. 그러나 빌리는 아버지 앞에서 자신이 진정으로 발레를 원한다는 것을 몸으로 보여준다.

마침, 탄광 산업은 사양산업이 되어 폐광의 위기에 몰리고 탄광 노동자들을 기다리고 있는 것은 실직이다. 빌리의 아버지는 왕립발레학교에 빌리를 보내기 위해 버스에 오른다. 폐광 반대 시위에 참여하지 않는다는 조건으로 위로금을 주어 시위대에서 분리시키는 버스이다. 시위대의 입장에서 보면 배신자인 것이다. 버스가 지나갈 때 시위대는 격렬하게 항의한다. 그중 시위에 열심인 빌리의 형 토니가 아버지를 발견하고 달려간다. 항의하는 토니에게 아버지는 "달리 무슨 수가 있니? 그 애에게 기회라도 주자"고 울부짖는다. 형은 어떻게든 돈을 구할 수 있을 거라며 이러지 말라면서 아버지를 부둥켜안으며 눈물을 흘린다. 이 가슴 아픈 부자의 모습은 돈이 없어 부서지고 망가지는 노동계급의 삶을 잘 대변해준다.

마르크스는 생산수단의 소유 여부에 따라서 계급을 나누었지만 프랑스의 사회학자 피에르 부르디외Pierre Bourdieu는 계급을 취향과 생활양식의 차별화로 설명하기도 한다. 부르디외는 이것을 아비투스habitus라는 개념으로 풀어낸다. 그에 따르면, 아비투스란 개인의 문화적 취향이 그 사람의 타고난 성향에서 비롯한 것이 아니라 그/그녀가 부모 세대로부터 물려받은 경제적·사회적·문화적 환경이라는 객관적 조건들을 내면화한 것이다. 즉, 아비투스는 개인적 현상이 아니라 계급 현상(간햄·윌리엄스, 1996: 111)이다. 그로부터 발생한 취향은 "인간이 가진 모든 것, 즉 인간과 사물 그리고 인간이 다른 사람들에게 의미할 수 있는 모든 것의 원리"이며 "이를 통해 사람들은 스스로를 구분하며, 다른 사람들에 의해 구분된다"(부르디외, 1995: 103). 따라서 누군가가 오페라를 좋아하는가, 트로트를 좋아하는가 하는 것은 단지 개인적인 취향의 문제가 아닌 것이다.

영화 〈아메리칸 싸이코American Psycho〉(2000)에는 다른 사람과 구별되는 자신만의 생활양식에 병적으로 집착하는 남자가 나온다. 그는 음식에서부터 의상, 화장품, 향수에 이르기까지 남과 구별되는 자신만의 취향을 고집한다. 그의 마음 속 대사를 들어보자. '날카로운 시선을 감추며 악수를 하고 서로의 살갗을 비빈다 하더라도 그리고 느낄 수 있다 하더라도 사는 방식에 차이가 있다.' 그가 말하는 이 '차이'야말로 부르디외가 말하는 '구별짓기distinction'를 가리키는 것이다(『구별짓기La Distinction』는 그의 책 제목이기도 하다). 영화에서 가장 강렬하면서도 기괴한 장면 중 하나는 명함을 갖고 일종의 '배틀'을 하는 장면이다. 그들은 누구의 명함이 더 '스타일리시'한지 경쟁을 한다. '절묘한 하얀색 컬러링에 글자체도 두껍고 …… 맙소사, 문양까지 있군.' 그들의 마음 속 소리를 들어보면 취향과 스타일이 단지 구별짓기를 넘어 물신화의 경지에 이른 것 같다. 〈아메리칸 싸이코〉는 1980년대 미국 소비 자본주의의 고도화 속에서 도시의 세련된 삶을 즐기는 전문직들, 즉 여피yuppie의 문화를 비판적으로 조명한다.

〈아메리칸 싸이코〉는 구별 짓기의 태도를 다소 과장되게 보여주고 있지만 소비 자본주의가 발전하면서 우리 주변에도 취향을 차별화하는 것에 큰 의미를 부여하는 사람들이 늘어난 것 같다. 그래서 경제적인 것에 중심을 두었던 기존의 계급이론 역시 최근에는 문화적인 것에도 관심을 두고 있다. 자본주의는 모든 것을 상품화시키기 때문에 취향과 생활양식 등 인간의 문화 역시 상품화되고 있다.

더 읽을거리

레만, 피터·윌리엄 루어. 2009. 「14장 계층」. 『영화에 대해 생각하기』. 이형식 옮김. 명인문화사.

James, David E. & Rick Berg(eds.). 1996. *The Hidden Foundation: Cinema and the Question of Class*. London & Minneapolis: University of Minnesota Press.

Rowbotham, Sheila & Huw Beynon(eds.). 2001. *Looking at Class: Film, Television and the Working Class in Britain*. London, New York & Sidney: Rivers Oram Press.

Stead, Peter. 1989. *Film and the Working Class: The Feature Film in British and American Society*. London & New York: Routledge.

5부

역사, 문화, 수용의 문제

5부에서 거론할 주제들은 영화 이론사의 쟁점이라기보다는 영화와 역사, 산업과 상품으로서 영화의 성격, 영화 관객과 스타덤, 팬덤의 문제들이다.

영화는 역사 기록으로서의 성격을 갖고 있다(26강). 이것이 꼭 역사 영화에만 해당하는 것은 아니다. 당대의 건축이나 의상, 헤어스타일 등 인간 생활의 역사가 창작자의 의도와는 무관하게 영화에 담겨 있다. 또한 영화가 재현하는 역사는 항상 논쟁의 중심에 서왔다. 고증을 제대로 했느냐의 문제에서부터 역사의식과 역사적 상상력에 이르기까지 영화는 그 자체로 역사라 해도 과언이 아니다. 더 나아가 역사적 산물로서의 영화는 모더니티, 즉 근대성의 지표이기도 하다(27강). 파노라마나 디오라마 같은 시각적 볼거리들이 만연하고, 기차의 차창 밖으로 보이는 풍경이 일상의 것이 될 때 영화가 탄생했다는 것은 영화와 모더니티의 관련성을 사고하게 만든다. 왜냐하면 파노라마, 디오라마, 기차 등의 기계는 산업혁명 이후의 근대적 생활양식, 즉 모더니티의 산물이기 때문이다.

근대적 생활양식은 또한 대중문화를 떠나 생각할 수 없다. 영화는 오랫동안 대중문화의 첨병 자리를 지켜왔다. 대중문화가 주는 쾌락과 즐거움의 뒤편에는 또한 소

26 영화와 역사
27 모더니티와 영화
28 영화로 보는 대중문화
29 소비상품으로서의 영화
30 영화 관객과 수용
31 스타, 현대의 신과 신화
32 스타의 생산과 소비
33 스타덤과 팬덤의 문화정치학

비 자본주의가 강제하는 문화 중독자의 그늘이 있다. 프랑크푸르트학파의 비판이론과 버밍엄학파의 문화 연구가 대중문화를 사고하는 방식은 영화를 통해 가장 잘 설명된다(28강). 영화와 대중문화에 대한 사고는 산업으로서의 영화, 소비 상품으로서의 영화(29강)로 나아가게 만든다. 특히, 몇 줄로 설명 가능할 만큼 단순화한 하이 콘셉트high concept는 오늘날 상업 영화가 추구하는 지고의 가치가 되고 있다. 그러나 관객이 영화를 수용하는 문제는 그리 단순하지 않다. 경험적이고 실증적인 관객 연구는 관객이 국적, 젠더, 민족성, 계급, 세대에 따라 얼마나 다양할 수 있는지를 잘 보여준다(30강).

마지막으로 그러한 관객들이 열광하는 존재, 영화에서 가장 '핫한' 존재, 스타를 다룬다. 스타를 현대의 영웅 신화로 설명하는 프랑스 사회학자 에드가르 모랭Edgar Morin의 논의를 비롯하여(31강), 스타가 자본주의 사회에서 생산되고 소비되는 방식(32강), 스타덤과 함께 날이 갈수록 진화하고 있는 팬덤의 부상(33강)을 문화 정치학적 관점에서 설명할 것이다.

26 영화와 역사

영화는 역사와 불가분의 관계에 있다. 실제 역사를 재현한 영화가 아니라도 말이다. 예를 들어 1960년대 서울의 거리를 보여주는 그 당시의 영화가 있다면, 그것은 1960년대 서울의 역사를 기록하고 있는 것이다. 즉, 영화는 자신도 모르게 역사를 기록하는 매체이다(김창진, 2010: 14).

물론 이러한 역사적 기록이 가장 선명하게 드러나는 것은 뉴스 영화이다. 영화와 역사의 관계를 선구적으로 고찰했던 프랑스의 역사가 마르크 페로Marc Ferro는 유고슬라비아 왕국의 알렉산다르 1세Aleksandar I의 암살 현장(1934)을 기록한 뉴스 영화를 언급한다. 카메라는 프랑스를 공식 방문한 그의 모습을 촬영하던 도중, 암살자들이 군중 속에 섞여 있다가 나타나자 그들의 동작, 경찰과 군중의 동작들 모두를 화면에 담을 수 있었다. 이때 뉴스 영화는 예기치 못했던, 의도하지 않았던 생생한 영상 문서가 된다. 또한 1925년에 개봉한 한 소련 영화에서 한 부부는 그들의 아이가 태어난 날짜를 계산하기 위하여 벽에 걸려 있는 달력을 본다. 이 달력에는 1924년의 날짜들이 적혀 있다. 그런데 여기에 스탈린의 커다란 초상화가 그려져 있는 것이다. 소련의 초대 공산당 서기장 레닌이 죽은 1924년에 아직 스탈린은 완전히 권력을 장악하지 못했지만 그의 우상화 작업은 이미 그 때 시작되었던 것임을 영화의 의도와 무관하게 파악할 수 있다. 페로는 이것을 "보이는 것을 통해서 보이지 않는 것을 찾아내는" 작업이자 또 다른 역사에 대한 재료라고 말한다(페로, 1999: 39~40). 더 나아가 "현실의 이미지이든 아니든, 다큐멘터리이든 픽션이든, 실제의 이야기이든 순수한 창작이든 간에 영화는 역사"라고 주장한다(페로, 1999: 37).

어떤 영화라도 그 영화가 제작된 시대 사람들의 의상, 말투, 건축, 사고 방식과 무관하게 만들어질 수는 없다. 그러나 또 한편으로 우리는 특정한 시대를 재현한 영화들을 생각해볼 수 있다. 그러한 영화를 역사 영화 historical film라고 이름 붙일 수 있다. 역사 영화란 단지 시대극을 말하는 것이 아니다. 시대극이 역사적 사실과 무관하게 동시대 이전의 특정한 시대를 배경으로 하고 있다면, 역사 영화는 실재했던 역사적 사실을 재현한 영화이다. 그런데 문제는 실재했던 역사적 사실이라는 게 완벽하게 객관적일 수 없다는 것이다. 영화 같은 영상기록보다 훨씬 더 권위가 부여되는 글로 쓴 역사가 "논란의 여지없는 확고부동한 하나의 대상이 아닌 사고방식의 하나이듯이 역사 영화 또한 그렇다"(로젠스톤, 2002: 14). 그래서 필요한 것이 역사적 상상력이다.

영화 〈아마데우스Amadeus〉(1984)는 그러한 역사적 상상력이 극대화한 작품이다. 피터 셰퍼Peter Shaffer의 동명 희곡을 원작으로 한 이 영화는 천재 작곡가 모차르트의 이야기지만, 일반적인 전기 영화와는 다르다. 모차르트의 천재성을 질투한 궁정악장 살리에리가 모차르트를 죽음으로 몰아넣은 게 아닌가 하는 가정이 이 영화에 깔려 있다. 천성적으로 자유분방한 모차르트는 궁정에서 왕족들을 위해 작곡하고 연주하는 것에 거부감을 갖는다. 그래서 그는 유럽을 떠들썩하게 한 명성에도 불구하고 늘 빈곤하다. 살리에리는 생활고에 시달리는 모차르트의 경제 사정을 이용해 그를 심리적으로 압박한다. 모차르트는 정해진 시간 내에 살리에리가 의뢰한 곡을 완성하기 위해 기력을 소진하고 결국 그는 죽음에 이르게 된다. 사실, 이러한 설정은 실제의 역사와는 일치하지 않는다. 하지만 재미 있는 가정이긴 하다. 이렇게 역사적 사실fact과 허구fiction의 상상력을 결합한 이야기를 팩션faction이라고 한다. 하지만 〈아마데우스〉가 단지 기발한 상상력의 팩션이기만 한 것은 아니다.

이 영화는 18세기 유럽의 급변하는 역사를 담고 있기도 하다. 우상 파괴적인 작곡가 모차르트는 프랑스 희곡 『피가로의 결혼』을 오페라로 만들려고 한다. 그러나 그것은 황제가 금서로 지정한 것이다. 기존의 신분 질서를 부정하고 있다는 것이 그 이유이다. 모차르트는 정통 오페라가 그리스 영웅 신화에서만 소재를 가져오는 것을 가리켜 이렇게 말한다. "누가 자기 이발사보다 헤라클레스를 좋아하겠어요? 혹은 호라티우스나 오르페우스를." 모차르트의 이런 반항은 단지 그의 자유분방한 성격 탓만은 아니다. 모차르트는 귀족들의 낡은 질서가 무너지고 근대 시민계급이 부상하던 시기의 역사를 대변하는 음악가였다(김창진, 2010: 97).

#1

영화 속에는 살리에리의 오페라와 모차르트의 오페라가 대조적으로 제시되는 장면이 있다. 살리에리의 오페라에는 근대의 시민이나 평민은 없다. 오직 고대의 신과 영웅들이 있을 뿐이다(#1). 그 오페라를 관람하는 이들 역시 모두 귀족들뿐이다. 이에 비해 모차르트의 오페라에는 시민과 평민으로 가득하다. 그들은 웃고 싶을 때 웃고, 박수 치고 싶을 때 박수를

#2

치는, 진정 오페라를 즐길 줄 아는 사람들이다(#2).

〈아마데우스〉는 모차르트가 죽은 것은 그의 천재성을 시기했던 살리에리 때문은 아니었을까 하는 역사적 가정에 기반을 두고 있다. 아마도 영화를 보고 이러한 가정을 사실로 믿는 사람은 거의 없을 것이다. 그렇다면, 실제로 정치적 암살을 당했던 미국 대통령 존 F. 케네디의 죽음을 다룬 것이라면 어떨까? 케네디 사후에 여러 음모론이 있었듯이 이 사건은 의혹으로 가득 차 있었다. 올리버 스톤Oliver Stone 감독의 〈JFK〉(1991)는 그런 논쟁의 한복판으로 뛰어든 영화였다. 실제로 이 영화는 개봉 직후 미국 내에서 엄청난 논쟁을 야기했다.

영화를 이끌어나가는 이는 뉴올리언스의 지방검사 짐 개리슨케빈 코스트너이다. 그는 실제로 케네디 암살에 대한 소송을 제기했던 인물이었다. 짐 개리슨은 수많은 사람들을 인터뷰하고 취재하며 케네디 암살에 대한 조사를 진행해 나간다. 영화는 암살 당시 찍혔던 다큐멘터리 필름과 영화를 위해 연출한 재연 장면을 섞어서 사용한다. 다큐멘터리 필름의 사용은 영화의 리얼리티를 높이는 작용을 한다. 관객들이 영화를 마치 실제 했던 역사인 것처럼 의심 없이 받아들이게 하는 효과가 있는 것이다. 이 영화가 갖고 있는 역사적 관점 역시 기존의 공식화된 역사를 해체한다. 공식화된 역사는 리 하비 오즈월드Lee Harvey Oswald의 단독 범행이었다.

그러나 영화는 존슨 부통령, 군부, FBI, CIA 심지어 마피아까지 개입된 음모적 사건으로 몰고 간다. 케네디가 암살되지 않았더라면 냉전도 베트남전도 종식되었을 것이라고 주장한다. 이 영화가 역사적 논쟁을 불러일으킨 것은 이런 부분이었다. 군부, FBI, CIA의 개입은 그렇다 치더라도 케네디는 생전에 결코 베트남 전쟁도 우주 경쟁도 포기한 적이 없다는 사실이다. 마치 케네디가 암살되지 않았더라면 모든 부정하고 부도덕한 정치적 문제는 없었을 것이라는 시각인데, 이는 사실과 다르다(카노우, 1998: 169~170). 그러나 영화가 갖고 있는 대중적 힘은 워낙 막강해서 영화가 전하는 사실은 곧 진실처럼 인식된다.

이러한 점은 한국이라고 해서 크게 다르지 않다. 요즘의 젊은 세대는 역사책에서 배우는 역사보다 영화나 미디어가 재현하는 역사에 더 관심이 많다. 아마도 그들 대부분은 5·18 광주민주화운동을 역사책보다 영화 〈화려한 휴가〉(2007)나 〈택시운전사〉(2017)를 통해 접했을 것이다. 〈화려한 휴가〉는 1980년 5월 광주의 열흘간에 초점을 맞추고 있다. 〈JFK〉처럼 어느 한 사람이 주인공이 아니라 여러 사람이 균등하게 등장하고 있다. 영화는 광주민주화운동이 발생한 배경보다는 그 사실 자체에 주목한다. 열흘간에 광주에서 벌어진 역사를 최대한 객관적으로 보여주고자 하는 것이 이 영화의 목적이다. 물론, 형제간의 우애나 연인 간의 사랑 같은 보다 대중적인 화법으로 풀어나가고 있지만 말이다. 영화는 공수부대를 가해자로 광주시민을 피해자로 조망한다. 물론, 이것은 역사적 사실이다. 그러나 공수부대 뒤에 있는 권력의 배후로까지 나아가진 못한다. 피해자의 참상 고발에만 치중함으로써 이 끔찍한 사건의 총체적인 전망을 제시하는 데에는 실패하고 있다. 이는 2017년 천만 관객을 동원한 〈택시운전사〉에도 해당한다. 가해자와 피해자의 관계 역시 지나치게 단선적이다. 가해자는 절대 악으로 피해자는 절대 선으로 제시될 뿐이다.

그렇다면 우리는 영화가 재현하는 역사를 어떻게 바라봐야 할까? 〈JFK〉의 시각이 도발적이긴 하지만 그것을 꼭 역사 왜곡이라고 할 수는 없을 것이다. 왜냐하면 역사란 고정된 실체라기보다 과거에 대한 해석을 둘러싼 투쟁이기 때문이다. 마찬가지로 〈화려한 휴가〉의 역사 인식이 철저하지 못하다고 해서 이 영화를 폄하할 수는 없을 것이다. 다른 무엇보다 이 영화는 5·18을 대중적으로 인식시키는 데에 어떤 역사책도 하지 못한 일을 한 것이다. 영화 속에 재현된 역사가 어느 정도까지 사실인지, 또 고증은 잘되었는지를 따지는 것보다는 우리가 영화 속의 역사를 통해 무엇을 배우고 성찰할 수 있는지를 되새기는 작업이 더 필요할 것 같다.

더 읽을거리

강성률. 2010. 『영화는 역사다: 한국 영화로 탐험하는 근현대사』. 살림터.

김정미. 2014. 『한국사 영화관』. 메멘토.

로젠스톤, 로버트 A. 엮음. 2002. 『영화, 역사: 영화와 새로운 과거의 만남』. 김지혜 옮김. 소나무.

정락길. 2012. 「2장 영화와 역사」. 김이석·김성욱 외. 『영화와 사회』. 한나래.

칸즈, 마크 C. 외. 1998. 『영화로 본 새로운 역사』(1, 2권). 손세호 외 옮김. 소나무.

페로, 마르크. 1999. 『역사와 영화』. 주경철 옮김. 까치.

27 모더니티와 영화

영화는 모든 예술 중에서 가장 최근 태어났다. 그러나 영화가 처음부터 예술이었던 것은 아니었다. 초기의 영화는 사진에 움직임을 부여하려고 했던 발명가와 기술자들의 발명품이었다. 영화는 예술이기 이전에 근대 과학기술의 산물이었으며, 19세기 후반에 등장하기 시작한 수많은 근대적 볼거리들의 하나였다. 이번 강의에서는 영화를 통해 근대적인 삶의 양식, 즉 모더니티modernity를 살펴본다.

#1 19세기 후반의 파노라마

19세기 후반에는 근대 이전에는 볼 수 없었던 수많은 볼거리들이 나타났다. 도시인들을 위한 박물관이나 백화점, 놀이공원이 들어서고 파노라마Panorama나 디오라마Diorama 같은 다양한 구경거리들이 등장하였다(#1). 엑스포Expo라 불리는 만국박람회 역시 이때부터 시작되었다(김이석, 2012: 22~23). 그러나 무엇보다도 영화의 시각적 경험과 가장 근접했던 것은 기차 여행이었다. 풍경을 가로질러 기차가 움직이는 것은 마치 풍경 자체가 움직이는 것처럼 보인다(쉬벨부쉬, 1999: 82). 승객이 기차에 탄 채 바라보는 창 바깥의 풍경은 마치 오늘날 우리가 영화 속 장면을 바라보는 것과 유사한 경험을 안겨주었을지도 모른다. 기차의 창은 영화 스크린의 프레임과 유사한 역할을 했던 것이다. 그리고 움직이는 풍경이 일상적인 경험이 되었을 때, 비로소 그와 흡사한 경험을 주는 영화가 탄생했다는 것은 결코 우연이 아니었다. 열차표 구매는 극장 입장권을 구하는 것과 동일한 의미를 지녔던 것이다(쉬벨부쉬, 1999: 56).

모더니티는 또한 도시적인 삶의 양식과 관련된다. 대도시는 딱히 어떤 목적 없이 활보하기에도 지루하지 않다. 다양한 보행자들과 자동차, 그리고 상점의 쇼윈도가 모두 도시인의 볼거리이다. 독일의 철학자이자 문화이론가인 발터 베냐민Walter Benjamin은 특별한 목적 없이 여유롭게 도시를 활보하는 근대적 도시인을 만보객flâneur이라고 불렀다(벤야민, 2010: 78~123). 만보객은 상품을 구매하는 소비자가 아니다. 그들은 상품의 전시장인 백화점, 아케이드, 철도역 사이를 순례하는 자들이다(권용선, 2007: 99). 그들은 유유자적 도시의 거리와 건물 쇼윈도 앞 여기저기를 돌아다닌다. 19세기 중반의 프랑스 시인 샤를 보들레르Charles Baudelaire는 이러한 만보객의 전형이었다. 또한 그는 독특하고 세련된 옷차림과 오만하고 냉소적인 삶의 태도, 즉 댄디즘Dandyism으로도 유명했다.

영화의 역사에서 가장 유명한 만보객은 의심할 여지없이 찰리 채플린이다. 물론 영화 속의 그는 먹고 살 걱정 없이 도시를 활보하는 프티 부르주아도 아니었고 댄디즘이 표방하는 차가운 귀족주의와는 더더욱 거리가 멀었지만 말이다. 이런 표현이 가능하다면 그는 프롤레타리아 만보객이었다. 그가 무성영화 시절에 출연한 거의 모든 영화에는 떠돌이 찰리가 등장한다. 〈시티 라이트City Lights〉(1931)의 초반부에는 찰리가 지팡이를 휘두르며 유유자적하게 거리를 활보하는 장면이

#2 〈시티 라이트〉

있다. 그는 신문팔이 소년들과 작은 실랑이를 벌이기도 하고 그저 거리를 걸으며 쇼윈도를 구경하기도 한다(#2). "만보객은 근대 도시에서 익명의 공간을 걷는 도시적이며, 당대의 스타일을 추구하는 사람으로 여겨졌다"(바커, 2009: 100). 만보객은 기차의 승객들이 차창 밖의 풍경을 바라보듯이 커다란 판유리를 통해 진열된 상품들을 구경하는 사람이다. 만보객은 도시의 공간을 이리저리 돌아다니는 자유의 특권을 상징한다(주은우, 1999: 23~24).

〈시티 라이트〉에서 떠돌이 찰리는 유유자적 거리를 활보하는 만보객이었다. 하지만 근대 도시인이 언제나 만보객처럼 거리만 떠돌아다닐 수는 없다. 자본주의 사회에서 여가를 즐기려면 노동을 해야 한다. 노동으로 돈을 벌어 소비와 여가를 즐기는 것이다. 그런 점에서 떠돌이 찰리가 등장하는 또 한 편의 영화 〈모던 타임즈Modern Times〉(1936)는 모더니티의 또 다른 측면을 보여준다. 〈시티 라이트〉와는 정반대 지점에서 모든 자유가 저당 잡힌 근대인의 풍경이 있다.

#3

〈모던 타임즈〉는 제목부터 의미심장하다. '근대적 시간'이라는 뜻이다. 영화의 오프닝 타이틀 장면 역시 커다란 시계를 보여주면서 시작한다(#3). 이 시계가 상징하는 바가 무엇일까? 아마도 모든 것을 시간으로 환산할 수 있는 근대적 삶을 가리키는 것이 아닐까? 근대 이전까지 분과 초 단위로 나눠지는 시간 개념은 없었다고 하지 않는가? 영화 속에서 노동자들은 공장에 출근하고 정해진 시간에 따라 노동을 한다. 반면에 사장은 모니터를 통해 노동자들이 딴청을 피우지 않나 감시하고 통제한다(#4).

프랑스의 철학자 미셸 푸코Michel Foucault는 감시와 통제가 근대적 주체를 만드는 기본 조건이라고 말했다(정정훈, 2007: 143). 감시와 통제는 개인들에게 특정한 행위 양식과 사고방식을 강제한다. 그런데 이 강제는 누군가가 강제하는 것이기도 하지만 신체에 깊이 새겨져 내면화되는 것이기도 하다. 너트를 계속해서 조이는 찰리의 동작은 기계의 움직임에 자신의 움직임을 맞춘다. 반복되는 동작 속에서 찰리는 어느 틈엔가 거대한 기계 속으로 빨려 들어간다. 컨베이어 벨트의 한 부분이 되어 작동하는 인간의 신체(#5). 채플린은 대량생산을 가능하게 하는 포드주의Fordism 체제가 얼마나 인간을 소모품으로 만드는지를 비판한다. 말 그대로 노동자는 기계의 부속품이나 다름없다.

#4

#5

포드주의는 경제적인 면에서 모더니티의 완성이었다. 19세기 중반부터 제2차 세계대전 이전까지 비인간적인 산업 시스템에 저항하는 노동자들의 계급투쟁은 큰 파고를 일으켰다. 제2차 세계대전 이후 세계 자본주의는 완전 고용과 고임금, 각종 사회복지 정책으로 이러한 노동자 투쟁을 달래기 시작했다. 포드주의라는 말을 탄생시킨 헨리 포드Henry Ford의 경영 모토는 노동자들이 생산한 포드 자동차를 노동자들이 소유할 수 있게 해주는 것이었다. 그러려면 그들이 차를 살 수 있을 만큼 임금을 주어야 한다. 자동차의 생산자인 노동자를 그것의 소비자로 만들어야만 자본가에게도 그 이윤이 돌아오는 것이다. 대량생산이 가능하려면 대량 소비가 있어야 하는 것이다.

#6 〈플레이타임〉

대량생산과 대량 소비야말로 근대적 삶의 핵심이다. 바로 그렇기 때문에 포드주의는 모든 상품들을 표준화시킨다. 우리는 똑같은 옷을 입고 똑같은 음식을 먹고 똑같은 집에서 살아간다. 근대적인 삶의 양식은 표준화된 삶의 양식이다. 자크 타티Jacques Tati 감독의 영화 〈플레이타임Playtime〉(1967)은 바로 그러한 측면을 부각시킨다. 타티가 직접 연기하는 윌로 씨는 프랑스의 찰리 채플린으로 불리기도 했다. 찰리가 지팡이를 갖고 다닌다면 윌로 씨는 늘 우산을 지니고 다닌다. 한 장면에서 그는 어느 빌딩에 들어와 어딘가를 찾고 있다. 누군가가 와서 안내하지만 그것으로 끝이다. 윌로 씨는 기다리고 또 기다린다. 이리저리 서성대기도 하고 괜히 의자를 만지작거리기도 한다. 처음 보는 사람과 인사를 나누지만 역시 그것으로 끝이다. 윌로 씨는 얼떨결에 엘리베이터를 타고 위층으로 올라간다. 그러나 그는 완전히 길을 잃어버린다. 그런 그에게 완전히 낯선 풍경이 펼쳐진다. 똑같이 생긴 수많은 칸막이에서 사무직원들이 일을 하고 있는 것이다(#6).

타티가 보여주는 모더니티의 풍경은 채플린이 〈모던 타임즈〉에서 보여준 것과 크게 다르지 않다. 이들은 너트를 조이는 일만 하지 않을 뿐 모든 것을 표준화시키는 근대적 삶을 살고 있는 것이다. 〈모던 타임즈〉의 육체노동자가 〈플레이타임〉의 사무직 노동자로 변화한 것뿐이다.

영화 곳곳에 나오는 익명의 여행객들도 표준화된 삶의 양식을 따른다. 그들은 똑같은 명찰을 달고 똑같은 카탈로그를 받고 가이드의 안내에 따라 여기저기를 견학한다. 그리고 어디에 가나 비슷비슷한 도시의 풍경을 카메라에 담는다. 우리가 패키지 여행객에게서 흔히 목격하는 그만그만한 풍경들인 것이다. 타티에게 모더니티란 대도시의 획일성, 그리고 익명성인 것이다.

미국의 채플린과 프랑스의 채플린이라 불린 자크 타티. 두 사람은 모두 도시의 만보객이었다. 그들이 살았던 20세기의 대도시는 근대적 삶의 양식이 지배하는 곳이었다. 단순화해서 이야기한다면, 그곳은 수많은 볼거리로 가득 찬 세계이자 표준화, 획일성, 익명성이 지배하는 세계였다. 이러한 삶은 21세기를 살고 있는 우리의 삶과도 크게 다르지 않다.

더 읽을거리

김이석. 2012.「1장 영화와 모더니티」. 김이석·김성욱 외.『영화와 사회』. 한나래.

벤야민, 발터. 2010.『보들레르의 작품에 나타난 제2제정기의 파리 외』. 김영옥 외 옮김. 길.

쉬벨부쉬, 볼프강. 1999.『철도 여행의 역사』. 박진희 옮김. 궁리.

슈와르츠, 바네사 R. 2006.『구경꾼의 탄생: 세기말 파리, 시각문화의 폭발』. 노명우 외 옮김. 마티.

싱어, 벤. 2009.『멜로드라마와 모더니티』. 이위정 옮김. 문학동네.

주은우. 1999.「도시와 영화, 그리고 현대성」. ≪필름 컬처≫, 5호. 한나래.

28 영화로 보는 대중문화

영화는 탄생부터 고급 예술이 아닌 대중문화였다. 상류층이 발레나 오페라 같은 공연을 관람했다면 일반 대중들은 보드빌vaudeville이나 서커스 같은 값싼 오락거리들을 즐겼다. 영화는 그중 가장 인기 있는 오락거리였다. 20세기 초 대량생산과 대량 소비가 가능해짐에 따라 영화는 점점 더 대중에게 친숙한 볼거리로 자리 잡았다.

대공황과 제2차 세계대전 동안에도 영화는 불황을 모르는 산업이었다. 오히려 사람들은 경제적 궁핍과 전쟁의 고통을 잊기 위해 영화관을 더 많이 찾았다. 독일 프랑크푸르트학파Frankfurt School의 철학자들은 이러한 현실을 개탄했다. 프랑크푸르트학파는 서유럽에서 좌파적 노동운동의 몰락, 스탈린주의로 타락한 러시아 혁명, 대공황과 나치즘과 같은 역사적 사건을 겪으며 등장했다. 관료적 스탈린주의를 배격하고 마르크스주의의 인간주의적 가치를 고수했던 그들은 서구 사회에서 마르크스가 예견했던 혁명이 일어나지 않은 이유를 설명하는 데 가장 큰 관심을 기울였다(스탬, 2012: 90).

고전적인 마르크스주의가 자본과 노동, 생산 같은 경제적 토대를 설명하는 데 집중한 데 반해 프랑크푸르트학파는 상품화, 물신화, 인간 소외 같은 문화적 영역을 연구하는 데 더 공력을 들였다. 그것은 상품생산과 소비시장이 고도로 발달한 서구 사회가 대중문화라는 이름으로 포장된 문화산업으로 대중을 길들이고 있다고 생각한 데서 비롯했다. 그들은 대량으로 생산되는 문화상품이 대중들의 의식을 마비시키고 있다고 주장했다. 즉, "종교는 인민의 아편"이라고 말한 마르크스의 말을 조금 바꿔 말하자면, "대중문화가 대중의 아편"이라는 것이다. 그들은 문화산업은 모든 것을 동질화하고 획일화하는데, 영화가 앞장서서 그 역할을 하고 있다고 역설했다(아도르노·호르크하이머, 2001: 183). 영화의 대량생산을 가져왔던 할리우드 스튜디오 시스템은 그들의 표적이었다. 프랑크푸르트학파는 1930년대에 나치 독일을 피해(그들의 상당수는 유대인이었다) 독일에서 미국으로 망명했지만, 마르크스주의자인 그들이 자본주의 미국에 만족한 것은 아니었다.

프랑크푸르트학파에 따르면, 할리우드가 생산하는 천편일률적인 장르 영화들은 대중의 구미와 취향에 따라 만들어진 것 같지만 실은 그 반대이다. 대중들은 자신들이 좋아서 그런 영화를 본다고 느낄지도 모르지만, 영화산업이 대중의 입맛을 길들이고 있다는 것이다. "상업 영화는 조립 라인이라는 기술에 의해 제조된 대량생산된 상품일 뿐이며 그 영화를 보는 수동적이고 자동화된 관객들을 억압하는 생산물일 뿐이다"(스탬, 2012: 91). 프랑크푸르트학파가 대중문화라는 말을 쓰지 않고 문화산업이라 칭했던 것도 그것이 진정한 대중의 문화가 아니라고 여겼기 때문이다.

영화 〈트루먼 쇼The Truman Show〉(1998)는 그들이 인식하는 대중의 모습을 잘 보여준다. '트루먼 쇼'는 전 세계에서 방송되는 텔레비전 프로그램 제목이다. 트루먼짐 캐리이라는 한 남자의 탄생에서 시작하여 평범한 가장으로 살아가는 지금까지 모든 삶이 방송되고 있다. 그 자신만 모른 채 말이다. 트루먼은 항상 명랑하고 쾌활하다. 그에게 별다른 걱정거리는 없어 보인다. 그는 로렌이라는 여성과 사랑에 빠지지만 이것은 프로그램에서 계획한 것이 아니었다. 그러나 계획되지 않은 것조차 방송되고 사람들은 트루먼의 일거수일투족을 다 알게 된다. 프랑크푸르트학파의 관점에서 본다면 이들은 텔레비전이라는 문화산업의 수동적인 포로들이자 아무런 주체성도 선택의 능력도 없는 문화 중독자cultural dopes일 뿐이다. 트루먼의 즐겁고 유쾌한 삶도 사실은 길들여진 것이다. 마찬가지로 트루먼을 지켜보는 사람들도 타인의 삶을 엿보는 것에서 즐거움을 얻을 뿐이다. 그들은 텔레비전 쇼에 중독된 사람들인 것이다. 영화의 후반부에서 자신이 감시당하고 있다는 것을 자각한 트루먼은 도망친다. 방송국도 시청자들도 난리가 난다. 초유의 사태이다. 트루먼은 비로소 자신을 둘러싼 모든 것들이 인공적으로 이루어졌다는 것을 깨닫고 오열한다.

〈트루먼 쇼〉는 대중문화를 생산해내는 오늘날의 미디어를 날카롭게 풍자하고 있다. 프랑크푸르트학파가 문화산업을 비판했던 때는 아직 텔레비전이 전면적으로 보급되기 전이었지만 지금은 텔레비전만큼 친숙한 미디어가 없다. 그런데 트루먼이나 트루먼 쇼에 중독된 시청자들처럼 대중은 정말 문화산업에 수동적으로 길들여진 사람들일뿐일까? 프랑크푸르트학파의 이러한 진단에 맞서 영국 버밍엄학파Birmingham School는 그렇지 않다고 말한다.

버밍엄학파는 프랑크푸르트학파가 대중문화의 수용자들을 지나치게 수동적인 존재로 파악했다고 비판했다. 그들이 정립한 문화연구cultural studies는 대중문화에서 긍정적 가능성을 찾아내고, 대중의 자발성과 창조성, 대중이 누리는 쾌락을 적극적으로 인정한다(터너, 1995: 248). 대중은 결코 문화산업에 일방적으로 길들여지는 존재가 아니라는 것이다. 영화 〈플레전트빌Pleasantville〉(1998)은 그들이 인식하는 대중의 모습을 잘 보여준다. 데이비드토비 맥과이어와 제니퍼리즈 위더스푼 남매는 텔레비전 리모컨을 갖고 다투다가 그만 고장 내고 만다. 텔레비전 수리공은 새 리모컨을 주고 가고, 둘은 또 다시 리모컨을 두고 다툰다. 그런데 깜짝 놀랄 일이 벌어진다. 데이비드와 제니퍼가 텔레비전 시트콤 속으로 들어가 버린 것이다. 시트콤 '플레전트빌'의 세상은 1950년대 미국이다. 그 시대의 텔레비전처럼 흑백의 세계이다. 그런데 깜짝 놀랄 일은 이것만이 아니다. 이곳 사람들은 마치 〈트루먼 쇼〉의 트루먼처럼 이 마을 바깥 세계를 알지 못한다. 제니퍼는 그곳 학교 선생님에게 "플레전트빌 밖에는 뭐가 있죠?"라고 묻지만, 선생님은 질문 자체를 이해하지 못하겠다고 말한다.

이 마을 사람들은 사랑의 감정도 일상에서 느끼는 쾌락도 알지 못한다. 순진하다 못해 바보스러운 데가 있다. 데이비드와 제니퍼는 이 마을에 작은 변화를 가져온다. 흑백의 마을에서 컬러로 된 그림을 보여주자 그림을 좋아하는 요리사는 깊은 감동을 받는다. 사랑의 감정을 느끼게 될 때, 그 감정을 느낀 사람과 그를 둘러싼 세상은 컬러로 바뀌게 된다. 이제 기존의 보수적인 질서를 고수하는 흑백의 사람들은 컬러로 변한 모든 것을 비난하고 질타한다. 반드시 지켜야 할 마을의 규약을 제정하기도 한다. 그중 하나는 음악을 듣거나 그에 맞춰 춤을 추면 안 된다는 것도 있다. 컬러로 바뀐 사람들이 쫓기듯 숨어 있을 때 누군가가 당시 유행하는 경쾌한 로큰롤을 켠다. "당장 꺼. 그러다간 잡혀가!" 누군가가 소리쳐 급히 음악을 끄지만 데이비드는 과감하게 음악을 다시 켠다. 그러자 사람들은 자신도 모르게 리듬에 맞춰 다리를 까딱거리기 시작한다. 우리가 일상적으로 느끼는 대중문화의 쾌락을 거부할 길은 없다. 영화의 제목인 '플레전트빌'도 쾌락의 마을이라는 뜻이다. 버밍엄학파는 이런 대중의 쾌락을 부정하기는커녕 오히려 예찬한다. 대중들이 대중문화에서 느끼는 쾌락은 낡고 고루한 질서를 전복하는 긍정적인 힘이 있다는 것이다. 비록, 판타지의 형식을 취하고 있지만 이 영화에서 데이비드와 제니퍼 남매가 시트콤 속으로 들어가 지루한 세상을 활기찬 세상으로 바꿔 놓는 것도, ⟨트루먼 쇼⟩의 시청자와는 달리 이들 남매가 수동적인 문화 수용자가 아니라는 것을 보여준다. 버밍엄학파는 이러한 대중문화 수용자가 능동적이며 영리한 의미 생산자라고 여긴다(바커, 2009: 57~59).

프랑크푸르트학파는 대중을 지나치게 수동적으로 보았던 데 반해, 버밍엄학파는 지나치게 높이 평가한 점이 있다. 대중이 수동적인 존재만은 아니지만 그렇다고 견고한 지배 질서에 언제나 저항하는 주체만도 아니다. 로버트 스탬은 "문화연구가 보여준 …… 최악의 형태는 팬덤과 소비주의가 완벽하게 자유로운 실천이라고 찬양한 것"이라고 말했다(스탬, 2012: 268). 이는 대중의 쾌락과 의미 생산자로서의 능동적 역할을 지나치게 과대평가한 나머지, 그들이 자본주의 문화산업이 가장 좋아할 만한 소비자라는 사실을 잊어버린다는 것이다. 예를 들어, 아이돌 팬덤은 나름의 문화적 트렌드를 주도하고 문화자본에 맞서 의미 있는 저항을 하기도 하지만 팬덤을 타깃으로 한 문화상품(CD, 화보, 굿즈 등)을 가장 많이 사주는 소비자이기도 하다. 거기에는 ⟨플레전트빌⟩에서 나타나듯 엄숙주의 '꼰대'들에게 가하는 저항적 쾌락도 있지만 그 쾌락이 자본주의가 부추기는 소비주의와 무관한 것도 아니다.

대중은 수동적이면서도 능동적이며, 순응적인 면모와 저항적인 면모를 모두 갖고 있다. 그런 점에서 대중문화는 지배적인 질서와 저항적인 측면이 항시적으로 갈등하고 타협하는 장이라고 할 수 있다.

더 읽을거리

스탬, 로버트. 2012. 「프랑크푸르트 학파」. 『영화이론』. 김병철 옮김. K-books.
______. 2012. 「문화연구의 부흥」. 『영화이론』. 김병철 옮김. K-books.

아도르노, 테오도르·막스 호르크하이머. 2001. 「문화산업: 대중기만으로서의 계몽」. 『계몽의 변증법』. 김유동 옮김. 문학과지성사.

윌리스, 앤디. 1999. 「8장 문화연구와 대중영화」. 조안 홀로우즈·마크 얀코비치 엮음. 『왜 대중영화인가』. 문재철 옮김. 한울.

터너, 그래엄. 1995. 『문화 연구 입문』. 김연종 옮김. 한나래.

터너, 그레이미. 2004. 「1부 21장 문화연구와 영화」. 존 힐·파멜라 처치 깁슨 엮음. 『세계영화연구』. 안정효 외 옮김. 현암사.

29 소비상품으로서의 영화

영화의 아버지 뤼미에르 형제는 영화가 잠시 과학적 호기심에 주목받다가 말 것이며 상업적으로는 미래가 없다고 말했다고 한다. 그러나 뤼미에르 형제의 이런 생각은 완전히 빗나갔다. 그들이 영화를 발명한 지 얼마 되지 않아, 영화는 최고의 문화상품이 된 것이다. 영화를 상품으로 취급한다는 것은 주로 영화산업과 관련한 경우가 많다. 물론, 관객들은 영화표를 사서 영화를 소비하지만, 영화를 상품으로서보다는 즐기는 오락거리로 생각한다. 이에 비해 영화 평론가들은 상품성이 강한 대중영화보다 예술적인 향기가 강한 영화들을 높이 평가하는 경향이 있다. 1992년 칸 국제 영화제 감독상을 수상한 로버트 알트먼Robert Altman 감독의 〈플레이어The Player〉(1992)는 영화를 철저한 상품으로 여기는 냉혹한 영화 비즈니스 산업의 면모를 여실히 보여준다.

그리핀팀 로빈스은 철저하게 흥행만을 추구하는 영화사 부사장이다. 그는 지금 앞으로 제작할지도 모르는 영화의 줄거리를 듣고 있다. "〈부시맨The Gods Must Be Crazy〉이랑 비슷한데 콜라병 대신 여배우군요." "〈아웃 오브 아프리카Out of Africa〉에 〈귀여운 여인Pretty Woman〉을 합친 거죠." 이 대화를 들어보면 영화업계에 있는 사람들이 영화를 어떻게 생각하는지 알 수 있다. 마치 A라는 상품을 B라는 상품과 결합시키는 식이다. 복잡한 설명이 필요 없이 기존의 것을 조금만 변형시키면 되는 것이다. '하늘 아래 새로운 것은 없다'는 말이 있듯이, 대중영화는 언제나 익숙한 것으로 관객들을 소구한다. 관객들은 낯선 것을 두려워하는 경향이 있다. 그렇다고 늘 반복되는 진부한 것이어서도 안 된다. 기본적인 패턴은 반복되어서 관객들이 낯설지 않게 인식되어야 하지만, 늘 똑같은 것이어서는 안 되고 조금씩 차이와 변화를 주어야 하는 것이다. 차이와 반복. 이것이야말로 대중영화가 추구하는 상업적 전략이다. 또한, 내용을 쉽게 요약하기 어려운 영화는 업계에서 배척받는다. 이유는 간단하다. 홍보가 점점 중요해지고 있는 영화산업에서 관객들에게 쉽게 홍보하기가 어렵기 때문이다.

할리우드 최고의 흥행감독이자 제작자인 스티븐 스필버그는 "만약 어떤 사람이 스물다섯 개 혹은 그 이하의 단어로 설명할 수 있는 아이디어가 있다면 그 아이디어는 괜찮은 영화로 만들어질 수 있다. 나는 그런 아이디어를 좋아한다. 특히 손에 쥘 수 있듯 아주 간결한 그런 아이디어를 사랑한다"고 말했다(와이어트, 2004: 33). 그가 말하는 '괜찮은 영화'란 상업성이 있는 영화를 가리킨다. 영화의 내용이 간결하고 단순할수록 상업성이 높다는 뜻이다. 영화산업을 연구하는 학자인 저스틴 와이엇Justin Wyatt은 이것을 하이 콘셉트high concept라는 말로 요약했다. 높은 시장성을 보장하면서도, 강한 인상을 줄 수 있고, 그러면서도 쉽게 요약될 수 있는 내러티브, 그것이 바로 하이 콘셉트인 것이다(와이어트, 2004: 33).

한국 영화 〈해운대〉(2009)와 〈시〉(2010)를 비교해보자. 〈해운대〉는 전형적인 재난 영화이다. 재난 영화의 공식과 관습은 복잡하지 않다. 인간의 힘으로 어찌할 수 없는 자연 재난이 기다리고 있지만 사람들은 그 재난이 닥치기 전까지 그 사실을 알지 못한다. 재난을 감지한 과학자는 끊임없이 경고하지만 관료들이나 기업가들은 부정한다. 괜한 소란을 야기하거나 관광 사업에 해가 될까 봐 두려운 것이다. 사람들은 재난이 일어나기 전까지 일상적인 삶을 살아간다. 하지만 재난은 이들의 삶을 송두리째 파괴한다. 그리고 재난을 겪고 난 후 그들은 그동안 서로에게 느끼지 못했던 사랑과 우정, 그리고 뜨거운 가족애를 느끼게 된다. 할리우드 영화든 한국 영화든 이런 결말은 불변의 공식과도 같다. 〈해운대〉 이후에 나온 한국의 재난영화들인 〈연가시〉(2012), 〈타워〉(2012), 〈부산행〉(2016), 〈터널〉(2016), 〈판도라〉(2016) 등을 떠올려 보면 금방 이해가 갈 것이다.

이제 〈시〉를 보자. 황혼에 접어든 미자윤정희는 낡은 서민 아파트에서 손자와 함께 산다. 그녀는 치장하기를 좋아하고 일상과 자연에 대한 호기심으로 가득하다. 동네 문화원에서 시 강좌를 듣게 된 미자는 그 때부터 시상을 찾기 위해 이전까지 무심코 지나쳤던 모든 것에 관심을 갖는다. 그러나 그런 그녀에게 청천 벽력같은 소식이 전해진다. 중학교에 다니는 손자가 친구들과 함께 한 여학생을 성폭행했고 그 여학생은 끝내 자살한 것이다. 그런데 손자는 마치 아무 일도 없다는 듯이 행동한다. 가해 학생들의 부모들은 피해자의 고통보다는 어떻게 하면 돈으로 해결할 수 있을까를 먼저 생각한다. 이 영화는 〈해운대〉와 같은 정형화된 공식도 관습도 갖고 있지 않다. 미자가 시를 사랑하는 것과 손자의 성폭행 사건은 무슨 관련이 있을까? 왜 미자가 아름다움을 추구할수록 현실은 점점 비루하고 초라해질까? 이 영화가 갖고 있는 심오한 주제의식과 삶에 대한 깊이 있는 통찰은 단 몇 줄짜리 광고 문안으로 환원될 수 없다. 이런 영화는 하이 콘셉트와 대립되는 로우 콘셉트low concept인 것이다(와이어트, 2004: 15).

#1 〈해운대〉 포스터

하이 콘셉트와 로우 콘셉트라는 성격은 두 영화의 포스터만 비교해 봐도 쉽게 알 수 있다. 〈해운대〉의 포스터를 보자. 포스터 하단은 광

안대교 너머로 해일이 밀어닥치는 모습으로 채워져 있고, 상단은 밀려오는 해일의 모습에 놀라는 얼굴로 가득 차 있다. 누가 보아도 블록버스터급 재난영화라는 것을 알 수 있다. 배우들도 설경구, 하지원 등 우리가 잘 아는 스타들이다. 이에 비해 〈시〉의 포스터는 어떠한가? 이 포스터는 영화에 대한 정보를 거의 제공하고 있지 않다. 영화 속 미자 캐릭터의 얼굴만이 커다랗게 공간을 차지한다. 미자를 연기하는 원로 여배우 윤정희는 젊은 관객에겐 거의 알려져 있지 않다. 이 포스터만 보아서는 이 영화가 어떤 내용을 담고 있는지 알기 어렵다. 물론, 하이 콘셉트냐 로우 콘셉트냐 하는 것은 영화의 작품성과는 무관하다. 그보다는 불특정 다수의 관객을 타깃으로 하느냐, 특정한 소수 관객을 타깃으로 하느냐와 관련이 있다.

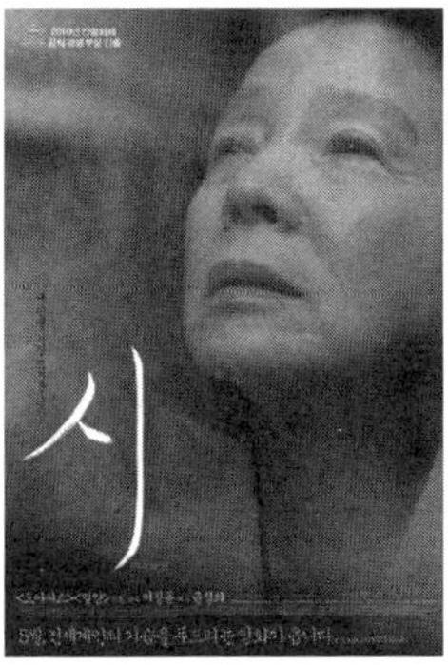

#2 〈시〉 포스터

대체로 하이 콘셉트를 표방하는 영화들은 전 방위적인 마케팅 전략을 취한다. 영화 〈죠스Jaws〉(1975)는 그 고전적인 실례이다. 〈죠스〉는 개봉 첫째 주에 1400만 달러를 벌어들이며 〈대부The Godfather〉(1972)가 기록한 1000만 달러의 기록을 깼다. 〈죠스〉는 북미 박스오피스 1억 달러를 돌파한 최초의 영화로, 블록버스터의 시작을 알렸다. 이 영화가 이렇게 크게 히트한 것은 비단 영화가 재미있었기 때문만은 아니다. 1975년 개봉에 앞선 3일 동안 텔레비전 광고에만 70만 달러의 비용이 들었다. 미국 3개 네트워크 텔레비전 방송의 황금 시간대에 광고가 75회 노출되었다고 한다(조엘·린톤, 1994: 87). 그러나 이것이 전부가 아니다. 이미 영화 개봉 2년 전부터 동명의 베스트셀러 소설이 영화화된다는 소식이 마케팅의 시작이었다. 소설의 표지는 영화의 이미지를 그대로 차용했다. 개봉 시기도 학생들의 여름방학이 시작되는 6월 말로 잡았다. 시원한 바다의 이미지로 가득 찬 영화와 어울리게 말이다. 티셔츠나 액션 피겨 같은 파생 상품도 영화를 알리는 데 큰 역할을 했다. 사람들이 광고에 노출되면 노출될수록 영화를 친숙하게 여긴 것이다. 〈죠스〉에서 시작한 공격적인 마케팅 전략은 오늘날 블록버스터 영화의 필수적인 요소가 되었다. 저스틴 와이엇은 하이 콘셉트를 "이미지를 보여주고, 영화로 끌어들이고, 영화표를 사게 하기The Look, the Hook, and the Book"의 과정이라고 설명했다(와이어트, 2004: 46). 여기서 이미지란 단지 영화의 한 장면을 이야기하는 것이 아니라 상품으로서의 영화가 파생시키는 모든 상업적 이미지를 말하는 것이다.

뮤지컬 영화로서 크게 흥행에 성공한 〈레미제라블Les Miserables〉(2012) 역시 예술작품으로서뿐 아니라 문화상품으로서의 위상을 보여준다. 빅토르 위고의 원작 소설은 수차례 영화화되었지만 이 영화는 원작 소설보다 원작을 바탕으로 1985년 런던에서 초연된 뮤지컬에 기반을 두고 있다. 영화에 나오는 모든 노래가 뮤지컬 공연을 그대로 이어받은 것이다. 문자 매체보다는 영상 매체에 익숙한 오늘의 젊은 관객들은 영화를 먼저 본 후, 원작 소설이나 뮤지컬을 찾아보게 된다. 이 영화의 원작 소설은 영화의 흥행에 힘입어 베스트셀러가 되는 기현상을 낳기도 했다. 고전은 읽히지 않는다는 공식이 영화 한 편을 통해 깨진 예인 것이다. 〈레미제라블〉은 문화 콘텐츠학에서 자주 사용하는 용어인 원 소스 멀티 유스one-source multi-use의 대표적인 사례다. 요즘에는 원작을 영화화하는 것이 아니라, 반대로 영화가 흥행함으로써 소설이나 뮤지컬 등으로 만들어지는 경우도 흔하게 볼 수 있다. 아니면 처음부터 영화와 소설이 함께 기획되는 예도 적지 않다. 지나친 상업화가 아니냐는 비판도 있지만 문화 소비자의 입장에선 골라 보거나 읽는 재미가 있을 것이다.

더 읽을거리

김미현. 2014.『영화 산업』. 커뮤니케이션북스.

김대희. 2012.「10장 산업으로서의 영화」. 김이석·김성욱 외.『영화와 사회』. 한나래.

와스코, 자넷. 2005.『정보화 시대의 영화산업』. 최현철 옮김. 나남.

_____. 2007.『할리우드 영화산업론』. 박조원·정헌일 옮김. 커뮤니케이션북스.

와이어트, 저스틴. 2004.『하이 콘셉트: 할리우드의 영화 마케팅』. 조윤장 외 옮김. 아침이슬.

조진희. 2012.『한국영화산업, 도약을 꿈꾸다』. 한나래.

30 영화 관객과 수용

영화가 갖고 있는 의미는 영화 속에만 있는 것이 아니다. 같은 영화를 보더라도 다른 환경의 사람들은 각자가 처한 환경에 따라 영화를 본다. 1970년대를 지배했던 정신분석학적 영화 이론과 이데올로기를 중시했던 장치이론은 관객을 이데올로기에 의해 구성되는 수동적 주체로 보았다 (→ 14강 68혁명, 영화, 이데올로기; 17강 영화, 꿈, 정신분석학). 영화는 기본적으로 지배 이데올로기가 관철되는 장치이며, 관객들은 영화를 현실처럼 느끼게 만드는 환영성에 이끌린다. 그러한 환영성에 도취되게 만드는 심리작용은 바로 정신분석학에서 거론하는 무의식인 것이다. 그러나 이러한 관객spectator 이론은 여러 비판에 직면해야 했다. 무엇보다도 여기서 논의되는 관객은 이론적이고 추상적인 관객이지 피와 살을 가진 현실 속의 관객이 아니라는 것이었다. 장치이론이 상정하는 관객이 영화 장치의 지배 이데올로기에 의해 구성된다면, 거기에는 역사적인 시기도, 계급적인 구별도, 젠더, 인종, 세대 간의 차이도 없는 것인가? 그렇다면 그 영화를 보는 지배계급도 지배 이데올로기의 포로가 되는 것인가? 어떤 영화가 남성우월주의적이라면 그 영화를 보는 남성과 여성 사이에는 어떤 차이도 없는 것인가?

이러한 문제의식은 보다 구체적이고 현실적인 관객들에 대한 연구로 이끌었다. 인종, 계급, 젠더, 세대 등의 차이는 영화를 달리 보도록 해주는 요인들이다. 최근에는 영화 작품 속의 미학적 의미를 짚어내는 차원에서 벗어나 관객들이 저마다의 위치에 따라 영화를 어떻게 수용하는가의 문제에도 관심이 집중되고 있다.

물론, 이러한 경험적이고 실증적인 연구들이 정신분석학적 영화 이론과 장치 이론 이전에 없었던 것은 아니다. 그보다는 위 두 이론의 영향력이 한 시대를 지배했기 때문에 오랫동안 영화 이론의 역사 속에서 잊힌 감도 있고, 또한 실증적 연구를 했던 이들이 영화학자들보다는 사회학자들이었기 때문에 학제적interdisciplinary 접근이 갈수록 중요해지면서 다시 부활한 측면도 있다.

초기의 경험적 관객 연구 중 가장 포괄적이고 영향력이 컸던 것은 미국의 페인 재단 연구Payne Fund Studies였다. 일군의 사회학자, 심리학자, 교육학자들이 페인 재단이라는 박애주의 재단에서 20만 달러를 기증받아 영화가 대중에 미치는 영향을 연구했다. 1929년에서 1932년 사이에 이루어진 이 연구는 대체로 영화가 대중들에게 해로운 영향을 미친다는 것에 초점이 맞추어졌다(그립스러드, 2004: 243). 특히 이 연구에 주도적으로 참여했던 시카고학파의 사회학자 허버트 블러머Herbert Blumer는 영화가 비도덕적인 행동을 매력적으로 보여줄 경우 사람들을 혼란에 빠뜨릴지도 모른다는 결론을 내렸다. 그에 따르면 영화가 비행非行을 유도할 가능성이 다분히 있어서 특히 청소년들에게 주의가 요구된다는 것이었다(그립스러드, 2004: 244). 영화가 사회에 미치는 부정적 영향을 다룬 연구의 원류라고 할 만한 이 연구는 보수적인 관점에도 불구하고 영화에 대한 관객의 매혹과 동일시 등 사회심리적인 측면을 추상적·이론적인 방법이 아니라 경험적·실증적으로 조사한 것에 그 의의가 있다. 페인 재단의 조사방법에는 양적인 내용 분석, 실험 연구, 참여 관찰, 그리고 많은 사람이 영화를 본 경험을 수기 형식으로 쓰는 것 등 사회과학의 양적 연구방법론과 질적 연구 방법론을 모두 포괄하고 있다. 그러나 사회과학자들이 중심이

된 연구였기에 영화가 갖고 있는 미적 형태, 즉 예술로서의 영화에 대해서는 거의 고려하지 않았다는 단점이 있다.

1970년대 장치 이론이 관객을 수동적인 호명의 대상으로만 설정한 것이 의심받기 시작하자 경험적 관객 연구가 서서히 등장하기 시작했다. 대략 1980년을 전후한 시기부터 이러한 흐름이 영화 연구에서 부상했는데, 그것은 영화에서 젠더와 섹슈얼리티의 문제, 인종과 민족성의 쟁점 등이 중요한 문제로 다루어지는 것과 궤를 같이 했다. 거시적·사회역사적인 맥락에서 볼 때, 이러한 흐름은 노동운동 중심이었던 사회운동이 68혁명 이후 여성, LGBT, 소수민족, 환경, 평화 등 다양한 부문을 다루는 신사회 운동으로 변화하는 상황과도 관련이 있는 것이었다. 이 운동은 각자가 처한 위치에서 자신의 정체성(여성, LGBT, 인종/소수민족 등)에 맞는 정치를 표방했는데, 이는 정체성 정치학이라는 용어와 일맥상통한다. 따라서 영화 관객에 대한 연구 역시 인종, 계급, 젠더 등에 따라 다양하게 분화되었다.

버밍엄학파가 이끄는 문화 연구(→ 28강 영화로 보는 대중문화)는 이러한 흐름에서 주도적인 역할을 했다. 문화 연구는 처음에 영화보다는 텔레비전을 더 중요한 연구 대상으로 삼았지만 후에 영화 연구에도 적지 않은 영향을 미쳤다. 버밍엄학파를 실질적으로 이끌었던 스튜어트 홀Stuart Hall은 미디어 텍스트가 모든 사람들에게 단일하게 전달되는 것이 아니라 자신이 처한 위치에 따라 서로 다르게 인식되고 수용된다고 주장했다(홀, 2015). 그는 세 가지의 독해 방식을 제시했다. 첫째 지배적-헤게모니적 dominant- hegemonic 독해이다. 이러한 독해는 미디어가 전달하는 지배 이데올로기를 아무런 비판 없이 그대로 받아들이는 방식이다. 둘째 타협적 negotiated 독해이다. 이는 지배 이데올로기를 받아들이되, 전부 받아들이는 것이 아니라 자신의 위치에서 수용할 수 있는 부분만 수용하는 것이다. 즉, 그 일부는 거부한다는 뜻이다. 순응적 요소와 저항적 요소가 혼재되어 있는 것이다. 마지막으로 대항적oppositional 독해이다. 이는 미디어가 전달하는 지배 이데올로기를 완전히 반대로 해석하는 것이다. 가령, 국가 경쟁력을 운운하며 노동자들이 파업을 자제해야 한다는 메시지가 전달될 때, '국가 경쟁력'을 '자국 자본의 경쟁력'으로 해석하거나 국익을 계급 이익으로 독해한다면 이는 대항적 독해인 것이다.

홀의 선구적인 통찰에 의거해 관객 연구는 인종, 계급, 젠더 등 서로 다른 정체성, 혹은 서로 교차하는 정체성을 가진 집단에 대한 연구로 발전했다. 고전 할리우드 멜로드라마 〈슬픔은 그대 가슴에Imitation of Life〉(1934)는 타깃으로 하는 관객이 누구냐에 따라 수용의 맥락이 달라진 예이다. 이 영화는 백인 어머니와 흑인 어머니의 모녀 관계를 다루고 있다. 남편과 사별한 베아트리스클로데트 콜베르는 생계를 어떻게 이어나갈지 막막하다. 그런 와중에 흑인 여성 델릴라루이스 비버스를 만나게 된다. 역시 홀로 딸을 키우는 델릴라도 일자리를 구하고자 한다. 두 사람은 의기투합한다. 델릴라의 팬케이크 솜씨와 베아트리스의 사업 수완이 만나 팬케이크 가게를 차리게 된 것이다. 두 사람의 팬케이크 가게는 번창하게 되고 곧 여유 있는 삶을 살게 된다. 〈슬픔은 그대 가슴에〉는 백인 배우와 흑인 배우의 비중이 비교적 고른 편이다. 그래서 이 영화가 미국 애틀랜타 지역에서 개봉했을 때, 백인 지역과 흑인 지역에서는 전혀 다른 광고가 나갔다고 한다. 백인 지역에서는 백인 남성 캐릭터와의 로맨스가 암시되면서 베아트리스를 연기한 클로데트 콜베르Claudette Colbert를 주인공으로 하는 영화로 소개되었다. 그에 비해서 흑인 지역에서는 델릴라를 연기한 루이스 비버스Louise Beavers의 영화로 광고되었다. 백인처럼 하얀 피부를 가진 딸과 심각한 갈등을 겪는 어머니 역할로 말이다. 이 영화는 서로 다른 인종의 관객들에게 한 편의 영화가 어떻게 다르게 수용될 수 있는지를 잘 보여준다(레만·루어, 2009: 235).

〈슬픔은 그대 가슴에〉가 마케팅 차원에서 관객의 수용 맥락을 다변화한 것이라면 디즈니의 애니메이션 〈판타지아Fantasia〉(1940)는 시대의 변천에 따라 전혀 예기치 않은 관객의 반응을 보여준 예다. 이 작품이 개봉된 것은 1940년이었고 애초의 제작 목적은 클래식 음악을 좀 더 친근하게 만들어서 일반 대중이 쉽게 다가갈 수 있도록 하려는 것이었다. 그러나 제작 당시 그러한 목적은 빗나갔다. 아무런 대사도 특별한 이야기도 없는 이 작품은 관객들에게 낯설게 느껴졌다. 또한, 디즈니는 입체 음향을 위해 64개의 스피커 시스템을 개발했지만 일시적인 상영을 위해 그런 시스템을 갖추겠다고 나서는 극장도 많지 않았다. 당연히 결과는 처참한 흥행 실패였다. 그런데 수십 년이 흐른 1960년대 후반에 이 영화는 전혀 다른 맥락에서 수용되었다. 그 당시는 반문화counter-culture를 추구하는 히피들의 전성기였고 그들은 마리화나에 취해 환상적이고 몽환적인 것들을 즐겨 찾았다(레만·루어, 2009: 237). 그들이 보기에 〈판타지아〉는 말 그대로 환상 그 자체였다. 잘 짜인 이야기는 없지만 거기에는 그들이 추구하는 사랑과 평화, 휴식과 명상의 세계가 있었다.

영화관의 성격 역시 관객의 수용에 지대한 영향을 끼친다. 일반적인 영화관에서 상영하는 개봉작과 시네마테크에서 상영하는 작품들은 그 성격이 매우 다르다. 시네마테크는 상업적인 목적의 개봉작이 아닌 고전영화, 예술영화, 특정 감독이나 배우의 회고전, 특별전 등을 상영하는 곳이다. 1936년 앙리 랑글루아Henri Langlois가 설립한 시네마테크 프랑세즈가 그 기원이다. 영화 〈몽상가들The Dreamers〉(2003)은 1968년 프랑스의 드골

정부가 랑글루아를 시네마테크 프랑세즈의 관장직에서 해임한 사건으로 시작한다. 이에 반대하는 사람들이 시위를 조직한다. 이 시위에 모인 사람들은 모두 영화를 광적으로 좋아하는 영화광들이다. 그러나 그들은 단지 영화를 많이 보고 좋아하는 것으로 그치지 않는다. 영화사에 대한 해박한 지식에 더하여 영화에 나왔던 대사와 행동까지 모두 기억한다. 영화 속 대사를 읊조리며 영화의 제목을 맞히는 퀴즈를 하는가 하면, 영화 속의 명장면을 따라 하기도 하는데, 이런 행동이 이들에겐 마치 종교적 행위만큼 신성하게 여겨진다. 이렇게 영화에 대한 열정적인 사랑, 지식과 교양으로 똘똘 뭉친 사람들을 시네필cinephile이라 부른다.

시네마테크가 시네필들의 성스러운 장소라면 멀티플렉스는 일반 관객들이 일상의 피로를 풀고 가벼운 여흥을 즐기는 장소이다. 관객들은 팝콘과 음료수를 마시며 영화에 빠져든다. 시네필들에게 영화는 경배해야 할 대상이지만 일반 관객들에게 영화는 백화점을 돌아다니며 쇼핑을 하는 것과 같은 것이다. 멀티플렉스가 대부분 백화점과 쇼핑몰에 위치해 있는 것도 그러한 맥락이다. 멀티플렉스는 텔레비전에 빼앗긴 관객들을 다시 영화관으로 오게 하는 데 결정적인 역할을 했다. 디지털 기술의 도입에 따른 3D 영화나 아이맥스 상영 방식도 멀티플렉스가 아니면 접하기 어렵다. 물론, 3D 영화는 1950년대에도 있었다. 〈하우스 오브 왁스House of Wax〉(1953), 〈다이얼 M을 돌려라Dial M for Murder〉(1954) 등은 초기의 3D 영화였다. 그러나 1950년대 3D 영화는 복잡한 제작 과정과 과도한 경제적 출혈에 의해 급속하게 소멸되었다(정헌, 2012: 314). 그로부터 반세기가 흐른 2009년 〈아바타Avatar〉는 사멸한 3D 영화를 화려하게 부활시켰다. 1950년대 3D 영화가 단지 스펙터클의 시각적 효과에만 집중했다면 〈아바타〉는 3D 기술을 자연스럽게 이야기에 종속시켰다. 이러한 3D의 성과는 〈라이프 오브 파이Life of Pi〉(2012), 〈하늘을 걷는 남자The Walk〉(2015) 등의 영화로 이어지고 있다.

이제 관객들은 같은 영화를 보더라도 관람 환경에 따라 전혀 다른 경험을 할 수 있다. 〈아바타〉, 〈라이프 오브 파이〉, 〈하늘을 걷는 남자〉처럼 3D나 아이맥스로 봐야 제맛인 영화들을 스마트폰의 작은 화면으로 본다면 감흥이 덜할 것이다. 3D를 넘어 4D 체험관까지 생긴 것을 보면 이제 영화관은 수많은 멀티미디어들과 경쟁하기 위해 거듭해서 진화해나갈 것으로 보인다.

더 읽을거리

가토 미키로우. 2017. 『영화관과 관객의 문화사』. 김승구 옮김. 소명출판.

그림스러드, 조스틴. 2004. 「1부 22장 영화 관객」. 존 힐·파멜라 처치 깁슨 엮음. 『세계 영화연구』. 안정효 외 옮김. 현암사.

김성욱. 2012. 「8장 영화관의 사회학」. 김이석·김성욱 외. 『영화와 사회』. 한나래.

김승구. 2012. 『식민지 조선의 또 다른 이름, '시네마 천국'』. 책과함께.

노지승. 2016. 『영화관의 타자들』. 앨피.

레만, 피터·윌리엄 루어. 2009. 「8장 관객과 수용」. 『영화에 대해 생각하기』. 이형식 옮김. 명인문화사.

스탬, 로버트. 2012. 「관객의 탄생」. 『영화이론』. 김병철 옮김. K-books.

정충실. 2018. 『경성과 도쿄에서 영화를 본다는 것: 관객성 연구로 본 제국과 식민지의 문화사』. 현실문화연구.

터너, 그래엄. 1994. 「5장 영화 관객」. 『대중 영화의 이해』. 임재철 외 옮김. 한나래.

한국영상자료원 엮음. 2017. 『은막의 사회문화사: 1950~70년대 극장의 지형도』. 한국영상자료원.

31 스타, 현대의 신과 신화

누군가는 영화의 줄거리를 미리 살펴보고 극장을 찾는다. 또 누군가는 좋아하는 감독이나 장르를 찾아 영화를 고른다. 그러나 상당수의 사람들은 그 영화에 자신이 좋아하는 배우가 나오기 때문에 그 영화를 보러 간다. 우리는 보통 그 배우를 스타라고 부른다. 하늘의 별처럼 숭배의 대상이 되는 스타.

영화 탄생 이후 처음 약 15년 간 스타는 없었다. 대부분의 영화에는 제작사의 이름을 알리는 타이틀은 있어도 스타의 이름을 알리는 타이틀은 없었다. 제작자들은 배우의 이름을 넣어주면 그들이 더 많은 출연료를 요구할 것이라 생각했다. 그런데 제작자들은 관객들이 특정 배우를 선호하고 그들을 보기 위해 극장을 찾는다는 사실을 깨닫기 시작했다. 예를 들어 1910~1920년대 초기 미국 영화의 대표적 여성 스타로서 '미국의 연인'이라 불렸던 매리 픽퍼드Mary Pickford는 처음에 그 이름이 알려지지 않았다. 그녀는 '리틀 매리'라는 별명으로 불렸는데, 그것은 아마도 영화 팬들의 마음속에 깊이, 보편적으로 각인된 최초의 사례일 것이다. 그녀는 바이오그래프Biograph 영화사가 제작한 수많은 영화에 출연했는데, 바이오그래프의 영화들에서 그토록 인기를 누렸던 여배우의 이름이 매리 픽퍼드라는 사실을 영화 팬들은 나중에야 알게 되었다(스타이거, 1999: 31).

대략 이때부터 배우들에게 더 많은 출연료를 주더라도 그들의 이미지를 상품화시킨다면 더 많은 경제적 이득을 얻을 수 있을 거라는 제작자들의 생각이 형성되었다. 그것이 스타 시스템의 탄생이다. 무성영화 시대

#1 그레타 가르보

의 스타들은 고전적인 미모에 더해 말하지 않음으로써 더욱 신성화되었다. 영화 평론가 리처드 쉬켈Richard Schickel은 '침묵'이야말로 유성영화 이전 스타들의 가장 귀중한 자산이라고 말했다(다이어, 1995: 55). 스웨덴 출신의 여배우 그레타 가르보Greta Garbo는 가장 대표적인 경우였다. 영어에 익숙하지 않았던 그녀에게 대사가 없는 무성영화는 그 자체로 축복이었다. 미국 관객들은 이국적인 분위기에 여신처럼 우아한 그녀가 말을 한다는 것을 상상할 수 없었다. 그래서 가르보의 첫 유성영화 〈애너 크리스티Anna Christie〉(1930)가 개봉했을 때, 영화의 홍보 문구는 "가르보가 말을 한다"였다.

프랑스의 사회학자이자 다큐멘터리 영화감독이기도 했던 에드가르 모랭Edgar Morin은 스타가 현대의 세속화된 신이라고 말했다. 여기서 신은 기독교의 유일신보다는 고대 그리스 신화에 나오는 인간적인 신들이다. 그리스 신화에서 헤라클레스나 아폴론은 한편으로는 신이면서 한 편으로는 영웅이다. 영웅은 신과 인간 사이의 중간에 있는 존재이다. 이것은 영화의 스타에도 썩 잘 들어맞는다. 영웅을 뜻하는 영어 단어 'hero'는 또한 편으로는 영화의 주인공, 곧 스타를 뜻하기도 하는 것이다. 모랭은 이렇게 말한다. "스타란, 영화 주인공의 영웅적인, 즉 신격화되고 신화적인 내용의 일부분을 빨아들이면서, 반대로 자기에게 고유한 것을 덧붙여서 그 내용을 풍부하게 해주는 남자 배우이거나 여자 배우이다"(모랭, 1992: 59). 여기에서 중요한 것은 스타가 신격화되고 신화적인 내용의 일부를 빨아들이면서도 자기 고유의 개성을 불어넣어야 한다는 것이다. 이것은 배우가 맡은 역할과 자신이 가진 개성의 상호 침투를 전제한다. 스타는 극 중 역할과 배우의 개성이 상호 침투하는 과정이다. "배우는 자기 역을 삼키지 못하며 역은 배우를 삼키지 못한다. 영화가 끝나면, 배우는 다시 배우가 되며, 인물은 인물로 남는다. 그러나 그들의 결혼에서 그 어느 쪽의 성질도 띠고 있으면서 그 양쪽 모두를 포괄하는 혼성적인 존재가 생겨났다. 그것이 스타이다"(모랭, 1992: 58).

그러면 이제 극 중 역할과 배우의 개성의 관계를 살펴보자. 사람들은 스타보다는 스타의 이미지를 흠모한다. 어떤 스타는 단단히 고정된 이미지를 갖고 있다. 그래서 연기를 하기보다는 그저 자기 자신을 그대로 보여준다고 생각하게 만든다. 배우 송강호는 대표적인 예이다. 그는 어떤 역할을 맡더라도 크게 다르지 않다. 어디서나 흔히 볼 수 있는 이웃집 아저씨 같은 풍모, 구수한 사투리와 서민적인 말투는 모랭이 말한 세속화된 신이나 영웅의 이미지와는 거리가 멀다. 오히려 그가 갖고 있는 서민적인 이미지는 한국인이라면 누구나 친근하게 느낄 수 있는 것이다. 이렇게 자기만의 개성으로 모든 역할을 자기화하는 스타를 개성파 스타personifying star라고 한다. 개성파 스타는 비슷비슷한 역할을 반복해서 맡기 때문에 비교적 일관된 스타 페르소나star persona를 갖고 있다. 스타 페르소나는 우리가 그 스타를 생각할 때 떠오르는 이미지 같은 것이다. 이것은 스타가 영화 속에서 맡은 역할과 영화 밖에서 그가 팬들에게 보여준 이미지가 결합되어 만들어진다. 개성파 스타는 강한 카리스마로 관객들을 사로잡지만 연기의 폭이 제한된다는 단점이 있다.

이에 비해 메릴 스트립Meryl Streep처럼 어떤 역할을 해도 그 역할에 자신을 맞추는 스타도 있다. 영화 속에서 그녀의 이미지는 천차만별이다. 〈악마는 프라다를 입는다The Devil Wears Prada〉에서는 깐깐하기 이를 데 없는 패션 잡지 편집장으로, 〈맘마미아Mamma Mia〉(2008)에서는 자유분방하면서도 다정하고 자상한 어머니로, 〈다우트Doubt〉(2008)에서는 엄격하고 고집스러운 교장 수녀로, 〈철의 여인The Iron Lady〉(2011)에서는 강력한 카리스마를 가진 보수 정치인 마가렛 대처로 나왔다. 〈플로렌스Florence Foster Jenkins〉(2016)에서 그녀는 세계 최악의 음치 소프라노를 연기하며 코믹한 매력을 선사한다. 메릴 스트립은 마치 카멜레온이 환경에 따라 몸 색깔을 바꾸는 것처럼 영화에 따라 연기 색깔을 바꾼다. 이러한 스타를 비개성파 스타impersonate star라고 한다. 스타 자신만의 뚜렷한 개성을 내세우기보다는 맡은 역할의 개성을 더 살린다는 뜻이다. 한국 배우로는 한석규나 황정민, 김명민 같은 스타가 이에 해당한다. 이들은 일관된 스타 페르소나를 갖고 있지 않은 대신, 연기의 폭이 매우 넓다는 장점이 있다. 그러나 이러한 분류는 그저 분류일 뿐 엄격한 기준이 될 수는 없다. 개성이 강하지만 연기 폭이 넓은 스타가 있는가 하면, 변신에 능하면서도 자신만의 카리스마를 갖춘 스타들도 있다. 모든 스타는 두 분류의 성격을 조금씩 다 갖고 있다고 말하는 것이 정확할 것이다.

스타의 이미지는 한 시대를 대변하는 문화적 상징이나 기호sign이기도 하다. 예를 들어 메릴린 먼로Marilyn Monroe는 1950년대 미국 문화에서 성性의 상징이자 기호였다. 이 시기는 성에 대한 미국인들의 사고와 습성을 조사한 킨제이 보고서와 본격적인 남성잡지 ≪플레이보이≫가 창간한 때였다. 먼로는 그러한 시대가 낳은 문화적 산물이었다. 이전의 할리우드 영화에서 성적인 매력을 지나치게 과시하는 여성은 처벌의 대상이었다. 남성 중심의 문화를 파괴할지도 모르는 위험한 팜 파탈이 그런 경우였다. 그러나 먼로가 갖고 있는 순진무구함은 전혀 위협적이지 않았다. 그녀가 보여주는 성적인 이미지는 공격적이거나 도발적이지 않았기 때문에 보수적인 1950년대 미국 문화에서 수용될 수 있었다(Dyer, 2003: 17~63). 리샤오룽李小龍 이소룡이 아시아뿐 아니라 제3세계 전역에서 숭배의 대상이 될 수 있었던 것도 시대와 무관하지 않다. 영화에서 리샤오룽은 자신보다 훨씬 덩치가 큰 서양인들을 무술로 제압한다. 실제로 그는 중국 무술에 대한 무한한 자부심을 갖고 있었다. 동양인들을 얕잡아 보는 서양인들에 대해서도 강한 적대감을 갖고 있었다. 또한 리샤오룽의 전성기인 1960년대 후반~1970년대 초반은 베트남 전쟁을 비롯한 제3세계의 민족해방투쟁이 최고조에 달한 시기이기도 했다. 식민주의와 제국주의의 침탈을 겪은 나라의 국민들에게 서양인들을 간단하게 제압하는 리샤오룽의 무술은 강한 카타르시스를 안겨주기에 부족함이 없었다(베리, 2006: 379).

스타는 단순히 영화에서 연기를 하는 배우가 아니다. 그는 영화 외적으로도 대중의 관심을 끌 만한 이미지를 만들어낸다. 그렇다면 스타의 이미지는 어떻게 만들어질까? 32강에서는 스타가 어떻게 생산되고 소비되는지에 대해 알아본다.

더 읽을거리

김시무. 2018. 『스타 페르소나』. 아모르문디.

글레드힐, 크리스틴 엮음. 1999, 2000. 『스타덤: 욕망의 산업』, I, II. 조혜정 외 옮김. 시각과 언어.

다이어, 리처드. 1995. 『스타: 이미지와 기호』. 주은우 옮김. 한나래.

모랭, 에드가. 『스타』. 1992. 이상률 옮김. 문예출판사.

박진형. 2012. 「7장 영화와 스타」. 김이석·김성욱 외. 『영화와 사회』. 한나래.

크리 스타의 생산과 소비

고전적 할리우드 시기의 명제작자 새뮤얼 골드윈Samuel Goldwyn은 “신이 스타를 만들었다. 그들을 발견하는 것은 제작자들의 일이다”라고 말했다(다이어, 1995: 44). 그만큼 스타가 되려면 타고난 재능이 있어야 한다는 뜻이다. 그러나 재능만 있다고 스타가 되는 것은 아니다. 골드윈의 말처럼 스타는 철저하게 제작되고 생산되는 것이다. 또한, 관객과 팬들에 의해 소비되는 존재이다.

스타는 조직적이고 체계적인 작업을 통해 만들어진다. 그리고 그것을 통해 경제적 이윤을 만드는 일련의 메커니즘이 있다. 바로 스타 시스템이다. 스타 시스템은 할리우드 스튜디오 시스템의 산물이었다. MGM, 파라마운트, 워너브라더스 등 대형 스튜디오들은 자신들만의 전속 배우를 두고 있었다. 스타급 배우들은 7년간의 전속 계약 동안 하나의 스튜디오에 묶여 있었다. 스타가 등장한다고 해서 흥행이 보장되는 것은 아니지만 여러 가지 경제적 불안 요소가 상존하는 영화산업에서 스타만큼 매력적인 안전판을 찾는 것도 쉽지 않을 것이다. 따라서 거대 스튜디오들은 스타를 귀중한 투자 대상으로 생각했으며 새로운 스타를 양성하기 위해 많은 시간과 돈을 투여했다. 가능성이 있는 신인이면 예명을 부여 받고 화법, 걸음걸이에서 옷 입는 법 등을 배웠다. 그/그녀의 모든 생활은 스튜디오가 짜놓은 일정에 따라 움직이고 관리되었다(조진희, 2007: 246).

스타들은 사생활도 철저하게 관리되었다. 전속 계약상에는 사생활에 대한 구체적인 조항도 명시되어 있었다. 예를 들어 무성영화 시절 코미디 스타였던 버스터 키튼은 대중 앞에서 절대로 웃어서는 안 된다는 계약을 맺기도 했다. 이는 그가 쌓은 캐릭터 이미지와 관련이 있다. 그는 수많은 영화 속에서 웃지 않는 캐릭터를 연기했다. 그래서 얻은 별명이 '위대한 바위 얼굴great stone face'이었다. 영화 속에서 쌓은 이미지가 제작사에 의해 사생활까지 연장된 경우라 할 수 있다. 그러나 유성영화에 잘 적응해 스타의 지위를 계속 유지했던 채플린과 달리 키튼은 유성영화의 시대가 도래하자 대중의 기억 속에서 사라졌다. 웃지 않는 과묵한 이미지가 무성영화에는 어울렸지만 유성영화에선 각광받기 어려웠던 것이다.

#1 버스터 키튼

무성영화 시대의 전설적인 여배우 글로리아 스완슨Gloria Swanson도 마찬가지였다. 그녀는 재즈 시대Jazz Age를 대표하는 여성 스타였다. 재즈 시대는 제1차 세계대전 이후 경제적 번영 속에서 소비와 유행, 향락이 만연했던 1920년대를 가리킨다. 몇 차례 영화로 만들어져 더 유명한 미국 걸작 소설『위대한 개츠비The Great Gatsby』(1925) 속 데이지처럼 화려하고 사치스러운 스완슨의 이미지는 그 시대가 요청하는 스타의 모습이었다. 그러나 대공황이 도래하고 유성영화로 바뀌면서 스완슨의 인기도 하락하기 시작했다. 그녀는 거의 20년 동안 대중들로부터 멀어졌다. 영화 〈선셋 대로Sunset Boulevard〉(1950)는 그런 그녀를 다시금 전설의 위치에 올려놓은 영화이자 스타가 어떻게 생산되고 소비/소모되는지를 보여주는 영화이기도 하다. 이 영화에서 스완슨은 한물 간 여배우 노마 데스몬드를 연기한다. 노마는 화려했던 옛 시절을 잊지 못한다. 여전히 자신이 최고의 스타라고 생각한다. 시나리오 작가 역시 그녀를 위해 존재하는 사람에 지나지 않는다. 그녀가 시나리오 작가 조윌리엄 홀덴를 고용한 이유는 오직 자신을 돋보이게 해줄 영화를 만들기 위해서이다. 작가는 돈에 쪼들려 그 제안을 거절하지 못한다. 노마의 간섭 역시 계속된다. 조가 시나리오를 거듭 고치면서 불필요한 장면이라며 빼자 노마는 자신이 나오는 장면을 함부로 뺐다고 그를 나무란다. 그러면서 팬들은 여전히 자신에게 편지를 쓰고 사진을 보내달라고 한다면서 여전히 자신이 인기 스타라고 생각한다(그러나 팬레터를 비롯한 모든 것은 그녀의 집사이자 전 남편이 그녀의 환상을 충족시켜주기 위해 행해온 것이다).

영화의 후반부에서 노마는 간섭과 구속을 이기지 못해 떠나가려는 시나리오 작가를 쏘아 죽이고 만다. 그녀는 이 사건을 보도하기 위해 온 뉴스 카메라를 영화 카메라라고 착각한다. 그녀는 주위 사람들의 주목을 받으며 마치 영화를 찍는 것처럼 카메라를 향해 다가간다. 아직 영화라는 미몽, 스타라는 환상에서 깨어나지 못한 채 말이다. 이 영화에서 불후의 명연기를 보여준 글로리아 스완슨은 이런 말을 남기기도 했다. "내가 스타가 되었을 때, 나는 완전히 그리고 매 순간 스타로 살 거라고 결심했었다." 그러나 이 영화로 재기에 성공한 그녀였지만 그 이후의 연기 경력은 영화 속 노마와 별로 다르지 않았다. 어쩌면 그녀는 〈선셋 대로〉에서 자기 자신을 연기했는지도 모른다.

영국의 미디어 이론가이자 텔레비전 프로듀서인 존 엘리스John Ellis는 스타를 모순적이고 양가적인 두 가지 성격에서 찾았는데, 바로 평범함과 특별함이다(Ellis, 1999: 542). 스타는 평범하다. 스타가 너무 멀리 떨어져 있다면 우리는 그들에게 외경심을 가질 수 있을지언정 동일시하기는 어렵다. 각종 파파라치 사진들은 스타가 우리와 다를 바 없는 평범한 사람

#2 톰 크루즈

들이라는 것을 알려준다. 자신의 딸을 안고 있는 톰 크루즈Tom Cruise의 사진을 보면 그는 여느 아빠들과 다름없이 어린 딸을 사랑하는 평범한 남자이다(#2). 이러한 이미지는 우리에게 친근함을 가져다준다. 스타들이 파파라치들을 싫어하면서도 내심 반기며 즐기는 이유가 여기에 있다. 따로 돈을 들이지 않아도 소박하고 인간적인 이미지를 만들어주는 것이다. 그러나 스타가 너무나 평범하면 관객은 스타에게 자신들의 욕망을 투영하지 않을 것이다. 스타는 욕망의 불가능한 대상으로 남아야 한다. 영화 속에서 톰 크루즈는 영웅적이고 초인적인 모습으로 우리를 매혹시킨다. 그는 우리의 결핍을 채워주는 이상적인 자아인 것이다. 1950~1960년대 최고의 인기를 구가했던 여배우 나탈리 우드Natalie Wood의 사진을 보자(#3). 휘황찬란한 조명 속에서 분장을 받고 있는 사진. 손 하나 까딱하지 않는 그녀의 모습은 정말 도도함 그 자체이다. 스타를 제조하고 생산하는 사람들은 이렇게 홍보용 사진을 통해 범접할 수 없는 스타의 이미지를 유포시킨다. 영화 속에서도 나탈리 우드는 청순하면서도 우아한 역할로 관객들을 사로잡았다. 톰 크루즈나 나탈리 우드가 특별한 존재가 아니라면 관객들은 그들을 사랑하지 않았을 것이다. 그들은 스타로서 소비되지도 않았을 것이다.

#3 나탈리 우드

한국의 스타들도 다르지 않을 것이다. 영화나 시상식에서 그들의 모습은 눈부시게 멋있고 아름답다. 〈좋은 놈, 나쁜 놈, 이상한 놈〉(2008)에서 가장 기억에 남는 장면을 꼽으라면 아마도 말 달리며 장총을 휘두르며 쏘는 정우성의 모습일 것이다. 연기력 여하를 떠나 그러한 독보적인 '비주얼'은 스타만이 보여줄 수 있는 것이다. 그러나 토크쇼나 예능 프로그램에서 스타의 모습은 평범하고 소탈함 그 자체이다. 물론, 미디어를 통해 전달되는 스타의 이미지는 모두 제조되고 생산된 것들이다. 우리가 보기를 원하는 것은 결코 사실적인 것이 아니다. 우리는 만들어진 스타의 이미지 때문에 스타를 사랑하고 그들의 이미지를 소비한다.

그러나 스타를 만드는 것은 연예 산업만이 아니다. 팬들이 없다면 스타는 만들어질 수 없다. 이제 팬들은 단지 팬레터를 보내며 멀리서 바라보는 역할에 만족하지 않는다. 적극적으로 팬덤fandom을 형성하며 스타의 일거수일투족을 살피고 관리한다. 다음 강의에선 스타덤과 팬덤의 관계를 알아본다.

더 읽을거리

김시무. 2018. 『스타 페르소나』. 아모르문디.
박진형. 2012. 「7장 영화와 스타」. 김이석·김성욱 외. 『영화와 사회』. 한나래.
조진희. 2007. 「8장 스타」. 『영화의 재구성』. 한나래.
헤이워드, 수잔. 2012. 「스타」. 『영화사전: 이론과 비평』. 이영기 외 옮김. 한나래.

33 스타덤과 팬덤의 문화정치학

어느 특정한 배우에게 열광하는 팬들이 존재한다면 우리는 그 배우를 스타덤stardom에 올랐다고 한다. 마찬가지로 스타를 숭배하는 팬으로서의 지위와 집단적인 의식을 지칭하는 개념도 있다. 바로 팬덤fandom이다. 스타덤과 팬덤은 일종의 공생관계라 할 수 있다. 스타와 팬은 서로가 서로를 필요로 하는 존재들이다.

팬들이 없다면 스타도 없다. 그래서 영화 제작자들은 특정한 스타의 재능과 매력을 최대한 살리고, 그의 상품성에 기대 다수의 영화를 만들려고도 한다. 이것을 스타 비히클star vehicle이라 부른다. 스타 비히클이 가능한 것은 특정한 스타에 열광하는 팬들이 항상 존재하기 때문이다. 가장 전형적인 스타 비히클은 인기 가수를 영화에 출연시켜 그의 스타성에 영화의 운명을 맡기는 것이다. 1950~1960년대 엘비스 프레슬리Elvis Presley와 비틀즈가 등장하는 영화들이 대표적이다. 엘비스 프레슬리가 등장하는 대부분의 영화는 노래와 춤을 곁들인 뮤지컬이다. 이러한 영화들은 특별한 내용도 관객을 끌 만한 흥미진진한 이야기도 없다. 오직 엘비스 프레슬리라는 스타의 매력에만 의존하는 것이다. 미국에서 엘비스 프레슬리가 인기를 끌자, 영국에선 클리프 리처드Cliff Richard를 대항마로 내놓았다. 그가 출연한 영화도 크게 다르지 않았다. 팬들은 미성의 미남 가수 클리프 리처드를 보기 위해 영화관을 찾았다.

그러나 스타 비히클만이 팬들을 대변하는 영화는 아니다. 오늘날 많은 학자들은 팬들을 활동적이고 적극적이며 능동적인 집단으로 인식하고

#1 〈모로코〉

있다. 팬은 수동적으로 영화나 스타를 소비하는 것이 아니라 자신들이 원하는 영화나 스타를 재창조하기 위해 새로운 의미를 부여하기도 한다. 독일 출신의 여배우 마를레네 디트리히Marlene Dietrich는 유성영화 초기 할리우드에서 유럽 스타일의 이국적인 여배우로 유명했다. 그녀의 할리우드 출세작 〈모로코Morocco〉(1930)에는 유명한 장면이 있다. 디트리히가 맡은 에이미 졸리라는 캐릭터는 턱시도에 실크해트silk hat를 쓰고 카바레에서 노래를 한다. 그러고 나서 그녀는 청중 속으로 들어가 어떤 테이블에서 한 여자에게 꽃을 달라고 한다. 꽃을 받자 그녀는 여자의 입술에 키스한다(#1). 이 장면은 당대의 레즈비언 관객들에게는 대단히 황홀한 경험이었다고 한다.

왜냐하면 그들은 자신들의 동성애적 욕망이 영화에 표현되는 것을 좀처럼 볼 수 없었기 때문이다(와이스, 2000: 192~193). 실제로 당시에 디트리히가 레즈비언이라는 소문이 있었다. 그런데 그 소문은 상당 부분 레즈비언 관객들에 의해 퍼져나간 것이라고 한다. 그들이 그런 소문을 퍼뜨림으로써 스타의 성 정체성에 대한 담론을 공론화한 것이다(조진희, 2007: 283). 성 소수자의 정체성을 당당하게 드러내지 못했던 그 시대에 마를레네 디트리히는 레즈비언 팬덤의 우상이었던 것이다.

영화에서 팬덤이 언제나 스타덤과 연결되는 것만은 아니다. 특정한 스타가 없더라도 팬덤은 가능하다. 미국의 SF영화 〈스타워즈Star Wars〉 시리즈와 〈스타 트렉Star Trek〉 시리즈는 강력한 팬덤으로 유명하다. 미디어 학자이자 대중문화 이론가인 존 피스크John Fiske는 팬덤의 특성을 세 가지로 나누었다(피스크, 1996). 첫째는 차별화이다. 팬들은 예민하게 차별성을 보인다. 누군가가 자신이 좋아하는 것을 욕한다면 가만히 있지 않는다. 〈스타워즈〉 팬들은 〈스타 트렉〉 팬들과 좀처럼 어울리지 못한다. 그들은 자신이 좋아하는 것을 공유하고 차별화함으로써 강한 결속력을 드러낸다.

두 번째는 참여이다. 이러한 차별화와 결속력은 단순히 생각에서 멈추는 것이 아니라 행동과 실천으로 이어진다. 〈스타워즈〉에 등장하는 캐릭터들의 옷을 입고 파티를 열거나 퍼포먼스를 하는 것이 단적인 예이다. 그러나 더 나아가서는 기존의 텍스트를 넘어서서 자신들만의 텍스트를 만들기도 한다. 예를 들어 〈스타 트렉〉의 팬들*은 원래의 〈스타 트렉〉을 변형하고 재창조하여 자신들만의 팬 픽션fan fiction을 만들기도 한다. 팬 픽션이란 영화나 TV드라마의 팬들이 원작을 바탕으로 새로이 구성한 허구의 이야기를 말한다. 예를 들어, 〈스타 트렉〉은 수많은 팬 잡지fanzine를 갖고 있었는데 그것을 편집하는 상당수는 여성들이었다. 그들은 초창기 시리즈에서 엔터프라이즈호에 승선한 여성들이 미니스커트에 보조적인 역할에만 머무는 것에 불만이 많았다. 남성 주인공들의 일시적인 애정의 대상으로 소비되는 것 역시 마뜩치 않았다. 그래서 여성 팬 잡지 작가들은 우후라 장교라는 배역을 통해서 시리즈 속 남성들이 지닌 가부장적 전제(여성들은 전쟁에서 함대를 이끌 수 없다는 것 등)를 폭로하려고 했다. 또 어떤 사람들은 적극적인 커트 함장과 냉철한 미스터 스팍을 동성애적

---

* 〈스타 트렉〉의 열성적인 팬 집단을 '트레키(Trekkie)' 혹은 '트레커(Trekker)'라고 부르기도 한다.

관계로 다시 쓰기도 했다(더핏, 2016: 302~303).

세 번째는 자본 축적이다. 여기서 자본이란 경제적인 자본보다는 문화적 자본을 말한다. 자신들이 좋아하는 영화나 대중문화에 대한 해박한 지식이나 교양이 그것이다. 수십 년 간 TV드라마와 영화를 번갈아가며 계속된 〈스타 트렉〉은 방대한 정보와 자료로 가득 차 있을 것이다. 여기에 대한 해박한 지식은 팬 집단 내에서도 서열화를 만들어낸다. 최상의 지식을 축적하고 있는 사람들은 집단 안에서 위세를 얻고, 오피니언 리더로 행세한다(피스크, 1996: 201~202). 더 나아가 팬 잡지를 편집하거나 팬 픽션을 쓰거나 팬 아트fan art를 잘 그리는 사람들은 팬 공동체 안에서 굉장한 명성을 얻기도 한다. 그러나 이러한 것들이 지나치게 상업성을 추구하게 되면 배척을 받는다. 팬덤에는 이윤 추구에 대한 강한 불신이 존재한다. 그런 일을 통해 이윤만을 추구하는 사람은 진정한 팬이 아니라 업자로 분류된다(피스크, 1996: 198). 아이돌 스타들의 콘서트에서 고화질의 '대포 카메라'로 스타들을 찍어 무료로 배포(?)하는 이들을 속칭 '대포 여신'이라 부르는 것도 그들이 이윤보다 동료 팬과의 공유를 중요시하기 때문이다.

이러한 팬덤의 경향은 비단 먼 나라 미국만의 이야기가 아니다. 국내에서도 2000년대 이후에 TV드라마와 영화에 대한 팬덤이 형성되었다. 기존의 팬덤이 인기 가수와 아이돌 스타 중심이었다면 최근에는 대중문화 텍스트 자체에 대한 팬덤도 적지 않다. 〈형사 Duelist〉(2005)는 개봉 당시 고전을 면치 못했지만 소수 팬들의 열렬한 성원에 힘입어 재상영을 하기도 했다. 그 중심에는 '형사 중독'이라는 팬덤이 있었다. 천만 관객을 동원한 〈왕의 남자〉(2005)도 비슷한 경우였다. 물론 이 영화는 소수의 팬이 아닌 광범위한 대중의 사랑을 받았다. 하지만 이 영화를 몇 십 번씩 봤

다는 관객이 없었다면 천만 이상을 동원하기는 어려웠을 것이다. 이러한 사람들을 가리켜 '왕남 폐인'이라는 말까지 생겼다. 원래 폐인은 '병으로 몸을 망친 사람'이란 뜻이지만, 2000년대 이후 좋아하는 것에 극단적으로 심취하여 정상적인 생활을 유지하기 어려운 사람이라는 뜻으로 많이 쓰였다. 근래에는 비슷한 의미를 가진 일본어 '오타쿠おたく'나 이를 한국화(?)한 '오덕', '덕후' 등의 용어를 더 많이 사용한다.

팬덤은 이제 영화와 대중문화에서 무시할 수 없는 현상으로 자리 잡았다. 팬들은 더 이상 수동적인 소비자의 역할에 만족하지 않고 기존의 텍스트를 넘어서 새롭고 창조적인 것들을 만들어낸다. 사실, 팀 버튼Tim Burton이나 쿠엔틴 타란티노Quentin Tarantino 같은 감독이 B급 공포 영화와 액션 영화의 열렬한 팬이었다는 것을 떠올린다면 팬덤은 예전부터 생산적인 역할을 해왔다고 할 수 있겠다.

더 읽을거리

글레드힐, 크리스틴 엮음. 1999, 2000.『스타덤: 욕망의 산업』I, II. 조혜정 외 옮김. 시각과 언어.

더핏, 마크. 2016.『팬덤 이해하기』. 김수정 외 옮김. 한울.

젠킨스, 헨리. 2008.『팬, 블로거, 게이머: 참여문화에 대한 탐색』. 정현진 옮김. 비즈앤비즈.

피스크, 존. 1996.「팬덤의 문화 경제학」. 박명진 외 편역.『문화, 일상, 대중: 문화에 관한 8개의 탐구』. 한나래.

6부

인지주의와 포스트모더니즘

1970년대 서구 영화 이론을 지배했던 정신분석학은 그 수명을 다했다고 해도 과언이 아니다. 물론 정신분석학은 영화 이론에서 여전히 중요한 위치를 점하고 있다. 예를 들어 영미권 페미니즘 영화 이론가들의 절반 이상은 정신분석학적 방법론에 기대고 있다. 그러나 적어도 관객을 지배 이데올로기에 의해 호명되는 수동적 존재로 여기는 장치 이론이나 영화를 부재하는 것의 현존으로 인식했던 크리스티앙 메츠의 정신분석학 이론은 더 이상 지배적 위치에 있지 않다. 정신분석학적 영화 이론이 비판받은 것은 크게 두 갈래에서 나온 것이었다. 그 하나가 관객의 다양한 위치(젠더, 민족성, 계급, 세대 등)를 무시하고 있다는 문화 연구의 공격이었다면, 나머지 하나는 관객이라는 수수께끼를 푸는 열쇠가 수동적인 무의식이 아니라 능동적인 지각과 인지 작용에 있다는 인지주의자들의 비판이었다.

장치 이론이 프랑스와 영국을 중심으로 발전했다면 인지주의 영화 이론(34강)은 미국을 중심으로 발전했다. 인지주의자들은 영화가 수많은 신호cue와 정보로 이루어진 사고체계이자 관객이 자신의 지각, 인지 능력으로 풀어야 할 퍼즐이라고 생각한다. 예로 정신분석학적 영화 이론이 공포 영화를 무의식과 트라우마로 설명하려

34 인지주의 영화 이론의 출현
35 포스트모더니즘이라는 유령
36 포스트모던 미학의 쟁점들

한다면, 인지주의 영화 이론은 공포 영화를 관객에게 제시되는 정보의 양에 따른 인지 작용과 신경체계의 반응으로 설명하려 할 것이다.

1990년대 국내에서도 유행처럼 번졌던 포스트모더니즘은 영화 이론에도 영향을 끼쳤다. 물론 포스트모더니즘 영화 이론이라고 할 만한 것은 정립되어 있지 않다. 그러나 탈중심화, 해체와 파편화, 하이브리드, 아이러니, 상호 텍스트성이라는 포스트모더니즘의 특징은 영화에서도 적지 않게 나타난다(35강). 따라서 이러한 개념들을 통해 포스트모더니즘 영화 이론은 없더라도 포스트모던한 영화가 어떤 것인지는 설명할 수 있을 것이다. 포스트모더니즘은 탈중심성과 해체를 강조한 나머지 역사와 사회 같은 거대 담론을 도외시했다는 비판을 받아왔다. 후기 자본주의 문화논리로 포스트모더니즘을 설명하는 비평가 프레드릭 제임슨Fredric Jameson의 이론이나 포스트모던 영화 〈블레이드 러너〉를 비판적으로 독해하는 데이비드 하비David Harvey의 관점(36강)은 이러한 약점들을 보완해줄 것이다.

34 인지주의 영화 이론의 출현

1970년대에 정신분석학은 영화 이론을 지배하다시피 했다. 정신분석학적 영화 이론가들은 영화를 꿈과 같은 것으로 여겼고, 관객이 영화를 보는 행위를 꿈과 같은 무의식으로 설명하려고 했다. 주로 프랑스와 영국에서 이러한 관점이 주를 이루었다면, 1980년대 들어 대서양 건너 미국에서는 정신분석학에 반기를 든 영화 이론이 출현했다. 바로 인지주의 영화 이론이다. 인지심리학과 인지과학에 바탕을 둔 인지주의 영화 이론은 영화를 보는 행위가 철저하게 인지와 지각의 작용, 즉 무의식이 아닌 의식의 작용이라고 말한다.

인지주의 이론은 특히 관객이 영화를 볼 때, 무엇을 인지하며 보는지를 파악하는 데 탁월한 기능을 한다. 즉, 관객에게 제공된 단서와 정보는 무엇인지를 밝혀내는 것이다. 예를 들어 공포 영화는 관객의 인지 범위를 극도로 제한한다. 영화 〈스크림Scream〉(1996)의 첫 장면을 보자. 케이시드루 배리모어는 의문의 전화를 받는다. 처음에는 장난전화인 줄 알고 끊는다. "왜 내 이름을 알려고 하죠?" "그건 …… 널 보고 있거든." 전화 속 목소리의 남자는 그녀를 지켜보고 있었던 것이다. 더 나아가 그녀의 남자친구를 묶어 놓고 게임을 제안한다. 공포 영화에 대한 지식을 묻는 퀴즈가 그것이다. 이 영화에서 관객의 인지 범위는 철저하게 이 여성에게 맞춰져 있다. 관객은 그녀가 아는 것만큼 알 수 있을 뿐이다. 전화 속 목소리가 누구인지도 그가 왜 이렇게 잔인한 일을 벌이는지도 알 수 없다. 대부분의 공포 영화를 보며 우리가 느끼는 두려움은 우리에게 주어진 단서와 정보가 충분하지 않기 때문에 일어난다. 불가항력적인 미지의 힘이 작용하는 것이다. 언제 어디에서 귀신이나 괴물이 튀어나올지 모르기 때문에 우리는 두려움을 느끼는 것이다. 이렇게 등장인물이 알고 있는 인지 범위에 관객의 인지 범위를 제한하는 것을 제한적 서사 화법restricted narration 이라고 부른다(보드웰·톰슨, 2011: 118).

이와 반대로 우리가 많은 정보를 알고 있기 때문에 느끼는 불안감과 긴장감도 있다. 공전의 히트를 한 한국 스릴러 영화 〈추격자〉(2008)에서 가장 관객의 마음을 졸이게 했던 장면은 영민하정우 에 의해 감금되어 있던 미진서영희 이 탈출하여 작은 매점에 은신한 장면일 것이다. 천신만고 끝에 탈출한 그녀는 매점에 들어가 경찰에 신고해달라며 보호를 요청한다. 연쇄살인범인 영민은 그녀가 탈출했다는 사실을 알지 못한다. 미진은 자신을 보호해줄 수 있는 전직 형사 중호김윤석 에게 전화를 걸지만 중호는 바삐 뛰느라 전화 소리를 듣지 못한다. 하필이면 담배가 떨어진 영민이 미진이 피신해 있는 매점에 담배를 사러 들른다. 매점 여주인이 그를 알아보는 것으로 보아 자주 들르는 매점이다. 이 영화에서 발생하는 긴장감은 관객의 인지 범위가 캐릭터들보다 훨씬 넓다는 데 있다. 영민은 미진이 탈출한 사실을 알지 못한다. 중호는 미진의 전화를 받지 못함으로써 그녀가 어디 있는지 알지 못한다. 마찬가지로 미진도 아직까지는 영민이 이 매점에 들어왔다는 사실을 모른다. 그러나 관객들은 이 세 가지 정보를 다 알고 있다. 하지만 매점 여주인이 경찰이 올 때까지 '총각영민'이 있어 주면 든든하겠다고 말하며 미진이 은신하고 있는 방을 가르쳐 주면서 영민도 알게 된다. 이때부터 관객들은 더 긴장감을 느끼게 된다. 영민이 알게 됨으로써 미진이 위험에 처할 수 있기 때문이다. 이렇듯 관객이 모든 극중 인물들이 알 수 있는 것보다 더 많이 알고, 더 많이 보고, 더 많이 듣는 서사 화법을 전지적 서사 화법omniscient narration이라고 한다(보드웰·톰슨, 2011: 118).

서두에서 말했듯이, 정신분석학적 영화 이론에서 관객은 매우 수동적인 것으로 간주된다. 라캉의 거울 단계에 비유되기도 하는 영화 관람은 아이가 자유롭게 움직이지 못하는 것처럼 퇴행적이다. 거기다 허구에 불과한 영화를 현실이라고 간주하는 것은 이성적 행위가 아니라 비이성적 욕망과 쾌락에 기인한다. 무엇보다도 영화보기는 꿈과 같은 무의식의 작용으로 설명된다(→ 17강 영화, 꿈, 정신분석학). 인지주의 영화 이론은 정신분석학적 영화 이론이 과학적으로 증명할 수 없는 무의식의 작용으로 영화 관람을 설명함으로써 과도하게 영화를 신비화시켰다고 비판한다. 경험적·과학적 방법으로 영화적 경험을 설명할 수 있다는 점이야말로 인지주의 영화 이론의 핵심이다. "인지주의 프로그램에서 영화 관람은 퇴행적, 비이성적이거나, 수동적인 행위가 아니라 정보 수집과 정서적 경험을 향한 '이성적' 동기에 의해 인도되는 의식적이고 역동적인 행위이다"(러시턴·베틴슨, 2013: 221).

관객들은 시간, 공간, 인과관계라는 서사narrative의 세 가지 원리에 입각하여 사건의 정보와 단서를 받아들인다. 그리고 불완전한 정보와 실마리들을 자신의 스키마schema에 입각하여 분류하고 정리한다. 인지심리학에서 스키마란 어떠한 사건이나 내용을 일정한 형식에 따라 과학적으로 정리하고 체계화하는 인식의 틀을 말한다(보드웰, 2007: 90). 영화 관객은 이 스키마를 사용해 앞의 사건과 곧 일어날 사건에 관한 가설을 짜고 시험한다. 공포 영화라면 언제 어디서 귀신이 등장할지 예측한다. 미스터리 영화라면 범인이 누구일지 추측해볼 것이다. 그러나 모든 영화가 하나의 스키마에 들어맞는 것은 아니다. 앞의 〈스크림〉과 〈추격자〉는 대중영화이기 때문에 기본적인 스키마에 입각하여 스토리를 이해하는 것이 어렵지 않다. 그러나 유럽의 예술영화를 처음 보는 관객이라면 도대체 영화가 무엇을 이야기하려고 하는지 잘 이해하기 어렵다. 미켈란젤로 안토니오니Michelangelo Antonioni의 〈정사L'Avventura〉(1960)에서 뱃놀이에 갔던 안나는 갑자기 사라진다. 그녀는 그 때까지 영화에서 중요한 비중을 차지하고 있었던 캐릭터이다. 대중영화라면 당연히 안나가 어디로 사라졌으며 왜 사라졌는지 그 이유가 제시될 것이다. 관객들 역시도 그것을 궁금해한다. 그러나 영화가 진행될수록 안나의 실종 사건은 마치 없었던 일처럼 무시된다. 그 대신 안나의 연인이었던 산드로와 안나의 친구인 클라우디아의 연애 관계가 더 큰 비중을 차지하게 된다. 결국, 영화가 끝날 때까지 안나의 실종은 철저한 미해결로 남는다. 예술영화의 캐릭터와 사건은 명확한 특성, 동기, 목표를 결여한 경우가 흔하다(보드웰, 2007: 156). 뚜렷한 인관관계에 입각한 결말보다 복잡다단한 삶의 모호성을 추구한다. 예술영화는 현대인의 고독, 의사소통의 부재, 삶의 부조리 같은 추상적인 주제를 선호한다. 예술영화를 처음 보는 관객이 이해하기 어려운 것은 그가 갖고 있는 스키마가 대중영화의 것이기 때문이다. 이 말은 예술영화를 이해하기 위해서는 대중영화와는 다른 스키마가 필요하다는 것을 뜻한다.

루이스 부뉴엘Luis Bunuel의 〈욕망의 모호한 대상Cet Obscur Objet du Désir〉(1977)의 경우에는 심지어 같은 캐릭터를 두 명의 배우가 연기한다. 1인 2역이라는 말은 들어봤어도 2인 1역은 거의 들어본 적이 없을 것이다. 아역배우가 연기했던 역할을 성인배우가 이어받은 경우를 말하는 것이 아니다. 한 명의 성인 역할을 두 명의 배우가 연기한 것이다. 영화 속에서 중년의 거부 마티유페르난도 레이는 하녀인 콘치타에게 반해 그녀의 환심을 사려고 갖은 애를 쓴다. 그러나 콘치타는 결코 그의 소유욕을 채워주지 않는다. 그런데 콘치타가 등장하는 장면들에서 어떤 장면은 캐롤 부케 Carole Bouquet가 연기하고, 또 어떤 장면은 안젤라 몰리나Ángela Molina가 연기한다. 이 영화에 대한 어떠한 사전 정보도 없는 관객이라면 극도의 혼란을 겪을 것이다. 그에게는 여기에 대처할 스키마가 준비되어 있지 않기 때문이다.

정신분석학이 영화 관객을 퇴행적이고 수동적인 주체로 생각했다면 인지주의는 관객을 쉴 틈 없이 정보를 지각하고 인지하는 능동적인 주체로 여긴다. 인지주의자들에게 영화를 본다는 것은 끊임없이 영화 속의 자극과 정보를 받아들이고, 판단하며, 추리하고 가설을 세우는 과정이다. 그들에게 영화는 결코 꿈이라는 무의식의 세계가 아니라 일상적인 경험의 세계, 즉, 의식의 세계인 것이다.

영화를 보는 관객이 수동적인 주체가 아니라 끊임없이 정보를 받아들이고 추론하며 해석하는 능동적 존재라는 인지주의자들의 주장은 경청할 만하다. 인지주의 영화 이론은 정신분석학적 영화 이론이 애매하고 추상적으로 설명했던 많은 부분들을 경험적이고 실증적인 방식으로 증명한다.

그러나 상대적으로 인지주의 영화 이론은 사회적·역사적·문화적인 부분들을 소홀히 취급한다. "인지주의 이론에서는 인종, 젠더, 계급과 관계없는 이해자/해석자가 추상적인 도식을 만날 뿐"(스탬, 2012: 283)이라는 비판은 그래서 존재한다. 지각과 인지 능력이 모든 인간에 공통된 것일 수는 있어도 그것을 사회적으로 수용하고 문화적으로 습득하며 실천하는 과정은 국가, 민족, 젠더, 인종, 계급, 세대 등에 따라 얼마든지 달라질 수 있다. 이러한 역사적·사회적인 부분들을 고려하지 않는다면 인지주의 영화 이론은 사회적인 행위이자 실천인 영화를 개인의 지각과 반응이라는 협소한 틀로 환원하는 우를 범하게 될 수도 있다.

더 읽을거리

러시턴, 리처드·게리 베틴슨. 2013. 「8장 인지적 전환」. 『영화이론이란 무엇인가?』. 이형식 옮김. 명인문화사.

벅랜드, 워런. 2007. 『영화인지기호학』. 조창연 옮김. 커뮤니케이션북스.

보드웰, 데이비드. 2007. 『영화의 내레이션』 I, II. 오영숙 외 옮김. 시각과 언어.

스탬, 로버트. 2012. 「인지주의와 분석이론」. 『영화이론』. 김병철 옮김. K-books.

커리, 그레고리. 2007. 『이미지와 마음: 영화, 철학 그리고 인지과학』. 김숙 옮김. 한울.

플랜팅거, 칼·그렉 M. 스미스 엮음. 2014. 『열정의 시선: 인지주의로 설명하는 영화 그리고 정서』. 남완석 외 옮김. 학지사.

35 포스트모더니즘이라는 유령

1990년대 초반 국내에서는 포스트모더니즘 열풍이 일어났었다. 학술적인 용어로서뿐만 아니라 일종의 유행어로 쓰이기까지 했다. 사람들은 조금만 낯설고 특이하면 그것을 '포스트모던'하다고 부르곤 했다. 그래서 포스트모더니즘은 실체를 알 수 없는 모호한 것, 곧 유령 같은 것이라고 생각되곤 했다. 20여 년이 훨씬 지나 그 열풍은 온 데 간 데 없이 사라졌지만 포스트모더니즘은 여전히 중요한 미학적, 예술적 특징들을 담고 있다.

포스트모더니즘이 모호하다고 생각되는 데는 그럴 만한 이유가 있다. 포스트모더니즘이 중심적인 규범을 지향하지 않기 때문이다. 포스트모더니즘은 "데카르트 이래 근대 철학이 발 딛고 있던 '주체'라는 범주, '진리'라는 범주 등을 비판 내지 해체하며, 세계나 지식이 하나의 단일한 전체일 수 있다는 '총체성' 개념을 비판한다"(이진경, 2007: 23). 파편화의 반대 개념으로서 총체성은 사회와 역사, 문화 등을 설명하는 단일 요소이다. 총체적인 시각은 사회, 역사, 경제 등 인간사를 움직이는 많은 것들이 겉보기에 뿔뿔이 흩어져 있음에도 서로 간에 긴밀하게 연결되어 있다는 것을 전제한다. 가령, 마르크스가 역사를 움직이는 힘은 생산력과 생산관계의 모순과 그로 인한 계급투쟁에 있다고 주장하는 것, 레비스트로스가 어떤 부족 사회에도 그것의 토대가 되는 원형적인 친족 구조가 있다고 말하는 것은 일종의 총체성을 언급하는 것이다. 이에 반해 포스트모더니즘은 이러한 총체성을 비웃는다. 사회와 역사를 특정한 구조나 요인으로 설명할 수 있다고 말하는 것은 오만에서 비롯한다는 것이다. 총체성을 견지하는 구조주의자들은 세계가 아무리 이질적이고 파편화된 것처럼 보여도 그것을 관통하는 일관된 구조나 체계가 있다고 말하지만, 후기 구조주의자나 포스트모더니스트들이 보기에 그런 시각은 오히려 개별성과 이질성, 소수성을 무시한 폭력에 지나지 않는다는 것이다.

무엇이 포스트모더니즘인가 하는 정의의 문제는 학자들 사이에서도 의견이 분분하지만, 적어도 한 가지는 모두 동의한다. 포스트모던 영화는 일관되고 응집력 있는 서사보다는 이질적이고 파편화된 이미지를 더 선호한다는 것이다. 포스트모더니즘을 관통하는 세계관은 우리의 삶이 파편화되고 모호하며 불확실한 특성을 갖고 있다는 것이다(바커, 2009: 345). 이러한 인식은 무엇이 현실이고 무엇이 가상인지, 무엇이 실재이고 무엇이 허상인지에 대한 근본적인 회의에서 온다. 영화 〈매트릭스The Matrix〉(1999)는 이러한 세계관을 잘 집약하고 있다. 영화의 초반부, 주인공 네오키아누 리브스는 두꺼운 책 속에서 디스크를 꺼낸다. 이 두꺼운 책의 제목은 『시뮬라크르와 시뮬라시옹Simulacres et Simulation』, 바로 프랑스 철학자 장 보드리야르Jean Baudrillard의 책이다. 보드리야르는 실재를 가장한 것이 실재보다 더 실재처럼 되어버린 현대사회를 지적한다(바커, 2009: 200). 그는 "현실적인 것은 더 이상 현실적인 것이 아니며 재생산될 수 있는 것도 아니며 이미 재생산된 것, 즉 시뮬레이션"이라고 주장한다. "완벽한 시뮬레이션이야말로 포스트모더니즘의 목표이다. 그러므로 비교의 준거점으로서의 원전이라는 개념은 더 이상 유용하지 않으며 현실적인 것과 그것의 복사물 사이의 구분도 별 의미가 없게 된다"(헤이워드, 2012: 618). 우리가 살고 있는 시대는 원본 없는 모방이나 복제물이 판치는 시대라는 것이다. 영화는 우리가 살고 있는 세계가 현실이 아닌 가상세계라고 말한다. 정교한 시스템 속에서 모든 것이 프로그래밍되었던 것이다. 시각, 청각, 후각, 미각 등 우리가 느끼는 모든 감각 역시 그렇게 느껴지도록 짜인 것이다. 〈매트릭스〉의 감독인 워쇼스키Wachowski 자매*가 보드리야르의 책을 영화에 삽입한 것은 물론 우연이 아니다. 그들은 보드리야르의 책이 〈매트릭스〉를 만드는 데 지대한 영향을 주었다고 말하곤 했다.

〈사랑은 비를 타고Singin' in the Rain〉(1952)에서 진 켈리가 부르는 노래 'Singin' in the Rain'은 사랑에 빠진 남자의 기쁨으로 충만한 감정을 담고 있다. 그런데 이 노래가 다른 맥락에서 불린다면 어떨까? 스탠리 큐브릭 감독의 〈시계태엽 오렌지A Clockwork Orange〉(1971)는 이 즐겁고 유쾌한 노래를 지극히 불쾌한 장면에서 쓰고 있다. 한 무리의 불량배들이 한 가정에 침입해 중년 부부를 폭행하고 윤간하는 끔찍한 장면이다. 그런데 여기에서 불량배인 주인공 알렉스말콤 맥도웰가 부르는 노래 역시 'Singin' in the Rain'이다. 〈사랑은 비를 타고〉와는 달리 지극히 가학적인 장면에서 나오는 이 유쾌한 노래는 일종의 아이러니irony라고 할 수 있다. 표현의 효과를 높이기 위해 실제와 반대되는 상황에서 이 노래를 넣은 것이다. 아이러니 역시 포스트모더니즘의 중요한 미학적 전략이다(바커, 2009: 217). 한편, 관객들이 이 장면을 보며 아이러니를 느꼈다면 그것은 〈사랑은 비를 타고〉에서 이 노래가 쓰인 맥락을 알고 있기 때문일 것이다. 이렇게 어떤 텍스트가 다른 텍스트를 언급하거나 인용하는 것을 상호 텍스트성intertextuality이라고 한다(헤이워드, 2012: 203). 상호 텍스트성은 종종 포스트모더니즘의 징표로 여겨지기도 한다(바커, 2009: 179).

* 〈매트릭스〉를 감독했을 때 이들은 형제였지만 형 래리 워쇼스키(Larry Wachowski)와 동생 앤디 워쇼스키(Andy Wachowski)가 모두 성전환을 하면서 자매가 되었다. 현재 이들은 각각 라나(Lana)와 릴리(Lily)라는 이름을 쓰고 있다.

> 상호 텍스트성이란 용어는 둘 혹은 그 이상의 텍스트 관계를 가리킨다. 모든 텍스트는 필연적으로 상호 텍스트적이다. 즉, 다른 텍스트에 대해 언급한다고 할 수 있다. 이 관계는 현재 구성된 텍스트가 해독되는 방식에 일정한 효과를 미친다. 모든 영화는 어느 정도 이미 상호 텍스트적이라 할 수 있다(헤이워드, 2012: 615).

상호 텍스트성을 영화로 설명해보자. 쿠엔틴 타란티노는 온갖 대중문화의 텍스트들을 전방위적으로 인용하는 감독으로 잘 알려져 있다. 영화 〈킬 빌 1부Kill Bill Vol.1〉(2003)도 그중 하나이다. 유명한 액션 장면에서 우마 서먼Uma Thurman이 입고 있는 옷은 영화 〈사망유희死亡遊戲〉(1978)에서 리샤오룽이소룡이 입고 있던 트레이닝복이다. 우마 서먼이 상대하는 검은 가면을 쓰고 있는 검객들 역시도 리샤오룽과 관련이 있다. 리샤오룽이 1960년대 중반에 출연했던 TV 시리즈 〈그린 호넷The Green Hornet〉이다. 여기에서 주인공 그린 호넷과 그의 조수인 케이토Kato는 검은 가면을 쓰고 나오는데, 리샤오룽이 바로 케이토 역할을 했었다(2011년에 극장용 영화로 제작된 〈그린 호넷〉에서는 주걸륜이 케이토 역을 맡았다). 타란티노 감독이 리샤오룽을 떠올리게 하는 문화적 코드들을 배치하는 것은 물론 그가 리샤오룽에게서 지대한 영향을 받았기 때문일 것이다. 어쩌면 존경 어린 애정의 표시일 수도 있겠다. 이렇게 자신이 영향 받은 작품이나 인물에게 바치는 헌사를 오마주homage라고 하는데, 사실 모든 오마주는 상호 텍스트성을 전제하고 있다.

포스트모더니즘이 무엇인지 정확히 정의를 내리는 것은 불가능하지만 이것 하나만은 확실히 알 것 같다. 중심을 추구하기보다는 파편적인 것을 내세우고, 엄격한 규범보다는 잡다한 것들을 결합하여 새로운 것을 만드는 이른바 하이브리드hybrid 미학을 추구한다는 것이다. 그렇다. 원본과 복제의 구분이 무의미하다고 여기는 사고방식도 꼼꼼히 따져보면 중심적인 것과 규범적인 것에서 벗어나려는 태도에서 생기는 것이라 할 수 있다.

더 읽을거리

김욱동 엮음. 1990.『포스트모더니즘의 이해』. 민음사.

보드리야르, 장. 2001.『시뮬라시옹』. 하태환 옮김. 민음사.

허천, 린다. 1998.『포스트모더니즘의 이론과 전략』. 장성희 옮김. 현대미학사.

헤이워드, 수잔. 2012.「포스트모더니즘」.『영화사전: 이론과 비평』(개정판). 이영기 외 옮김. 한나래.

36 포스트모던 미학의 쟁점들

포스트모더니즘은 규범보다는 탈규범, 중심보다는 탈중심을 추구한다. 무엇인가를 쌓아나가는 것보다는 반대로 해체하는 것을 주요한 전략으로 삼는다. 그렇기 때문에 기존의 권위 있는 예술작품이나 기성의 질서에 반하는 저항적인 측면이 있다. 그러나 한편으로는 포스트모더니즘이 후기 자본주의가 낳은 보수적인 문화 논리라는 주장도 있다. 미국의 마르크스주의 문화비평가 프레드릭 제임슨Fredric Jameson과 역시 마르크스주의 지리학자인 데이비드 하비David Harvey가 대표적인 인물이다. 이번 강의에서는 제임슨과 하비의 비판적 관점으로 포스트모던 미학의 쟁점들을 살펴본다.

1940년대 미국 필름 누아르의 걸작 〈이중 배상Double Imdemnity〉(1944)은 팜 파탈의 덫에 걸린 보험회사 직원의 이야기를 다루고 있다. 보험회사 직원 월터는 매혹적인 여성 필리스의 매력에 빠져들게 되고, 곧 그녀의 남편을 살해하여 보험금을 타는 일을 도와주게 된다. 거부할 수 없는 팜 파탈의 덫에 걸려 인생이 송두리째 망가지는 남성의 이야기는 이 당시 필름 누아르에서 아주 흔한 소재였다.

1980년대에 제작된 〈보디 히트Body Heat〉(1981)는 〈이중 배상〉과 매우 흡사한 줄거리를 갖고 있다. 주인공이 보험사 직원에서 변호사로 바뀌어 있을 뿐 기본적인 줄거리는 〈이중 배상〉과 거의 흡사하다. 〈보디 히트〉에서도 남편을 죽이고 유산을 상속받는 설정이 나온다. 이쯤 되면 〈이중 배상〉의 리메이크라고 해도 과언이 아니다. 그러나 이 영화의 크레디트

어디에도 원작이 〈이중 배상〉이라고 나오지 않는다. 감독인 로런스 캐즈던Lawrence Kasdan이 직접 쓴 오리지널 시나리오에 바탕을 두고 있다. 이것은 표절일까? 아니면 오마주일까? 그도 아니면 패러디일까? 프레드릭 제임슨은 이러한 모방을 패스티시pastiche라고 불렀다(제임슨, 1989: 157~159). 사전적인 의미로 패스티시는 다른 작품으로부터 내용이나 표현 양식을 빌려와 복제하거나 수정하여 작품을 만드는 것이다. 혼성 모방이라고 번역되기도 한다. 이것이 패러디와 다른 것은 패러디가 기성의 규범이나 예술사의 걸작에 대하여 풍자하고 그 권위를 깎아내리는 저항성이 있는데 반해 패스티시는 그런 비판 정신이 전혀 없는 공허한 모방일 뿐이라는 것이다. 제임슨의 말을 들어보자.

> 패러디가 사라지고 혼성 모방이라는 저 이상스러운 새 물건이 서서히 그 자리를 차지하게 된다. 혼성 모방은 패러디와 마찬가지로 어떤 특별한 가면의 모방이며 죽은 언어로 된 말이다. 그러나 혼성 모방은 그러한 흉내내기를 중성적으로 수행하여 패러디가 가진 궁극적 동기는 하나도 가지고 있지 않고, 풍자적인 충동이 잘려나가 버렸고, 웃음이 결여되어 있으며, 비정상적 언어활동 속에도 아직 어떤 건강하고 정상적인 언어 형태가 남아 있다고 하는 확신이 없다. 혼성 모방은 이리하여 공허한 패러디, 눈 먼 동자를 가진 동상이다(제임슨, 1989: 158).

제임슨은 포스트모더니즘이 선호하는 노스탤지어 경향에 대해서도 비판적이다. 포스트모던 스타일의 대표 격인 데이비드 린치David Lynch 감독은 1950~1960년대를 떠올리게 하는 패션이나 팝 음악을 자신의 영화에 거의 빠짐없이 사용하곤 한다. 〈블루 벨벳Blue Velvet〉(1986)이나 〈멀홀랜드 드라이브Mulholland Dr.〉(2001) 등의 영화에서는 1950~1960년대 스타일의 스탠더드 팝이 등장한다. '블루 벨벳'이라는 제목도 1960년대 초반에 나온 바비 빈턴Bobby Vinton의 동명 히트곡에서 따온 것이다. 사실, 〈블루 벨벳〉도 〈멀홀랜드 드라이브〉도 1950년대 미국과는 전혀 상관이 없는 영화이다. 그 어떠한 역사적 맥락도 없이 1950년대 스타일만 빌려온 것뿐이다. 다만, 옛 스타일을 통해 노스탤지어만을 자극하는 것이다. 제임슨이 비판하는 지점도 이런 것이다. 그는 포스트모더니즘의 노스탤지어 경향이 진정한 역사성과 공존할 수 없다고 말한다(제임슨, 1989: 161). 마치 공허한 모방일 뿐인 패스티시처럼 노스탤지어도 실재했던 역사를 비판적으로 가져오는 것이 아니라 그 분위기와 스타일만을 알맹이 없이 끌어오는 것이라는 것이다.

그러나 제임슨의 비판처럼 포스트모더니즘이 언제나 공허한 허무주의와 퇴행적인 노스탤지어만을 추구하는 것은 아니다. 포스트모던 영화를 논할 때 가장 많이 언급되는 영화 중 하나인 〈블레이드 러너Blade Runner〉(1982)는 비판적인 가능성을 보여주는 작품이다. 이 영화는 주제 의식뿐만 아니라 형식적 측면에서도 포스트모던하다. 일단, 영화는 원본과 복제라는 포스트모던한 주제를 다루고 있다. 35강에서 〈매트릭스The Matrix〉를 다루며 언급했던 것처럼, 이 시대는 더 이상 원본과 복제가 구별되지 않는 시대라는 것이다. 복제된 것이 원본보다 더 원본에 가깝고, 가상현실이 현실보다 더 현실적인, 이른바 하이퍼리얼리티hyper-reality가 지배하는 세계라는 것이다. 영화 속에서 레플리컨트라 불리는 복제 인간들은 기억만 없을 뿐 모든 것이 인간과 똑같다. 그들은 인간처럼 감정을 느끼고 사랑을 알게 되며, 인간만이 갖고 있는 과거에 대한 기억도 자신의 것인 것처럼 이식된다.

영화는 2019년 LA를 무대로 하고 있다. 마르크스주의적 관점에서 도시 환경을 설명하는 지리학자 데이비드 하비는 〈블레이드 러너〉 속 LA의 공간성을 다음과 같이 설명한다.

> 복제 인간들이 찾아간 로스앤젤레스는 유토피아와는 거리가 멀다. 외계에서 복제 인간의 노동 능력의 유연성은, 우리가 최근에 기대하게 되었듯이, 로스앤젤레스의 탈산업화와 황폐한 후기산업사회의 쇠락한 경관과 조화를 이룬다. 텅 빈 창고와 버려진 산업용 공장들에는 빗방울이 뚝뚝 흐른다. 안개의 소용돌이, 쓰레기 더미, 여러 시설물들은 현대 뉴욕의 구덩이와 부서진 다리를 무색하게 하는 분열 상태에 있다. 무엇이든 훔치려드는 건달과 거지들이 버려진 쓰레기 사이를 배회한다(하비, 1994: 360).

이러한 도시 슬럼화의 분위기는 단지 범죄 영화에서 흔히 볼 수 있는 장르적 세팅을 넘어선다. 어쩌면, 이것은 백인 노동자들이 꺼리게 된 3D 업종을 제3세계 노동자들이 대신 채우는 것으로 해석될 수 있다. "현재보다 훨씬 더 많은 '제3세계 사람들'이 로스앤젤레스로 유입되었을 뿐 아니라 제3세계의 노동조직 체계, 비공식적 노동 관행의 징후가 도처에서 나타난다"(하비, 1994: 361). 이 영화가 동시대 자본주의 사회에 대한 하나의 비판으로 읽히는 부분이다. 하비는 영화 속에 등장하는 뱀의 비늘이나 인간의 눈이 동양인이 경영하는 워크숍에서 생산되고 이것은 복제 인간의 창조주인 타이렐사와 하청 관계에 있다고 지적한다(하비, 1994: 361). 영화가 제작된 1980년대 초반이 소위 노동의 유연화와 외주 하청을 기반으로 자본의 신자유주의적 공세가 심화된 시기라는 것을 감안한다면 이러한 해석이 과장된 것만은 아니다.

#1

#2

#3

#4

2019년 LA는 마치 바벨의 도시 같다. 일본인, 중국인, 히스패닉 등 다인종 다문화가 혼합되어 있다. 혼합은 인종만이 아니다. 이 영화는 하나의 장르로 환원시킬 수 없는 혼합 장르, 즉 하이브리드 장르를 표방한다. 기본적으로 SF 영화이지만 스타일은 강한 명암 대비를 선호하는 필름 누아르 스타일을 추구한다(#1). 그뿐만 아니다. 이 영화에 나오는 건축 양식도 온갖 양식들의 혼합이다. 타이렐사의 사옥은 마치 피라미드를 닮았고 기둥은 이집트 신전의 기둥 같다(#2). 그런가 하면 주인공 데커드해리슨 포드가 사는 아파트 내부는 마야Maya 식 내부 장식과 비슷하다(#3)(장윤정, 1998: 105). 제임슨의 용어대로라면 이것 역시 패스티시의 일종이다.

그러나 〈블레이드 러너〉는 단지 잡다한 것의 모방이나 복제로만 그치지 않는다. 여기에는 무엇이 인간적인 것인가에 대한 심오한 통찰이 담겨 있다. 복제 인간은 인간의 감정과 기억을 모방하고 이식하기 때문에 '인간적인' 것만은 아니다. 그들이 처한 조건은 신자유주의 시대 인간 노동자가 처한 조건과 매우 흡사하다. 그들의 생명은 4년으로 제한되어 있는데, 이 4년 동안 창조주의 통제를 벗어나면 용도 폐기되어야 한다. 이는 마치 완전 고용과 평생직장의 신화가 깨진 오늘날 비정규직 노동자의 노동 조건을 연상시킨다. 임금 노동자를 임금에 묶인 노예'임금 노예'로 칭했던 마르크스처럼, 의미심장하게도 복제 인간의 우두머리인 로이룻거 하우어는 자신들의 노동을 '노예 노동'이라 부른다. 닳아 없어질 때까지 쓰이다 버려지는 조건에서 벗어나기 위해 생존권 투쟁을 하는 비정규직 노동자들처럼 복제 인간들도 반란을 조직한다. 타이렐사는 이 반란에 직면하여 '블레이드 러너' 데커드로 하여금 그들을 제거하라고 지시하지만, 로이는 자신을 제거하러 온 데커드를 추락의 위기에서 살려준다. 그리고 곧 자신은 죽을 시간이라며 숨을 거둔다(#4). 영화 속에서 복제 인간을 개발한 타이렐사는 다국적 자본의 독점 기업이다. 산성비가 계속해서 내리는 오염된 미래의 지구를 다국적 독점기업이 지배하고 있는 것도 매우 의미심장하다. 그것은 탐욕스러운 자본주의에 대한 경고와도 같은 것이다.

〈블레이드 러너〉는 1982년 개봉한 작품이지만 2019년을 다루고 있다. 생각해보면 우리가 살고 있는 현재에 가까운 것이다. 〈블레이드 러너〉처럼 복제 인간이 만연한 세상은 아니지만 복제 인간이 과학적으로 가능한 경지에 이르렀으니 영화 속 이야기만은 아닌 것 같다. 다국적 기업이 무소불위의 힘을 발휘하고 있는 것도 오늘의 현실과 크게 다르지 않다. 정말로 이 영화의 선구적인 통찰은 30년이 훨씬 지난 지금까지도 놀랍기만 하다.

더 읽을거리

정정호·강내희 엮음. 1989. 『포스트모더니즘론』. 문화과학사.
정헌. 2013. 「9장 포스트모더니즘」. 『영화 역사와 미학』. 커뮤니케이션북스.
피종호. 2013. 『포스트모더니즘 영화미학』. 한양대학교출판부.

하비, 데이비드. 1994.『포스트모더니티의 조건』. 구동회 외 옮김. 한울.
힐, 존. 2004.「1부 11장 영화와 후기현대주의」. 존 힐·파멜라 처치 깁슨 엮음.『세계영화연구』. 안정효 외 옮김. 현암사.

7부

디지털 시대의 영화 이론

오늘날 영화 이론은 다변화하고 있다. 이는 영화라는 예술·매체의 다변화에 기인한 것이다. 돈을 내고 영화관에 가서 영화를 보는 것이 영화를 정의하는 유일한 규정이라면 영화는 이미 종말을 고하고 있다. 그러나 영화는 동영상moving image을 통해, 스마트 폰을 통해, 가상현실virtual reality: VR을 통해 끊임없이 자기 변신을 하고 있다.

이렇듯 영화가 서사를 갖춘 예술작품이나 영화관에 가서 봐야 하는 일종의 문화적 제의가 아니라 하나의 시청각적 볼거리로 가정한다면 영화는 미래 진행형이다. 볼거리란 스펙터클이다. 영화의 역사는 곧 스펙터클의 역사이다. 기 드보르Guy Debord는 이미 반세기 전 모든 것을 상품화하는 스펙터클의 위험성을 경고했는데, 이러한 경향은 지금도 가속화하고 있다. 걸프전과 9·11을 전후로 일상화된 미디어 스펙터클의 성격(37강)은 21세기의 영화를 사유하는 데 중심이 되고 있다. 디지털 시대 특수시각효과의 발전은 앙드레 바쟁의 고전적 리얼리즘론을 낡은 것으로 만들고 있다. 영화는 더 이상 실재했던 것의 기록이 아닐까? 이제는 고전적 리얼리즘론을 대체할 디지털 시대의 리얼리즘론(38강)이 필요해 보인다.

영화는 텔레비전, 컴퓨터 게임, 인터넷 등 다른 미디어에 영향을 미치고 또 영향 받아왔다. 제이 데이비드 볼터Jay David Bolter와 리처드 그루신Richard Grusin이 말한 재매개remediation, 혹은 미디어 간 경계를 허무는 컨버전스convergence의 양상(39강)은 디지털 시대 영화의 정체성이 무엇인지 고민하게 한다. 마지막으로 영화 탄생 120여 년이 흐른 지금, 고전적 의미의 영화가 종말을 맞는 것을 목도하며 새로이 도래할 영화의 미래를 상상해본다(40강).

37 전 지구화 시대 스펙터클의 일상

우리는 대화를 나누며 "요즘 뭐 볼만한 영화 없나"라고 이야기한다. 영화는 다른 무엇보다 볼거리가 우선시되는 오락이자 예술이다. 영화를 본 지 한참이 지나서 그 영화를 떠올려볼 때, 어떤 줄거리였는지 기억이 잘 나지 않더라도 특정한 장면이 인상에 남는 경우는 셀 수 없이 많다. 특히 화려한 액션이 있는 영화의 경우 관객들은 이야기 자체보다 볼거리에 더 치중한다. 영화에서 볼거리를 가리키는 말, 바로 스펙터클이다.

#1 〈기차의 도착〉

영화의 역사는 곧 스펙터클의 역사라고 해도 과언이 아니다. 뤼미에르 형제가 만든 영화 〈기차의 도착L'arrivée d'un train à la Ciotat〉(1896)을 본 초창기의 관객들이 화면 속 기차가 다가오는 모습을 보고 실제의 기차인 줄 알고 놀라서 의자 밑에 숨었다는 이야기는 유명하다. 그러나 이것은 전설이나 신화처럼 다소 부풀려진 이야기이다. 초기 영화사를 연구한 미국의 영화사가 톰 거닝Tom Gunning은 그들이 놀랐던 이유를 해명한다. 그에 따르면 영화 속 기차가 스크린을 뚫고 나올 것이라는 두려움 때문이 아니라 영화가 제공하는 스펙터클한 환영의 효과가 너무 압도적이었기 때문이라는 것이다(Gunning, 1999: 821). 초창기 영화는 우리가 생각하는 오늘날의 영화처럼 잘 짜인 줄거리나 배우의 연기가 아니라 신기한 볼거리로 관객들을 매혹시켰던 것이다.

스펙터클은 종종 정치적으로 이용되기도 한다. 미국의 문화비평가 수잔 손택Susan Sontag에 의해 "영화사상 가장 위대한 다큐멘터리, 그러나 예술형식으로선 어떠한 중요성도 갖고 있지 않은 영화"(이영재, 1998.3.: 100)로 평가된 나치 선전 다큐멘터리 〈의지의 승리Triumph des Wilens〉(1935)는 그 전형적인 예이다. 이 영화는 1934년 9월 5일에 있었던 제6차 나치 전당대회를 기록하고 있다. 그러나 이것은 단지 기록영화가 아니다. 히틀러는 이 영화의 촬영을 위해 특별히 자신의 건축가 알베르트 슈페어Albert Speer에게 '히틀러 광장'을 설계하도록 했다. 그리고 총 30대의 카메라, 음향 작업을 위한 4대의 트럭, 23대의 자동차와 기동경찰대, 수석 카메라맨 16명과 120명의 스태프가 동원되었다(이영재, 1998.3.: 100). 어쩌면 제6차 나치 전당대회는 이 영화를 위해 기획된 하나의 이벤트였는지도 모른다. 독일의 철학자이자 문화이론가 발터 베냐민은 파시즘은 정치를 심미적인 예술로 만든다고 말했다(벤야민, 2007: 96). 그것은 파시즘이 거대한 스펙터클의 이미지로 대중을 압도하는 것에 대한 우려 섞인 비판이다. 정치란 이성과 합리성에 입각해서 권력을 어떻게 올바르게 사용하는가에 관한 문제인데, 대중의 감성과 흥분만을 자극하는 거대한 정치 이벤트로 그들을 현혹할 가능성이 도사리고 있다. 스펙터클은 곧 무한대의 힘을 과시하는 것이며 정치란 다르게 표현해 힘에의 의지이자 힘에의 이끌림이기 때문이다.

그래서인지 몰라도 파시즘과는 별 상관없어 보이는 영화 〈스타워즈Star Wars〉(1977)의 마지막 장면은 〈의지의 승리〉의 퍼레이드 장면을 떠올리게 한다. 수많은 비평가들이 이 장면과 〈의지의 승리〉의 시각적 유사성을 지적했다(우드, 1994: 214). 물론 영화를 연출한 조지 루카스George Lucas가 파시즘을 찬양하는 영화를 만들었을 리는 없다. 그러나 스펙터클이

#2 〈의지의 승리〉

#3 〈스타 워즈〉

대중을 현혹시킬 만큼 압도적인 힘을 상징하는 한 파시즘의 위험은 상존한다. 파시즘이 강건한 육체와 순수한 혈통을 찬양하는 힘에의 의지라면, 스펙터클은 바로 그 힘을 가장 잘 보여주는 매개이다. 문제는 그런 힘이 미치는 곳이 언제나 성적, 인종적, 계급적으로 취약한 사회적 약자들이라는 것이다. 유럽의 파시즘, 특히 독일의 나치즘이 순수한 아리안 혈통을 내세우며 사회에서 박멸해야 할 '쓰레기'로 취급했던 집단을 떠올려 보라. 유대인, 동성애자, 집시, 이민자 등 성적, 인종적, 계급적으로 소수자에 속했던 사람들이다.

스펙터클의 부정적인 측면을 가장 잘 묘사했던 사람은 프랑스의 작가이자 철학자였던 기 드보르Guy Debord였다. 그는 1967년에 출간된 저서 『스펙터클의 사회La Société du Spectacle』에서 우리가 살고 있는 사회를 스펙터클의 사회로 명명한다. 스펙터클의 사회란 소비 자본주의의 상품 이미지가 지배하는 사회를 말한다. 소비 자본주의 사회에서 상품은 사진, 영화, 광고 등 이미지의 형태를 통해 대중들에게 유포되고, 대중들은 그런 이미지의 포화 속에서 살게 된다. 이런 이미지의 포화 속에서 직접적이고 생생한 경험은 이제 수동적인 관조로 바뀐다. 따라서 스펙터클이 지배하는 사회에서 사람들은 소비 자본주의에 대하여 어떠한 비판도 저항도 할 수 없다. 드보르는 이러한 현상을 '상품의 세계되기, 세계의 상품되기'라고 불렀다(드보르, 2014: 63). 왜냐하면 스펙터클의 목표는 상품 소비이기 때문이다. 스펙터클의 사회는 곧 소비 사회이다. "자본주의의 목표는 스펙터클을 통한 사이비 욕구의 창출로 소비를 증대시키는 데 있다. 때문에 스펙터클이 지배하는 사회에서는 사람들의 눈에 보이는 모든 것이 상품이 된다. 스펙터클의 대상, 즉 상품이 되지 않는 것은 아무것도 없다"(권용선, 2007: 101).

드보르의 시각이 너무 비관적이고 절망적이긴 하지만 그의 비판은 분명 받아들일 만하다. 그가 반세기 전에 했던 말은 지금 현재에 더 들어맞는 측면이 있다. 우리는 분명 모든 것이 이미지로 소비되는 시대에 살고 있다. 그것은 단지 소비상품만이 아니다. 예를 들어 텔레비전 뉴스는 전쟁의 이미지도 스펙터클로 만들어낸다. 1991년 걸프전이 터졌을 때, 전 세계의 모든 시청자들은 폭탄과 미사일이 투하되는 것을 실시간 생중계로 시청할 수 있었다. 그것은 전쟁으로 인한 수많은 살상을 단지 이미지로 소비하게끔 만드는 기능을 한다. 생생한 고통의 경험이 아니라 마치 컴퓨터 게임의 이미지처럼 즐길 거리로 전락하고 마는 것이다. 그로부터 정확히 10년 후 세계무역센터가 9·11 테러로 폭파되었을 때, 사람들은 현실이 아닌 영화의 이미지를 떠올렸을지도 모른다. 아니, 오히려 현실의 이미지가 영화보다도 더 영화적이라고 생각했을지도 모른다. 모든 것이 스펙터클화될 때 사람들은 현실에 무감각해질 수 있는 것이다. 수잔 손택은 스펙터클이 만연한 사회에서 전쟁과 학살 같은 '타인의 고통'은 단지 이미지로 소비될 뿐이라고 경고했다(손택, 2004).

영화 이론에서도 스펙터클에 대한 논의는 활발하게 진행되고 있다. 특히, 할리우드 블록버스터 영화들이 점점 특수시각효과를 중시함에 따라 전통적인 서사의 기능이 줄어들고 스펙터클에 지나치게 의존하는 것이 아닌가 하는 쟁점이 지배적이다. 이제 액션 블록버스터 영화의 마지막 장면은 언제나 스펙터클한 액션으로 채워진다. 거의 몇 십분 넘게 계속되는 이런 스펙터클의 향연에 대해 영화학자들과 비평가들은 대립되는 관점을 보인다. 서술의 일관성, 등장인물의 깊이나 구성 등 보다 전통적인 이야기 척도로 재단하는 비평가들은 스펙터클의 남발을 개탄한다. 단지 볼거리로만 존재하는 스펙터클은 관객의 말초적인 감각만 자극할 뿐 이야기가 갖고 있는 고유한 기능들, 예를 들어 지적인 자극이나 비판적 사고를 말살하고 있다는 것이다. 쉽게 말하면 스펙터클의 강렬한 감각적 자극이 우리의 의식을 마비시키고 있다는 것이다. 이에 비해 스펙터클이 전통적인 서사를 쇠퇴시키는 것이 아니라 스펙터클 자체가 새로운 서사의 기능을 담당한다고 주장하는 이들도 있다. 어차피 영화가 기술의 발전과 불가분의 관계에 있는 것이라면 기술 발전에 따른 스펙터클의 강화는 당연한 현상이라는 주장이다. 따라서 문제는 서사의 쇠퇴를 개탄할 것이 아니라 스펙터클이 부여하는 새로운 서사에 주목하자는 것이다.

기 드보르가 비관적으로 전망했던 것처럼 스펙터클은 우리의 의식을 마비시키고 있을까? 참 어려운 문제다. 스펙터클이 없다면 우리는 영화를 볼 이유가 없다. 단순히 액션 블록버스터가 아니라도 영화는 그 자체로 볼거리, 즉 스펙터클이기 때문이다. 한 가지 분명한 것은 영화가 영원히 지속될 스펙터클이라면 그것은 정말 거부할 수 없는 매혹으로 남을 것이라는 점이다.

더 읽을거리

권용선. 2007. 「3강 미디어와 스펙터클」. 이진경 엮음. 『문화정치학의 영토들: 현대문화론 강의』. 그린비.

드보르, 기. 2014. 『스펙타클의 사회』. 유재홍 옮김. 울력.

벤야민, 발터. 2007. 『기술복제시대의 예술작품 외』. 최성만 옮김. 길.

≪KINO≫. 1998.3(38호). "특집: 스펙터클에 관한 열 네 개의 이미지".

38 디지털 시대의 리얼리즘

프랑스의 영화 비평가 앙드레 바쟁은 카메라는 현실을 복제하는 능력이 있으며, 사진과 영화를 보고 카메라 앞에 피사체가 존재했음을 부정할 수는 없다고 말했다(→6강 앙드레 바쟁과 리얼리즘 미학). 그러나 오늘날에도 여전히 이 개념이 통용될 수 있을까? 오늘날의 디지털 합성 이미지들은 영화가 무엇을, 어떻게 재현할 것인가에 대한 개념을 뿌리부터 흔들어 놓았다. 우리는 카메라 앞에 결코 존재하지 않았던 비현실적인 이미지들 속에서 가장 현실적인 느낌을 받는다. 역사 속에서 소멸한 공룡이 살아 돌아오기도 하고, 어린 시절 갖고 놀던 합체 로봇이 우리 눈앞에 커다란 스크린 속에서 활약하기도 한다. 이러한 현상은 리얼리즘의 개념을 어떻게 바꿔 놓았을까?

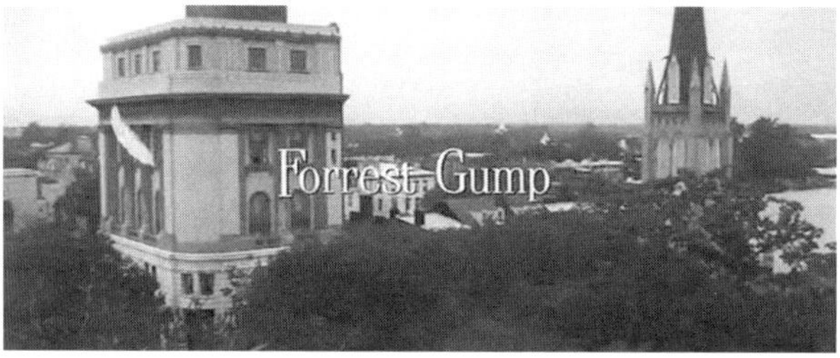

#1 〈포레스트 검프〉의 깃털(오프닝)

영화 〈포레스트 검프Forrest Gump〉(1994)의 오프닝은 바람에 날려 이리저리 떠도는 깃털을 카메라가 따라가는 것이다(#1). 이 영화하면 떠오르는 장면이기도 하다. 그러나 이 깃털은 결코 카메라 앞에 존재한 적이 없다. 컴퓨터 그래픽으로 만들어 낸 이미지이다. 같은 영화에서 주인공 포레스트 검프는 존 F. 케네디 대통령과 만나 악수를 하기도 한다. 역사상 있었던 일도 아니고, 또 현실적으로도 불가능한 일이다.

#2 〈쥬라기 공원〉

〈쥬라기 공원Jurassic Park〉(1993)에서는 공룡 도감에서나 볼 수 있었던 공룡들이 실제 배우들과 한 공간 속에서 움직인다(#2). 관객들은 이것이 비현실적이라는 것을 알면서도 극도의 현실감을 느낀다. 물론, 디지털 시대 이전에도 공룡을 재현할 수는 있었다. 가장 흔히 쓰인 것은 미니어처 세트에서 스톱모션 기법을 활용한 것이다. 피사체의 여러 움직임들을 정지한 상태에서 찍은 후 마치 하나의 흐름으로 연결된 움직임처럼 보이게 만드는 기법이다. 그 움직임은 오늘날의 관객에게는 어딘지 어색하고 부자연스럽다. 그러나 그 피사체가 카메라 앞에 존재했다는 사실만은 부정할 수 없다.

#3 〈킹 콩〉(1933)

우리는 1933년에 제작된 〈킹콩King Kong〉에서 그것을 확인할 수 있다. 영화의 중반부, 나무에 걸터앉아 있는 여주인공을 가까이서 잡은 장면에서 그녀의 앞에 있는 킹콩은 스톱모션 기법으로 촬영한 후, 배우 앞에 그 영상을 틀어 놓은 것이다(#3). 이것은 합성이 아니다. 배우 뒷면에 영사막을 설치하여 미리 촬영한 것을 배경 장면으로 사용하는 후면 영사rear projection 기법이다. 이 장면을 보는 오늘날의 관객들은 조잡하다고 생각할 수 있지만 이 당시에는 혁신적인 기법이었다. 무엇보다 중요한 것은 이 모든 장면은 카메라 앞에 존재했던 피사체들을 찍은 것이라는 점이다. 그러나 70여 년이 지난 2005년, 피터 잭슨Peter Jackson의 〈킹 콩King Kong〉에서는 더 이상 스톱모션 기법도 후면 영사 기법

#4 〈킹 콩〉(2005)

도 필요 없게 되었다. 실사로 촬영한 여주인공의 모습과 디지털 기술로 만들어낸 킹콩의 이미지가 사이좋게 공존한다(#4). 여주인공을 먼저 촬영한 다음, 디지털 기술로 만들어낸 킹콩의 이미지와 합성한 것이다. 이 두 영화 중 무엇이 더 리얼하다고 느끼는가?

1933년 작 〈킹콩〉이 당시에 아무리 혁신적인 기법을 썼다 하더라도, 2005년 작 〈킹콩〉이 주는 현실감을 따라잡기는 어려울 것이다. 바로 여기에 리얼리즘의 딜레마가 있다. 바쟁의 고전적 리얼리즘론에 입각한다면 1933년 작 〈킹콩〉은 카메라 앞에 피사체로서 존재하는 대상이 있다. 바쟁은 사진의 객관성이야말로 사진을 계승한 영화의 본질이라 여겼다. 그러나 2005년 판 〈킹콩〉에서 보듯이 킹콩은 카메라 앞에 존재하지 않았고, 따라서 객관적이지 않다. 그러나 무엇보다도 그것을 우리는 1933년 판보다 리얼하다고 느낀다.

1990년대 이후 디지털 기술이 비약적으로 발전해감에 따라, 많은 영화학자들과 미디어 이론가들은 디지털 시대의 리얼리즘을 새로이 정의했

다. 이제 더 이상 카메라가 무엇인가를 지시한다는 지시 능력은 의심받기 시작했다. 영화학자 스티븐 프린스Stephen Prince는 비록 지시 대상은 비현실적이라도, 관객은 그것을 현실적인 것으로 지각한다고 말한다. 관객이 일상의 경험과 여러 미디어의 관습으로 축적된 경험을 통해 비현실적인 것을 현실적인 것으로 지각할 수 있다는 것이다. 프린스는 이렇게 카메라 앞에 존재하지 않았더라도 관객이 일상과 미디어의 경험으로 지각할 수 있는 현실성을 '지각적 리얼리즘perceptual realism'이라 명명했다(Prince, 1999: 394). 디지털 이미지의 무한 조작은 비존재를 존재하게 만들며, 비현실을 현실로 만드는 능력이 있다. 그렇게 만들어진 이미지가 관객이 체감하는 사실성에 조응한다면 그것은 리얼리티가 있는 것이다. 그래서 이제 중요한 것은 리얼리즘의 지시 능력이 아니라 리얼리티 효과reality effect라는 것이다(채희상, 2009: 84). 마찬가지로 뉴 미디어 이론가 레프 마노비치Lev Manovich도 디지털 합성 이미지가 인간이나 카메라의 시각이 지닌 한계를 벗어나, 완전하게 사실적인 이미지를 구현한다고 주장한다. 더 나아가 그는 지가 베르토프가 말한 키노아이Kino-Eye(→ 3강 지가 베르토프와 키노아이)가 아니라 키노 브러시Kino-Brush 개념을 도입한다.

> 디지털 데이터의 변형 가능성은 현실 기록물로서의 영화 기록의 가치를 손상시킨다. 시각 현실을 자동 기록한 결과인 20세기 영화의 시각적 사실주의의 규범은 전체 맥락에서 보면, 이미지의 수작업 구성을 늘 포함해왔거나, 이제 다시 포함시키고 있는 시각적 재현의 역사에서 예외적이고 고립적인 사건이라 할 수 있다. 영화는 시간 속의 그림이라는 회화의 특정 분야가 되었다. 더 이상 움직이는 눈, '키노아이'가 아니라 움직이는 붓, '키노 브러시'가 된 것이다(마노비치, 2004: 385).

이제 영화는 카메라로 현실을 포착하는 것이 아니라 화가가 붓질을 하듯이 새로운 현실을 그려낸다는 것이다. "예술가가 디지털화된 필름 전체 혹은 프레임마다를 쉽게 조작할 수 있다는 면에서 볼 때, 일반적 의미의 필름은 연속된 그림이 된다. 디지털화된 필름 프레임 위에 손으로 그리는 작업은 컴퓨터로 가능해졌다. 이것이야말로 영화의 새로운 지위에 대한 가장 극적인 예일 것이다. 영화는 더 이상 사진적인 것에 엄격하게 갇혀 있지 않고 회화적인 것에 자신을 열고 있다"(마노비치, 2004: 381). 오늘날 단지 현실을 기록하는 것을 훨씬 넘어서 수많은 특수시각효과를 통해 카메라 앞에 없는 현실을 새로이 창조해내는 영화를 보면, 영화가 점점 사진이 아니라 회화를 닮아간다는 마노비치의 말이 쉽게 와닿을 것이다.

지금까지 우리는 실사영화들만을 살펴보았다. 그러나 디지털 기술이 더 많이 쓰이는 애니메이션으로 들어가보면 문제는 더 복잡해진다. 3D 애니메이션이 탄생한 이래로 애니메이션은 점점 더 현실을 닮아가는 것 같다. 그 반대편에서 실사영화는 점점 더 애니메이션과 유사해진다. 이제 실제 배우들의 외모를 그대로 옮긴 애니메이션이 만들어지고 있다. 3D 애니메이션에서 근육과 피부, 머릿결을 재현하는 것이 가장 어렵다고 이야기되어왔지만 발전하는 기술은 이것을 현실에 근접하게 재현하고 있다.

#5 〈베오울프〉

애니메이션 〈베오울프Beowulf〉(2007)의 한 장면을 보자. 수면 위로 머리가 떠오른다. 우리는 이 얼굴을 알고 있다. 여배우 안젤리나 졸리Angelina Jolie이다(#5). 그러나 이것은 실사의 이미지가 아니다. 안젤리나 졸리의 모습을 애니메이션으로 옮긴 것이다. 여기에서 이 캐릭터를 안젤리나 졸리라고 말할 수 있을까? 한국 애니메이션 〈그녀는 예뻤다〉(2008)는 또 어떤가? 빨대로 음료를 마시고 있는 저 사람(#6)은 우리가 아는 배우 김수로와 같은 사람일까? 더빙을 입힌 익숙한 그의 목소리가 그의 존재를 보증하는 것일까?

#6 〈그녀는 예뻤다〉

고전 영화 이론은 형식주의가 현실의 변형을 강조하고, 리얼리즘이 현실의 재현을 강조한다고 강변해왔다. 하지만 디지털 시대에 이러한 이분법은 더 이상 유용하지 않은 것 같다. 왜냐하면 더 현실적으로 재현하기 위해서는 더 많은 변형이 필요하고 이는 더 많은 형식을 요구하기 때문이다.

더 읽을거리

마노비치, 레프. 2004.『뉴미디어의 언어』. 서정신 옮김. 생각의 나무.

정헌. 2015.「앙드레 바쟁의 리얼리즘 이론에 대한 재론: 디지털 가상성 미학의 관점에서」. ≪씨네포럼≫, 22호. 동국대학교 영상미디어센터.

채희상. 2009.「디지털 영화의 '리얼리즘' 재개념화에 대한 연구」. ≪영상예술연구≫, 15호. 영상예술학회.

39 미디어의 경계가 사라진 시대

오늘날 영화는 이전과는 다른 위상을 갖고 있다. 예전에 영화는 극장에 가야만 볼 수 있었지만 이제는 어디에서나 영화를 볼 수 있다. 텔레비전뿐 아니라 컴퓨터, 휴대전화를 통해서도 영화감상이 가능하다. 한편, 영화와 다른 미디어의 경계도 점점 사라지고 있다. 애니메이션을 닮은 영화, 게임을 닮은 영화들이 만들어지는가 하면, 그 반대의 현상도 나타나고 있다.

사진의 속성을 물려받은 영화는 현실을 복제해내는 탁월한 능력으로 주목 받아왔다. 사진에는 없는 움직임까지 더해짐으로써 영화의 현실 복제 능력은 가장 우월한 것으로 여겨져 왔다. 그러나 디지털 시대에 영화는 단지 현실을 복제하는 능력을 넘어서고 있다. 현실을 재창조한다고 해도 과언이 아니다. 영화에서 디지털 기술의 신기원을 장식한 〈스타워즈: 에피소드 I－보이지 않는 위험Star Wars: Episode I－The Phantom Menace〉(1999)의 경우, 실제 촬영이 겨우 65일 동안 진행되었지만 편집 작업은 무려 2년 넘게 걸렸다. 영화의 95%가 컴퓨터로 만들어졌기 때문이다(마노비치, 2004: 380). 이 말은 영화 촬영의 역할보다 후반작업에서 이루어지는 디지털 기술의 역할이 점점 더 중요해지고 있다는 사실을 말해준다. 영화의 이미지는 디지털 기술자들의 손에 의해 자유자재로 변형된다. 마치 화가가 캔버스에 그림을 그리는 것처럼 말이다. 이전 강의에서도 언급했듯이 레프 마노비치는 이러한 현상을 키노 브러시라고 불렀다(마노비치, 2004: 385). 화가의 붓질에 의해 회화의 형태가 이루어지듯이, 오늘날의 영화는 카메라를 통해 자동적으로 기록하는 것이 아니라 프레임 하나하나에 그림 작업을 해야 한다. 이런 측면에서 마노비치는 회화와 사진을 계승한 영화가 다시 회화로 회귀하고 있다고 말한다.

이미지 재현의 측면뿐만 아니라 서사적인 측면에서도 많은 변화가 일어나고 있다. 그중 하나는 영화가 점점 컴퓨터 게임과 닮아간다는 것이다. 물론, 이는 모든 장르에 해당하는 것이 아니라 일부 액션 영화에 해당하는 것이다. 컴퓨터 게임은 상호작용적interactive 경험이 지배하는 대표적인 미디어이다. 수용자가 생산자에 의해 제작된 텍스트를 일방적으로 수용하기보다는 그 텍스트에 적극적으로 개입하고 변화시키는 등 상호작용이 가능한 미디어라는 이야기이다. 특히, 1인칭 슈팅 게임First-Person Shooter Game, FPS Game 같은 경우, 게임 이용자와 캐릭터의 동일시가 영화에서의 시점이나 감정 이입의 측면보다 더 실제적이고 구체적이다. 이용자 스스로가 캐릭터를 조종하거나 그 인물이 되어 게임 속 세계에 참여하기 때문이다(박동숙·전경란, 2005: 96). 할리우드의 액션 영화는 이 게임의 형식을 상당 부분 빌려오고 있다. 물론, 게임처럼 관객이 모든 것을 조종할 수 있는 것은 아니지만 그와 유사한 경험을 가져다준다. 영화 〈게이머Gamer〉(2009)는 그 대표적인 경우이다. 이 영화는 게임과 너무도 흡사한 서사 구조와 시각적 스타일을 갖고 있다. 영화 속의 십대 소년은 '슬레이어즈'라는 게임을 조종한다. 그가 플레이하는 캐릭터 케이블제라드 버틀러은 소년의 명령과 조종 속에서 전투를 수행해나간다. 이러한 경험은 마치 우리가 1인칭 슈팅 게임을 하고 있다는 착각이 들 만큼 게임과 유사하다. 영화 〈스피드 레이서Speed Racer〉(2008) 역시 마찬가지이다. 〈게이머〉가 슈팅 게임의 형식을 취하고 있다면 〈스피드 레이서〉가 자동차 레이스 게임의 형식을 띠고 있다는 것이 다를 뿐이다.

미디어 학자 제이 데이비드 볼터Jay David Bolter와 리처드 그루신Richard Grusin은 모든 미디어는 고립된 상태로는 존재할 수 없고, 끊임없이 다른 미디어의 표현 양식을 차용하거나 개선한다고 말한다. 그들은 이것을 재매개remediation라고 불렀다. 하나의 미디어가 다른 미디어를 매개한다는 뜻이다.

> 이제 모든 매개는 재매개라 할 수 있다. 우리는 이것이 선험적 진리라고 주장하는 것이 아니라 오히려 이같이 확장된 역사적 관점에서 현재의 모든 미디어가 재매개체remediators로 기능한다고, 그리고 재매개는 기존 미디어에 대한 해석 수단도 아울러 제공해준다고 주장하는 것이다. 우리 문화에서는 각각의 미디어나 미디어 집합체가 다른 미디어에 반응하고 그것을 재배치하고 서로 경쟁하고 개혁하고 있다고 간주된다. …… 텔레비전은 스스로를 개조해 월드와이드웹과 유사하게 만들 수도 있고, 사실 그렇게 하고 있으며, 영화는 자신의 선형적 형식 내에 컴퓨터 그래픽을 통합시킬 수 있고 그렇게 하고 있다. 이제는 그 어떤 미디어도 독립적으로 기능할 수 없으며, 동떨어진 자신만의 순수한 문화적 의미 공간을 설정할 수도 없다(볼터·그루신, 2006: 65).

앞서 영화에 미친 컴퓨터 게임의 영향을 거론했지만, 반대로 게임 역시 영화와 텔레비전으로부터 지대한 영향을 받았다. 우리는 텔레비전을 통해 농구 경기를 시청하는 것에 익숙하다. 이때 경기를 찍는 카메라는 볼을 던지는 선수들의 몸동작을 따라가며 멀리서 잡기도 하고 가까이서 잡기도 한다. 또한, 영화의 편집처럼 화면을 컷cut하기도 한다. 컷을 사용하는 것은 텔레비전 시청자에게 관람하기에 가장 좋은 시점을 제공해야 하기 때문이다. 이러한 텔레비전 스포츠 경기의 양식은 그대로 컴퓨터 스포츠 게임으로 이어진다. 농구 게임의 장면들은 우리가 텔레비전에서 농구 경기를 보는 시각 경험과 매우 흡사하다. 게임 전체를 조망하기 위해 대부분 롱 숏이 사용되지만 골을 넣는 장면에선 때때로 클로즈업이 쓰인다. 또한, 텔레비전 농구 경기처럼 중요한 순간을 다시 보여주는 슬로 모션이 나오기도 한다.

이러한 현상은 단지 영화, 텔레비전, 게임처럼 취미나 여가를 즐기기 위한 미디어에 국한하지 않는다. 정보의 바다라 불리는 인터넷의 많은 부분은 영화의 표현 양식을 빌려오고 있다. 우선, 직사각형의 프레임이 그러하다. 물론, 프레임은 서구 회화의 전통을 계승한 것이지만 영화, 텔레비전을 거쳐, 컴퓨터에 이르기까지 인간 생활의 가장 익숙한 형식이 되었다. 영화의 '이동 카메라mobile camera' 양식은 인터넷 곳곳에서 그 원리가 사용되고 있다(마노비치, 2004: 129). 예를 들어 보자. 영화에서 카메라가 상하로 이동하는 것을 틸트tilt라고 하고, 좌우로 이동하는 것을 팬pan이라고 한다. 틸트와 팬 기법은 우리가 사용하는 인터넷의 스크롤바가 갖고 있는 원리이다. 스크롤바를 올리거나 내리면 프레임 상에 보이지 않던 화면이 보이게 된다. 영화도 마찬가지이다. 카메라를 팬하거나 틸트하면 화면 밖의 영역이 화면 안의 영역으로 들어오게 된다. 이뿐일까? 인터넷의 지도 찾기는 영화의 줌 인zoom in, 줌 아웃zoom out 기법을 닮아 있다. 누구나 디지털 카메라로 줌을 사용한 적이 있을 것이다. 멀리 있는 피사체를 가까이로 당겨주는 기법을 말한다. 인터넷 지도 찾기에서 내가 찾고자 하는 지점을 확대하는 것은 영화의 줌 인을, 축소하는 것은 영화의 줌 아웃 기법에서 빌려온 것이다.

영화와 애니메이션의 경계도 좁혀지고 있다. 〈스타워즈〉 시리즈나

〈반지의 제왕The Lord of the Rings〉 시리즈, 〈아바타〉, 〈혹성 탈출The Planet of the Apes〉 시리즈 등의 가상 캐릭터는 실사 영화가 실제의 인물을 모델로 해서 애니메이션과 흡사한 캐릭터를 창조한 경우이다. 〈반지의 제왕〉의 골룸이나 〈아바타〉의 나비 족들처럼 말이다. 이들은 애니메이션처럼 보이지만 실사 영화의 가상 캐릭터들이다. 마치 3-D 애니메이션을 보는 것 같다. 반대로 〈웨이킹 라이프Waking Life〉(2001)나 〈스캐너 다클리A Scanner Darkly〉(2006)처럼 실재하는 인물을 애니메이션의 캐릭터로 만들기도 한다. 이 영화들은 실사 촬영 장면을 찍은 뒤, 2D 컴퓨터 애니메이션으로 전환된 경우이다. 국내에서는 38강에서 잠시 다룬 〈그녀는 예뻤다〉(2008)가 이렇게 제작되었다.

이렇게 영화, 애니메이션, 게임 등 다양한 미디어가 서로 섞이고 융합되는 현상을 미디어 컨버전스media convergence라고 부른다. 19세기 말에 태어난 영화는 21세기를 지나며 끊임없이 변화와 혁신을 거듭하고 있다. 영화는 다른 예술과 달리 시작과 기원을 알 수 있는 예술이다. 그렇다면 영화의 끝은 어디일까? 다음 마지막 강의에서는 영화의 종말 그리고 영화의 미래를 예측해본다.

더 읽을거리

달리, 앤드류. 2003. 『디지털 시대의 영상 문화』. 김주환 옮김. 현실문화연구.
마노비치, 레프. 2004. 『뉴 미디어의 언어』. 서정신 옮김. 생각의 나무.
박동숙·전경란. 2005. 『디지털/미디어/문화』. 한나래.
볼터, 제이 데이비드·리처드 그루신. 2006. 『재매개: 뉴 미디어의 계보학』. 이재현 옮김. 커뮤니케이션북스.

40 영화의 종말 혹은 영화의 미래

예전에 영화를 만드는 것은 고도로 기술집약적인 작업이었다. 육중한 카메라는 전문적인 기술과 예술적 감식안이 없다면 함부로 찍기 어려운 것이었다. 그러나 오늘날에는 누구나 영화를 만들고 자신이 만든 영화를 인터넷에 올릴 수 있다. 이미 오래전에 동영상을 전문적으로 업로드하는 사이트가 생겼을 정도로 이제 영화를 비롯한 영상문화는 모든 이에게 열려 있는 통로가 되었다.

2000년대 중반 이후로 누구라도 쉽게 참여할 수 있는 작은 영화제들이 생겨나기 시작했다. 그 이전까지 영화제는 영화 현장이나 영화학교에서 전문적인 교육이나 훈련을 받은 사람만이 출품할 수 있는 전문가들의 행사였다. 그러나 오늘날 영화제는 영화인이나 영화학도뿐 아니라 일반인들에게도 열려 있는 축제가 되어 가고 있다. 예를 들어 스마트폰 영화제는 스마트폰으로 촬영한 영화들만을 그 대상으로 한다. 스마트폰으로 영화를 감상하는 차원을 넘어 이제 영화를 만드는 단계로까지 나아간 것이다. 이렇게 누구나 만들 수 있는 영화를 'Do It Yourself', 줄여서 DIY 영화라고 부르기도 한다(톰슨·보드웰, 2011: 762). 이러한 DIY 영화들은 작은 규모의 영화제에 출품되어 상영되거나 인터넷 사이트 등에 업로드되어 만인에게 공개되기도 한다. 이제 더 이상 대중은 영화를 단지 보고 소비하는 수동적인 객체가 아니다. 적극적이고 능동적인 미디어 생산자의 지위를 얻게 된 것이다. 이처럼 미디어를 소비하는 동시에 생산하는 주체를 가리키기 위해 '프로슈머prosumer'라는 신조어가 생기기도 했다(김창남,

2010: 250).

누구나 미디어를 생산할 수 있는 문화는 미디어 권력의 일방적인 구조를 벗어나 미디어 민주주의를 창조해내고 있다. 굳이 영화가 아니더라도 대중들은 쉽게 영상콘텐츠를 만들어 인터넷에 올리고 또 다른 대중들은 그것을 퍼다 나른다. 영화는 단지 그들이 즐기고 향유하는 많은 미디어 중 하나에 불과하다. 서사 중심의 전통적인 영화는 어쩌면 위기에 처해 있는지도 모른다. 그래서 성미 급한 예언가들은 일찌감치 '영화의 종말'을 거론하기도 한다. 그것이 필름으로 영화를 제작하고 극장에서 영화를 본다는 의미라면 이미 영화는 종말을 고하고 있다고 해도 과언이 아니다. 사진적 매체로서 '필름'의 소멸을 탐구하는 영화학자 데이비드 노먼 로도윅David Norman Rodowick은 다음과 같이 말한다.

> 단 10년 만에, 디지털 프로세스는 아날로그 기술과 이미지의 기나긴 특권을 거의 대체했다. 이미지의 몸통인 셀룰로이드 조각, 시끄럽고 성가시게 돌아가는 영사 기계나 스틴벡 편집기, 눈길을 끄는 필름 통 같은 것들은 모두 하나씩 가상공간 속으로 사라지고 있다. 그들이 그토록 아름답게 기록하고 보여주었던 이미지들을 따라서(로도윅, 2012: 11~12).

더 나아가 필름은 더 이상 현대적 매체가 아니며 완전히 역사가 되었다고 단언한다. "필름은 훌륭한 역사적 매체다. 그러나 필름은 이제 '역사'가 되고 있다. 즉, 필름은 더 이상 모던하거나 모더니티를 담고 있지 않다. 당분간 극장 영화는 우리의 지나가는 현재이자 사라지는 존재이다"(로도윅, 2012: 131).

위의 인용문들이 실려 있는 로도윅의 책이 미국에서 나온 지 10여 년이 되었는데(2007), 필름의 소멸에 대한 그의 언급은 대체로 들어맞는 것 같다. 디지털 기술은 빠르게 영화의 모든 제작 기술과 관행을 변화시켰고, 더 나아가 모두가 영화감독인 시대, 모두가 미디어의 제작자이자 수용자인 시대를 열어젖혔다. 이러한 흐름이 너무도 굳건하고 도도해서 기존의 상업적인 영화나 상업 영화감독들이 오히려 이런 분위기를 따라 하는 정도에 이르렀다. 예를 들어 박찬욱 감독은 스마트폰으로 단편영화 〈파란만장〉(2010)을 연출하기도 했다. 할리우드와 한국의 상업 영화들도 일찌감치 이러한 방식을 역으로 차용하고 있다. 〈파라노말 액티비티Paranormal Activity〉(2007)나 〈클로버필드Cloverfield〉(2008) 그리고 최근 공포영화로선 큰 상업적 성공을 거둔 〈곤지암〉(2017)이 그 대표적인 경우이다. 이 영화들은 일반인들도 쉽게 조작할 수 있는 디지털 비디오DV의 형식으로 촬영되었다. 마치 우리가 캠코더를 들고 별다른 계획 없이 여기저기를 촬영하는 것처럼 영화도 시종일관 흔들리는 화면으로 생생한 느낌을 전달한다. 영화 전체에 걸쳐 1인칭 시점의 화면이 등장하는데, 이는 카메라를 들고 있는 우리 자신의 시점이기도 하다.

제작뿐 아니라 영화 수용의 관습에서도 커다란 변화가 일어나고 있다. 최근 몇 년 간 극장을 찾는 영화 관객 수가 이전보다 늘어났다고 하지만, 그보다 더 많은 사람들이 영화를 다운로드 방식으로 소비하고 있다. 이제 영화를 보는 것은 특별한 문화행사나 제의적인 의식이 아니라 아주 흔한 일상이 되어가고 있다. 우리는 지하철에서, 학교나 직장에서도 쉬는 시간 틈틈이 영화를 보는 사람들을 목격할 수 있다. 영화는 언제 어디서든 선택만 하면 상대적으로 매우 쉽게 감상할 수도 소장할 수도 있는 콘텐츠의 하나가 된 것이다. 사람들이 영화를 손쉽게 감상하고 또 소장할 수 있다는 사실로 인해, 영화에 대한 수용자의 통제력도 극대화되고 있다. 영화를 보다가 궁금증이 생기면 인터넷 정보를 검색한 후 다시 돌아오기도 하고, 보던 영화가 지루하거나 몸이 피곤하면 중단했다가 나중에 다시 보기도 한다. 마음에 드는 장면은 화면을 캡처하기도 하고, 좋아하는 부분은 반복해서 보다가도 재미없는 부분은 몇 배속으로 넘기기도 한다.

〈데자뷰Deja Vu〉(2006)나 〈소스 코드Source Code〉(2011)는 그러한 영화보기의 경험을 서사 구조의 형식으로 취하고 있는 영화들이다. 마치 관객들이 좋아하는 장면이나 이해하지 못한 장면을 다시 보기 위해 몇 번이고 앞으로 되감듯이 이 영화들은 이미 일어난 파국이나 위기의 순간을 모면하기 위해 과거로 몇 번이고 되돌아가는 이야기를 담고 있다. 〈인셉션Inception〉(2010)은 그 극단에 서 있는 영화라 할 수 있다. 현실과 꿈, 가상현실을 넘나드는 이 영화의 복잡한 서사 구조를 한 번 보고 완벽하게 이해하기란 거의 불가능하다. 만약, 비디오도 없었던 시절, 다시 말해서 극장 상영과 텔레비전 방영 외에는 같은 영화를 되풀이해볼 길이 없었던 시절이라면 이런 영화는 등장하지 못했을 것이다. 영화적 상상력이 부족해서가 아니라 이런 영화 자체가 손쉽게 같은 영화를 수없이 되풀이해서 볼 수 있는 시대의 산물이기 때문이다. 관객들은 이해가 가지 않는 장면들을 몇 번이고 다시 보면서 이해를 하기도 하고, 또 새로운 의미를 부여하기도 한다. 인터넷 토론방에서는 어떤 장면이 무엇을 의미하는지를 놓고 네티즌들끼리 갑론을박을 벌이기도 한다. 미디어 민주주의가 지배하는 인터넷 세계에서는 영화 평론가의 권위보다 여러 번 영화를 보고 나름의 해석을 가하는 네티즌의 권위가 더 우선한다. 한국 영화 〈곡성〉(2016)의 극적 개연성에 대하여 인터넷상에서 벌어진 치열한 논의는 이러한 사실을 증명해준다.

영화학자 토마스 엘새서Thomas Elsaesser는 관객들이 복잡한 플롯과 트릭에 의해 잘못 이끌리고 있는 것을 알면서도 그것을 일종의 두뇌게임으로 즐기는 영화들을 '마인드-게임 영화mind-game film'라고 불렀다(Elsaesser, 2009: 14). 이때 영화는 친절하게 관객들에게 서사를 풀어놓기보다는 숨기거나 엇갈리게 하면서 복합적인 스토리텔링complex storytelling으로 이끈다. 하나의 퍼즐 같은 이러한 영화들은 퍼즐 영화puzzle film라고 불리기도 한다. 관객은 이러한 영화들에 대하여 감독의 일방향적인 의미 전달에 의존하는 것이 아니라 서사의 빈틈을 채우기도 하고, 감독이 생각지도 못한 새로운 의미를 부여하기도 한다. 또한, 이러한 영민한 관객의 속성을 재빠르게 알아차린 감독들 역시 일부러 풀기 어려운 퍼즐을 숨겨놓거나 의도적으로 전통적 서사의 파괴와 균열을 감수하기도 한다. 이렇게 제작 주체의 단순한 의미 전달이 아니라 수용자의 의미 생성이 그 어느 때보다 중요해지는 시기는 영화 수용의 역사에서 일찍이 없었다고 해도 과언이 아니다.

영화가 탄생한 지 120여 년이 훌쩍 넘었다. 뤼미에르 형제의 시네마토그래프가 세계 최초의 영화로 공식 인정받았던 것은 그것이 유료 관객을 대상으로 하여 집단적으로 상영한 최초의 영화였기 때문이다. 에디슨의 키네토스코프는 혼자서 들여다보는 기계였기 때문에 최초의 영화로 대우받지 못했다. 그러나 오늘날 영화를 보는 행위는 뤼미에르보다 에디슨을 더 닮아가고 있는지도 모른다. 영화학자 데이비드 보드웰David Bordwell과 크리스틴 톰슨Kristin

#1 뤼미에르 형제의 〈공장을 떠나는 노동자들〉

Thompson은 디지털 미디어가 영화를 소멸시킨 것이 아니라 극장과 거실에서 떠날 수 있게 했을 뿐이라고 말했다(톰슨·보드웰, 2011: 780). 지난 120여 년 동안 영화는 시름에 지친 관객들을 달래주는 영혼의 안식처였고, 한편으로 대중을 우매하게 만드는 통치자들의 이데올로기적 장치였으며, 그 반대편에서 그들과 맞서 싸우는 저항의 무기이기도 했다. 무엇보다도 영화는 언제나 우리에게 가장 친숙한 대중예술이자 우리가 쉽게 접근할 수 있는 친근한 벗이었다. 가장 새로운 예술이자 미디어였던 영화는 수많은 뉴 미디어의 등장으로 점점 더 올드 미디어가 되어가고 있다. 극장에서만 감상하던 영화는 종말을 고했는지도 모른다. 그러나 영화는 부단하게 뉴미디어의 내용과 형식을 수용해왔다. 바로 그러한 적응 능력이 있는 한 영화의 미래는 영원히 지속될 것이다.

더 읽을거리

로도윅, 데이비드 노먼. 2012.『디지털 영화 미학』. 정헌 옮김. 커뮤니케이션북스.

스탬, 로버트. 2012.「포스트 시네마: 디지털 이론과 뉴미디어」.『영화이론』. 김병철 옮김. K-books.

엘새서, 토마스·케이 호프만 엮음. 2002.『디지털 시대의 영화』. 김성욱 외 옮김. 한나래.

엘새서, 토마스·말테 하게너. 2012.「결론: 디지털 영화-육체와 감각의 재구성?」.『영화이론: 영화는 육체와 어떤 관계인가?』. 윤종욱 옮김. 커뮤니케이션북스.

젠킨스, 헨리. 2008.『컨버전스 컬처: 올드 미디어와 뉴 미디어의 충돌』. 김정희원 외 옮김. 비즈앤비즈.

톰슨, 크리스틴·데이비드 보드웰. 2011.「30장 디지털 테크놀로지와 영화」.『세계영화사』(3판). HS 미디어 번역팀 옮김. 지필미디어.

참고문헌

간디, 릴라. 2000.『포스트식민주의란 무엇인가』. 이영욱 옮김. 현실문화연구.

간햄, 니콜라스·레이먼드 윌리엄스. 1996.「피에르 부르디외와 문화 사회학: 입문」. 박명진 외 편역.『문화, 일상, 대중: 문화에 관한 8개의 탐구』. 한나래.

게인즈, 제인. 1993.「여성과 재현: 우리도 다른 쾌락을 즐길 수 있을까?」. 유지나·변재란 엮음.『페미니즘·영화·여성』. 여성사.

권용선. 2007.「미디어와 스펙터클」. 이진경 엮음.『문화정치학의 영토들: 현대문화론 강의』. 그린비.

그럽스러드, 조스틴. 2004.「영화 관객」. 존 힐·파멜라 처치 깁슨 엮음.『세계영화연구』. 안정효 외 옮김. 현암사.

김이석. 2012.「영화와 모더니티」. 김이석·김성욱 외.『영화와 사회』. 한나래.

김창남. 2010.『대중문화의 이해』(전면 2개정판). 한울.

김창진. 2010.『문명과 야만의 블록버스터: 영화로 보는 제국의 역사』. 자리.

김호영. 2014.『영화이미지학』. 문학동네.

다이어, 리처드. 1995.『스타: 이미지와 기호』. 주은우 옮김. 한나래.

_____. 1999.「보는 것이 믿는 것이다: 전형적으로 게이를 재현하는데 따른 몇 가지 문제」. 바바라 해머 외.『호모 펑크 이반: 레즈비언, 게이, 퀴어 영화비평의 이해』. 주진숙 외 편역. 큰사람.

더핏, 마크. 2016.『팬덤 이해하기』. 김수정 외 옮김. 한울.

드보르, 기. 2014.『스펙타클의 사회』. 유재홍 옮김. 울력.

라이언, 마이클·더글라스 켈너. 1997.『카메라 폴리티카: 현대 할리우드 영화의 정치학과 이데올로기』(하). 백문임·조만영 옮김. 시각과 언어.

랭포드, 배리. 2010.『영화 장르: 할리우드와 그 너머』. 방혜진 옮김. 한나래.

러시턴, 리처드·게리 베틴슨(Richard Rushton & Gary Bettinson). 2013.『영화이론이란 무엇인가?』. 이형식 옮김. 명인문화사.

로도윅, 데이비드 노먼. 2012.『디지털 영화 미학』. 정헌 옮김. 커뮤니케이션북스.

로젠스톤, 로버트 A. 2002.「서론」. 로버트 A. 로젠스톤 엮음.『영화, 역사: 영화와 새로운 과

거의 만남』. 김지혜 옮김. 소나무.
레만, 피터·윌리엄 루어(Peter Lehman & William Luhr). 2009. 『영화에 대해 생각하기』. 이형식 옮김. 명인문화사.
마노비치, 레프. 2004. 『뉴미디어의 언어』. 서정신 옮김. 생각의 나무.
멀비, 로라. 1993. 「시각적 쾌락과 내러티브 영화」. 유지나·변재란 엮음. 『페미니즘/영화/여성』. 여성사.
메츠, 크리스티앙. 2011. 『영화의 의미작용에 관한 에세이 1』. 이수진 옮김. 문학과지성사.
모랭, 에드가. 1992. 『스타』. 이상률 옮김. 문예출판사.
무안, 라파엘. 2009. 『영화 장르』. 유민희 옮김. 동문선.
바쟁, 앙드레. 2013. 『영화란 무엇인가?』. 박상규 옮김. 사문난적.
바커, 크리스. 2009. 『문화연구사전』. 이경숙 외 옮김. 커뮤니케이션북스.
박동숙·전경란. 2005. 『디지털/미디어/문화』. 한나래.
발라즈, 벨라. 2003. 『영화의 이론』. 이형식 옮김. 동문선.
버스턴, 폴. 1999. 「단지 한 명의 지골로? 자기애, 넬리즘 그리고 '신남성'이라는 주제」. 바바라 해머 외. 『호모 펑크 이반: 레즈비언, 게이, 퀴어 영화비평의 이해』. 주진숙 외 편역. 큰사람.
베르토프, 지가. 2006. 『키노아이: 영화의 혁명가 지가 베르토프』. 김영란 옮김. 이매진.
베리, 크리스. 2006. 「스타의 횡단: 초국적 프레임에서 본 이소룡의 몸 혹은 중화주의적 남성성」. 김소영 엮음. 『트랜스: 아시아 영상문화』. 현실문화연구.
벤야민, 발터. 2007. 「기술복제시대의 예술작품」(1936, 제2판). 『기술복제시대의 예술작품 외』. 최성만 옮김. 길.
_____. 2010. 『보들레르의 작품에 나타난 제2제정기의 파리 외』. 김영옥 외 옮김. 길.
벨튼, 존. 2003. 『미국영화 미국문화』. 이형식 옮김. 경문사.
보드리, 장-루이. 2011. 「기본적 영화장치가 만들어낸 이데올로기적 효과」. 이윤영 편역. 『사유 속의 영화: 영화 이론 선집』. 문학과지성사.
보드웰, 데이비드. 2007. 『영화의 내레이션 II』. 오영숙 외 옮김. 시각과 언어.
보드웰, 데이비드·크리스틴 톰슨(David Bordwell & Kristin Thompson). 2011. 『영화예술』(제9판). 주진숙 외 옮김. 지필미디어.
볼터, 제이 데이비드·리처드 그루신. 2006. 『재매개: 뉴 미디어의 계보학』. 이재현 옮김. 커뮤니케이션북스.

부르디외, 피에르. 1995.『구별짓기: 문화와 취향의 사회학』(상). 최종철 옮김. 새물결.
사이드, 에드워드 W.(Edward W. Said). 2000.『오리엔탈리즘』(증보판). 박홍규 옮김. 교보문고.
샤츠, 토머스. 2014.『할리우드 장르: 내러티브 구조와 스튜디오 시스템』. 한창호·허문영 옮김. 컬처룩.
손택, 수잔. 2004.『타인의 고통』. 이재원 옮김. 이후.
솔라나스, 페르난도·옥타비오 게티노. 1985.「제3영화를 위하여」. 서울영화집단 엮음.『영화운동론』. 화다.
쉬벨부쉬, 볼프강. 1999.『철도 여행의 역사』. 박진희 옮김. 궁리.
스멜릭, 아네크. 2004.「동성애 비평」. 존 힐·파멜라 처치 깁슨 엮음.『세계영화연구』. 안정효 외 옮김. 현암사.
스타이거, 자넷. 1999.「스타를 본다는 것」. 크리스틴 글레드힐 엮음.『스타덤: 욕망의 산업 I』. 조혜정 외 옮김. 시각과 언어.
스탬, 로버트(Robert Stam). 2003a.「기호학의 기원들」. 로버트 스탬·로버트 버고인·샌디-플리터먼 루이스.『어휘로 풀어 읽는 영상기호학』. 이수길 외 옮김. 시각과 언어.
______. 2003b.「영화기호학」. 로버트 스탬·로버트 버고인·샌디-플리터먼 루이스.『어휘로 풀어 읽는 영상기호학』. 이수길 외 옮김. 시각과 언어.
______. 2003c.「정신분석학」. 로버트 스탬·로버트 버고인·샌디-플리터먼 루이스.『어휘로 풀어 읽는 영상기호학』. 이수길 외 옮김. 시각과 언어.
______. 2012.『영화이론』. 김병철 옮김. K-books.
스터르큰, 마리타·리사 카트라이트. 2006.『영상문화의 이해』. 윤태진 외 옮김. 커뮤니케이션북스.
스테이시, 재키. 1993.「애타게 차이를 찾아」. 유지나·변재란 엮음.『페미니즘/영화/여성』. 여성사.
아도르노, 테오도르·막스 호르크하이머. 2001.『계몽의 변증법』. 김유동 옮김. 문학과지성사.
아른하임, 루돌프. 1990.『예술로서의 영화』. 김방옥 옮김. 기린원.
안드류, 더들리. 1988.『현대영화이론』. 조희문 옮김. 한길사.
알뛰세르, 루이. 1991.「이데올로기와 이데올로기적 국가장치: 연구를 위한 노트」.『아미엥에서의 주장』. 김동수 옮김. 솔.
에이젠슈테인, 세르게이. 1990.『몽타쥬이론』. 이정하 편역. 영화언어.

엘리스, 잭 C. 1988.『세계 영화사』. 변재란 옮김. 이론과실천.

엘새서, 토마스·말테 하게너. 2012.『영화이론: 영화는 육체와 어떤 관계인가?』. 윤종욱 옮김. 커뮤니케이션북스.

와이스, 안드레아. 2000.「'당신을 보고 있으면 이상한 느낌이 들어요': 30년대 할리우드 스타와 레즈비언 관객」. 크리스틴 글레드힐 엮음.『스타덤: 욕망의 산업 II』. 곽현자 옮김. 시각과 언어.

와이어트, 저스틴. 2004.『하이 콘셉트: 할리우드의 영화 마케팅』. 조윤장 외 옮김. 아침이슬.

우드, 로빈. 1994.『베트남에서 레이건까지』. 이순진 옮김. 시각과 언어.

_____. 1999.「게이 영화비평가의 책임」. 바바라 해머 외.『호모 펑크 이반: 레즈비언, 게이, 퀴어 영화비평의 이해』. 주진숙 외 편역. 큰사람.

월터스, 수잔나 D. 1999.『이미지와 현실 사이의 여성들: 여성주의 문화 이론을 향해』. 김현미 외 옮김. 또 하나의 문화.

위그먼, 로빈. 2004.「인종, 민족성, 그리고 영화」. 존 힐·파멜라 처치 깁슨 엮음.『세계영화연구』. 안정효 외 옮김. 현암사.

이상면. 2010.『영화와 영상문화: 영화와 영상이론·예술·교육』. 북코리아.

이수진. 2016.『크리스티앙 메츠』. 커뮤니케이션북스.

이영재. 1998.3.「파시즘: 〈의지의 승리〉 ― 레니 리펜슈탈 감독」. ≪KINO≫, 38호.

이진경. 2007.「근대 이후의 근대, 혹은 포스트모던 어드벤처」. 이진경 엮음.『문화정치학의 영토들: 현대문화론 강의』. 그린비.

장윤정. 1998.「장르 3-혼성장르: 필름 누아르와 공상과학영화를 중심으로」. 한상준 외.『영화에 대한 13가지 테마: 영화로 보는 현대사회』. 큰사람.

정정훈. 2007.「전자감시의 시대, 혹은 통제 사회의 도래」. 이진경 엮음.『문화정치학의 영토들: 현대문화론 강의』. 그린비.

정헌. 2012.「영화와 테크놀로지」. 김이석·김성욱 외.『영화와 사회』. 한나래.

제임슨, 프레드릭. 1989.「포스트모더니즘: 후기자본주의 문화논리」. 정정호·강내희 엮음.『포스트모더니즘론』. 문화과학사.

제퍼드, 수잔. 2002.『하드 바디: 레이건 시대 할리우드 영화에 나타난 남성성』. 이형식 옮김. 동문선.

조엘, G.·J. 린톤. 1994.『영화 커뮤니케이션』. 김훈순 옮김. 나남.

조진희. 2007.『영화의 재구성』. 한나래.

주은우. 1999. 「도시와 영화, 그리고 현대성」. ≪필름 컬처≫, 5호. 한나래.

채희상. 2009. 「디지털 영화의 '리얼리즘' 재개념화에 대한 연구」. ≪영상예술연구≫, 15호. 영상예술학회.

초두리, 쇼히니. 2012. 『페미니즘 영화이론』. 노지승 옮김. 앨피.

카노우, 스탠리. 1998. 「JFK」. 마크 C. 칸즈 외. 『영화로 본 새로운 역사』 2권. 손세호 외 옮김. 소나무.

카세티, 프란체스코. 2012. 『현대 영화 이론: 1945~1995 영화 이론』. 김길훈 외 옮김. 한국문화사.

코몰리, 장-루이·장 나르보니. 2011. 「영화/이데올로기/비평」. 이윤영 편역. 『사유 속의 영화: 영화 이론 선집』. 문학과지성사.

크로프츠, 스티븐. 2004. 「작가성과 헐리우드」. 존 힐·파멜라 처치 깁슨 엮음. 『세계영화연구』. 안정효 외 옮김. 현암사.

크리드, 바바라. 2017. 『여성괴물: 억압과 위반 사이』. 손희정 옮김. 여이연.

터너, 그래엄. 1994. 『대중영화의 이해』. 임재철 외 옮김. 한나래.

______. 1995. 『문화 연구 입문』. 김연종 옮김. 한나래.

톰슨, 크리스틴·데이비드 보드웰(Kristin Thompson & David Bordwell). 2011. 『세계영화사』(3판). HS 미디어 번역팀 옮김. 지필미디어.

페로, 마르크. 1999. 『역사와 영화』. 주경철 옮김. 까치.

피스크, 존. 1996. 「팬덤의 문화 경제학」. 박명진 외 편역. 『문화, 일상, 대중: 문화에 관한 8개의 탐구』. 한나래.

하비, 데이비드. 1994. 『포스트모더니티의 조건』. 구동회 외 옮김. 한울.

해스켈, 몰리. 2008. 『숭배에서 강간까지: 영화에 나타난 여성상』. 이형식 옮김. 나남.

헤이워드, 수잔. 2012. 『영화 사전: 이론과 비평』(개정판). 이영기 외 옮김. 한나래.

홀, 스튜어트. 2015. 「기호화와 기호 해독」. 『문화, 이데올로기, 정체성』. 임영호 옮김. 컬처룩.

Dyer, Richard. 2003. *Heavenly Bodies: Film Stars and Society*(second edition). London & New York: Routledge.

Ellis, John. 1999. "Stars as a Cinematic Phenomenon." in Leo Braudy & Marshall Cohen (eds.). *Film Theory and Criticism: Introductory Readings*(5th edition). New York

& Oxford: Oxford University Press.

Elsaesser, Thomas. 2009. "The Mind-Game Film." in Warren Buckland(ed.). *Puzzle Films: Complex Storytelling in Contemporary Cinema*. Malden, MA: Wiley-Blackwell.

Gunning, Tom. 1999. "An Aesthetic of Astonishment: Early Film and the (In)Credulous Spectator." in Leo Braudy & Marshall Cohen(eds.). *Film Theory and Criticism*(5th edition). Oxford & New York: Oxford University Press.

James, David E. 1996. "Introduction: Is There Class in This Text?" in David E. James & Rick Berg(eds.). *The Hidden Foundation: Cinema and the Question of Class*. London & Minneapolis: University of Minnesota Press.

Prince, Stephen. 1999. "True Lies: Perceptual Realism, Digital Image, and Film Theory." in Brian Henderson, Ann Martin & Lee Amazonas(eds.). *Film Quarterly: Forty Years-A Selection*. Berkeley, Los Angeles & London: University of California Press.

The Editors of *Cahier du Cinéma*. 1976. "John Ford's *Young Mr. Lincoln*." in Bill Nichols(ed.). *Movies and Methods*, Vol.1. Berkeley, L.A. & London: University of California Press.

Tudor, Andrew. 1995. "Genre." in Barry Keith Grant(ed.). *Film Genre Reader II*. Austin: University of Texas Press.

찾아보기

용어

찾아보기

인명

정영권

동국대학교 대학원 영화영상학과에서 영화 이론 전공으로 석사·박사학위를 받았다.

영화 전문지 ≪KINO≫, ≪nkino≫ 기자와 단국대학교 한국문화기술연구소 연구교수를 역임하였다. 현재 한국영화학회 학술이사를 맡고 있으며, 동국대학교 등에 출강하고 있다.

저서로는 『적대와 동원의 문화정치: 한국 반공영화의 제도화 1949~1968』(2015), 『영화 장르의 이해』(2017)를 썼으며, 『지향과 현실: 남북 문화예술의 접점』(2014), 『세대와 젠더: 동시대 북한문예의 감성』(2015), 『속도의 풍경: 천리마시대 북한 문예의 감수성』(2016), 『해방과 전쟁 사이의 한국영화』(2017) 등을 함께 썼다. 주요 논문으로는 「〈갯마을〉과 한국 문예영화의 장르적 형성」(2011), 「민주화 이행기의 한국 청소년 영화 1989~1992」(2012), 「한국전쟁과 영화, 기억의 정치학」(2013), 「한국 전쟁영화에서 남성성의 문제」(2014), 「북한의 소련영화 수용과 영향 1945~1953」(2015) 등이 있다.

영화 이론 전반에 두루 관심이 많지만, 영화 장르의 사회·역사성을 탐구하는 것에 가장 큰 재미를 느낀다. 박사논문을 반공영화로 쓴 탓에 냉전·분단 시대의 한국 영화·북한 영화로 연구 영역을 확장해왔다.

한울아카데미 2096

영화 이론 입문
포토제니론에서 디지털 이론까지

지은이 | 정영권
펴낸이 | 김종수
펴낸곳 | 한울엠플러스(주)
편집 | 조수임

초판 1쇄 인쇄 | 2018년 8월 10일
초판 1쇄 발행 | 2018년 8월 30일

주소 | 10881 경기도 파주시 광인사길 153 한울시소빌딩 3층
전화 | 031-955-0655
팩스 | 031-955-0656
홈페이지 | www.hanulmplus.kr
등록번호 | 제406-2015-000143호

Printed in Korea.
ISBN 978-89-460-7096-7 93680(양장)
978-89-460-6519-2 93680(반양장)

※ 책값은 겉표지에 표시되어 있습니다.